THE
Tarot
Bible

タロット バイブル

タイムレスブレッドを愛読する人のための決定版ガイド

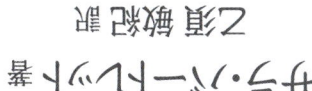
サラ・バートレット 著
乙須 敏紀 訳

ギャラクシアンは
地球の自然環境を守る一環として
心と身体の目覚めを促す
"チャクラアライメント"を提唱しています。

First published in Great Britain in 2006 by
Godsfield Press, a division of
Octopus Publishing Group Ltd
2–4 Heron Quays, London E14 4JP

Copyright © Octopus Publishing Group Ltd 2006
Text copyright © Sarah Bartlett 2006

All rights reserved. No part of this work may be reproduced or utilized in any form or by any means, electronic or mechanical, including photocopying, recording or by any information storage and retrieval system, without the prior written permission of the publisher.

Sarah Bartlett asserts the moral right to be identified as the author of this work.

目次

はじめに 6

第1部 タロットの基本

タロットとは？ 10
タロットの歴史 12
なぜタロットを使うのか？ 16
タロットはどのように作用するか？ 22
シンボルの言語 24
鏡としてのタロット 26
デッキとその構造 28
いろいろなタロット・デッキ 30

第2部 タロット占いの実践

本書の使い方 34
さあ、始めよう！ 40
大アルカナ 42
小アルカナ 44
今日のスプレッド 80
恋愛関係スプレッド 128
恋愛関係スプレッド 254
恋愛関係スプレッド 276
恋愛関係スプレッド 300
運命のスプレッド 328
さらに深く、さらに広く 348

タロットの用語 384
索引 390

はじめに

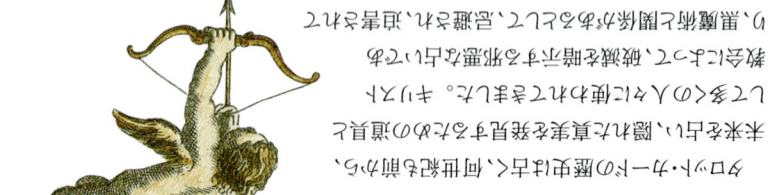

タロット・カードの歴史は古く、何世紀も昔から
未来を占い、困った時に答えを授ける存在として
した多くの人々に使われてきました。キリスト教
や当時の権威者からあやしげなもの、禁止される
いわゆる異端のものとして扱われ、抑圧された時
代もありましたが、タロットは今日までその命脈を
保ち、現代でも世界中の人々に親しまれ、人間的な
ものの奥底を覗き込む道具として首尾一貫した
占術の体系を保ち続けてきました。なぜでしょう？

タロットが運命するこの力の秘密を探ります。

タロットの世界

タロット・デッキは 78 枚の1組です。その中で絵柄の描き出
す力を特徴的に表しているのが一般的に「大アルカナ」と呼ばれる、
神の使い、守護天使などたち、より深く暴虐に自身を信じさすことができ
ます。タロットの「絵」の言葉は、言葉は普遍的な配置します。
存在されていない、無意識にはたらきかけで世界に出てくるところを
突き進むために生まれます。ドロットの体系は、人間の経験、感覚、直
観の種の感覚的なユニットを正置する構造を語っています。
本書は、タロットが秘めているこの羅針盤として、占いに上手
に目指す実戦者には、たちまち役立つはずだれます。機関
部的な講義と実践的講義の2部構成になっていますから、絶対
に間近たく、すぐに占いを始めたい方も安心してプレイを楽しし
たい方も、すぐに使えるのでおすすめします。

タロットの世界

第 I 部 タロットの基本的な知識をつかむ

〈前編〉 基本はじめから始めの占いの世界に踏み込んで
きたこと、タロットがどのようにして現代的な道具と様式
を持つに至ったのかといった背景をご紹介。タロット

タロットは、自己理解と、未来に向けた
選択のための比類なき道具。

はじめに

何か？ そして他の占いとどう違うのか？ またタロットはどこから来たのか？ そしてそれはどのように作用するのか？ など、第1部はタロット占いの根底にある奥深い世界の発見の旅へとご案内します。その旅の過程で読者は、なぜタロットがあなただけの特別な人生の意味を見つけ、精神的に成長していくための小径として人間形成に役立つのか？ またなぜタロットが新たな自己認識を可能にし、あなたが未来に向かって決断するのを助けることができるのか？ を理解することができるでしょう。

最初の数10頁で、タロット・デッキの基本的な構成について十分な説明を行い、またこれまでのタロットの歴史の中で最も人気の高いデッキについて解説していますから、読者は、自分に最適のカードパックを選ぶときの参考にすることができます。

タロット占いの実践

本書の第2部は、いよいよタロット占いの実践的ガイドです。全

タロット・デッキにはさまざまなデザインが揃っているので、自分に最適なデッキを選ぶことが肝要。

体を8章に分け、段階的に深く、広く、タロット占いの技法を身に付けていくことができる構成になっています。"さあ、始めよう！"の章は、タロット・カードを使うための基本的なステップ・バイ・ステップ・ガイドが中心。タロット・パックの選び方、タロット占いに適した環境づくり、シャッフルの方法などについて学びます。また、質問のつくり方、さらには最も重要な、解釈の仕方、直観力を鍛える方法についても見ていきます。逆位置のカードをどう解釈するかはいうまでもなく、カードをリーディングするときに最も重要となる、心理学的な"投影"についても考察します。

次の章では、大アルカナのカード1枚1枚について、完璧な解釈を行い、キーワード、キーフレーズを示し、次の章では、これまで見過ごされることが多く、類書ではしばしば粗略に扱われてきた小アルカナのカードについても、1枚1枚、大アルカナと同じ紙数を費やして説明していきます。

次の4章では、あなたが自分で試すことのできるさまざまなタロット・レイアウト（スプレッド）を、"今日のスプレッド"、"恋愛関係スプレッド"、"啓示のスプレッド"、"運命のスプレッド"に分けて紹介していきます。最も基本的な、2枚または3枚のカードを使うスプレッド、お気に入りのカード・スプレッド、自己発見スプレッドから始めて、徐々により深いスプレッド、リーディングへと進んでいきます。最後に、ケルティック・クロスや占星術、ジプシー占い、黄道十二宮と組み合わせるためのスプレッド、年頭に行う1年を占うスプレッドといった、より複雑で、伝統的なスプレッドの方法を紹介します。

最終章は、さらに上へ進むための技法、知識の紹介です。数秘術、クリスタル、カバラ教などと組み合わせることによって、タロット占いの技術がさらに向上し、より視野の広い解釈が可能となり、さらに深くあなた自身を知ることができるようになるでしょう。

はじめに

9

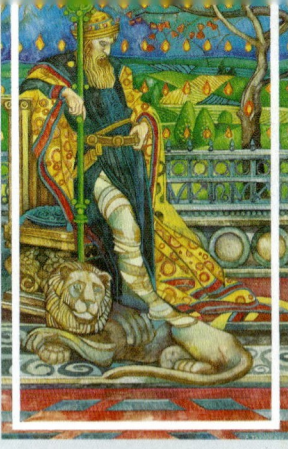

第1部
タロットの基本

タロットとは?

　タロットとは、不思議な独特の図像の描かれた 78 枚のカードによって構成される 1 組のカード・セットのことです。それは、人の普遍的な特徴的性格、すなわち元型を擬人化した 22 枚の大アルカナと、わたしたちが日常生活で遭遇するさまざまな出来事、人々、性格、考え方、感情を表す 56 枚の小アルカナから構成されています。タロットは何百年も前から、未来を占い、自己を啓発するための神秘の道具として西洋の人々に親しまれてきました。しかし現在タロットは、錬金術、心理学、占星術、数秘術、カバラ教、キリスト教神秘主義、東洋哲学、その他さまざまな秘儀と結びつくことによって、世界中の人々が活用することのできる普遍的な道具へと進化しています。タロットがそのような広がりを持つようになったのは、それが人の心そのものを映し出す鏡だからです。

普遍的な言語

　すべてのカードが、固有の図像、名称、数字を持つ特殊なシンボルであり、特別な意味を持っています。タロットを最も簡潔に言い表せば、さまざまな元型シンボルを通して語りかける普遍的な言語ということができます。それらのシンボルの背後に秘められている意味を知り、

自分をもっとよく知るようになると、恋愛ももっとうまくいく。

個々のカードに対するあなた自身の反応を観察することによって、あなたはあなた自身の生活の中で、それらのシンボルによって象徴されている人格を識別し、それを有効に活用し、あなた自身の人間形成と対人関係の発展に役立てることができます。

シンボルや元型は、その奥に、多面的で重層的な深い意味の氷塊を秘めています。わたしたちはそれらのシンボルと触れあうことによって、わたしたち自身が無意識的に閉じ込め、拒絶し、抑圧してきた深いところにある本当の自分自身と向き合うことができるようになります。それゆえタロットは、自己理解と未来に向けた決断のための比類なき道具となるのです。

自己理解と精神的成長

タロットは、あなたの人生を形作っているリズムあるいは波動を理解するための、最も簡単で直接的な方法を提供します。そして不思議なことに、タロットは、今まさに起ころうとしている波動や出来事を、"予言"するようにも見えます。これはおそらく、リーディングの時のタロットの図像に基づく無意識的な追跡反応によるものでしょう。

わたしたちの多くが、決断するための標識、疑惑を打ち消す確証、そして恋愛関係における安心を必要とします。タロットはこれらを与えてくれるだけでなく、今日がどんな日か、誰と

恋に落ちる可能性があるかを知る手がかりを与えてくれます。それはここでもタロット・カードが、わたしたち自身の隠れた願望、行為、目的を映し出す鏡だからです。タロットはわたしたち自身の自己発見を助けることができる道具です。わたしたちは、自己発見を通じて、意識的な決断をすることができ、外的環境の背後に隠れている本当の理由を知ることができ、人生という旅の新しい段階へと進む道案内を得ることができます。タロットとは、実はあなた自身のすべてなのです。

ある与えられた瞬間の表現

タロットの本当の役割は、あなたを導くこと、あなたの直観を引き出すこと、あなたが本当に欲している物をあなた自身に"知らせる"こと、そしてそのような智慧に基づきあなたに行動させることです。カードはあなたを取り巻くエネルギーと波動を顕在化させ、ある与えられた瞬間のあなた自身を洞察させ、選択のためにあなた自身を開放し、そして何よりもあなたの自己発見を促進します。

タロットは邪悪なものではない！

タロットは、占者が望まない限り、"不気味な"ものでも、"邪悪な"ものでもありません。タロットは、わたしたち自身の善悪の基準を投影させることのできない超越した存在であり、ある瞬間の読み手のエネルギーだけを反映します。しかし同時に、わたしたちの善い面と悪い面をタロットに投影させることはできます。タロットを使うということは、あなたの心の内なる叡智、隠れた意識に対して、あなた自身を開くということです。教会の、神秘主義的な雰囲気を持つ異端宗派的なものに対する恐怖から、タロット

は、黒魔術的なものという烙印を押され、その結果人々の中にその力に対する恐怖心が育まれてきました。不幸なことに、そのような集団幻想は、いまだにわたしたち個人のうちに、そして集団意識のうちに根深く残っています。タロットは本来、いかなる宗教であれ、信仰であれ、それに対立するものではありません。それは最も正しい意味で、何が存在するかを明らかにするための道具であるだけです。

自己を写す鏡

タロットの起源が何であれ（p.16参照）、それは何世紀も前から、作家、詩人、画家に霊感を与え続けてきました。タロットは自分自身を見つめるためにいつでも歩むことのできるシンボル

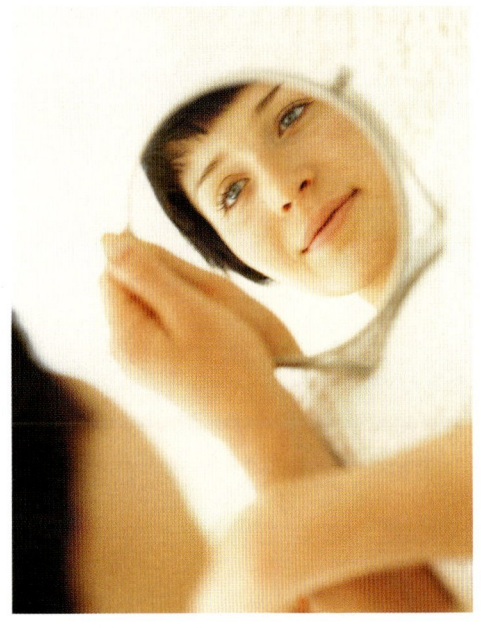

タロットは手鏡のようなもの。
いまのあなた自身をありのままに映し出す。

の小径であり、あなたに本当のあなた自身を見せることができる"手鏡"です。タロットは自己発見に至るための単なる踏み石、秘密の小径にすぎません。

過去・現在・未来

タロット・カードは、わたしたちの心、感情、魂、存在を映し出す単なる鏡にすぎないのです。それは、元の形を映し出してはいるが、風などの自然エネルギーを受けて生じる波紋によって揺らめいている湖面の像のようなものです。タロットはあなたと一緒に動きます。だからそれはあなたの人生とともにあり、けっして進路を妨げるものではありません。タロットは、今の自分を見てみたいと思うとき、いつでもあなた自身を映し出すことのできる鏡なのです。

タロットの歴史

　タロット・デッキ（1組のカードのこと、パックともいう）の78枚のカードは、大アルカナと小アルカナから構成され、それらは基本的に、それぞれ"大きな秘密"と"小さな秘密"を表します。タロットがどこで生まれたかについて、本当のことを知る者はいません。しかし神秘的なものの多くがそうであるように、歴史家、作家、秘術実践家は、自分自身の個人的な見解に色付けされたさまざまな起源説を唱えています。

　とはいえ、古代のインドと極東に、数字の入った神秘的なカードのセットが存在したことが知られており、それらが聖地奪回の十字軍の渦中およびその後に、テンプル騎士団によってヨーロッパに持ち込まれたのは確かなようです。また、東アジアを起源とする移動民族ジプシーが、タロット・カードを中世ヨーロッパに持ち込んだという説を唱えるものもいます。

　多くの説が、ヨーロッパ最初のタロット・カードは、14世紀初めに作られたと述べています。その最初のデッキは、古くからイタリアにあった4スートのゲーム用カードに、22枚の大アルカナ・カードを組み合わせたものだったようですが、大アルカナ・カードがどのようにして生まれたかは、依然として謎のままです。

　18世紀に、神秘主義的聖職者で言語学者、そしてフリーメーソンの会員でもあったフランス人のアントニオ・クール・ド・ジェブランが、タロットの謎を解いたと公言しました。彼は、22枚の大アルカナ・カードは、古代エジプトの神秘の叡智を寓意画にしたもので、それは『トート（古代エジプトの神秘と呪術の神）の書』に起源を有するに違いないと唱えました。ジェブランは、その神秘的な絵は中世の初めに放浪のマギ（古代ペルシャのゾロアスター教の司祭）の末裔によってヨーロッパに持ち込まれたが、その後秘匿され、行方不明になっていたと説明しました。彼は77枚のカードと1枚の"愚者"のカードを合わせて78枚からなる独自のデッキを考案しました。大アルカナは3×7枚のカードに、ナンバー0の1枚の"愚者"を加えた22枚で、小アルカナは、各スートが7×2（10枚のピップ・カードと4枚のコート・カード）からなる4

タロットの基本

16世紀の魔術師ジョン・ディーは、タロットを"天使"と交信するための道具とした。

スートの56枚です。彼が1781年に出版した『原始世界、分析と現代世界との比較』第8巻には、タロットに関する1章が設けられ、そこには78枚のカードの図像が添えられていました。その図像がその後の伝統的なタロット・カードの基礎になっています。

　タロットの図像はまた、古代ギリシャ人が発明した記憶術とも関係があります。それは事物を、シンボル的なつながりを持つ図像を心に焼き付けることによって記憶するという方法です。その後ルネサンス期にこの記憶術はさらに発展させられ、魔術的な護符や儀礼と結びつけられましたが、なかでも16世紀イギリスの占星術師であり秘術実践家であったジョン・ディーは、その記憶術をさらに進化させ、それを用いて"天使"と交信したと伝えられています。

エジプトの祭儀と
書記の神トート

　その神秘的なカードが、なぜ"タロット"と呼ばれるようになったかについても、諸説があります。それは古代エジプトの神秘と呪術の神"トート"の派生語であると唱えるものもあれば、タロットの起源は古代ヘブライにあり、ヘブライの律法の書『トーラ』(『モーゼの五書』とも呼ばれている)に由来すると主張するものもいます。また、それはラテン語で車輪を意味する"rota"の回文であると主張するものもいます。厳密にいえば回文ではありませんが、失われた"t"あるいは後に付け加えられた"t"は、タロットに秘められた永遠の謎を解くもう1つの手掛かりを与えてくれるかもしれません。

ルネサンス期の展開

　秘儀的な使用法は別にして、タロット・カードは、中世には"タロッチ"または"タロッチーノ"と呼ばれ、ゲームとして楽しまれ、その後"トランプ"といわれるようになりました。そのゲームは、今日でもヨーロッパで楽しまれています。

　初期のカードはすべて手描きによるもので、現存する最古のものとしては、1440年代にミラノ公のために作成された"ヴィスコンティ＝スフォルツァ・タロット・カード"と呼ばれるものや、亡命イタリア皇太子フランソワ・フィッバの遺物として残されているナンバーの入った40枚のカードと22枚の大アルカナからなるものなどがあります。また1470〜85年に描かれた、いわゆる"マンテーニャ(15世紀イタリア・ルネサンス期の画家)"・デッキも現存していま

す。それらの美しいデッキは、現在わたしたちが使っているデッキとはかなり異なっていますが、その一部が大英博物館に展示されています。

"マンテーニャ・デッキ"は、10枚が1スートの5スートからなるもので、1から50までの数字が入っています。その画像は、惑星の運行という最も高次元の領域から、美術や女神、さらには後の標準的なタロット・カードにみられる伝統的な現世的図像に至るまでの、ある種の宇宙秩序が描かれています。もう1つの有名なデッキが、15世紀末に現れた"マルセイユ・デッキ"です。14枚のカードからなる1スートが4スートの小アルカナと、22枚の大アルカナという構成のデッキは、現在でも最も有名で、最もよく使われているタロット・カードの1つです。描かれている図像は、難解ですが、強い力を秘めています。

19世紀リバイバル

19世紀になると、秘儀、魔術、神秘主義に対する関心が急激に高まり、タロットはこの時期、第二の故郷であるヨーロッパから北アメリカへ、そして世界各地へと広く伝播していきました。当時カバラ教の信者であり哲学者であったエリファス・レヴィは、タロットの起源はヘブライ人の間に伝えられてきた聖なる"エノキアン・アルファベット"("天使のアルファベット"と呼ばれることもある)にあるという説を唱えました。彼は、タロットは必ずしも未来を予言するものではなく、それを知る賢者だけに強力な知識を付与する叡智の書であるとしました。19世紀後半の特異な社会的風潮の中で、ディヴィネーション(divination)とフォーチュン・テリング(fortune-telling、ある社会的サークルによって現代でも行われている)の間に偏見的な区別が設けられました。ディヴィネーションとは叡智を希求する知的エリートのための真の高等魔術であり、フォーチュン・テリングは、女性や"下層貧民"をだまして金銭を得る低俗魔術であると考えられていました。

ウェイト、クロウリー、そして"黄金の夜明け団"

19世紀末、ドクター・アーサー・エドワード・ウェイトは、画家のパメラ・コールマン・スミスの協力を得て、彼独自の、独創的で力強いタロット・カードを考案し、発表しました(後にライダー―ウェイト・デッキと呼ばれるようになった)。ウェイトは、秘教集団、"黄金の夜明け団(the Hermetic Order of the Golden Dawn)"に加入していましたが、それは1888年に、フリーメーソンの会員であった医師のウィリアム・ウィン・ウェストコットと、ヴィクトリア王朝期イギリスの華麗な経歴の人物であったサミュエル・メイザーズによって創設されたものでした。メ

独創的な
カードを考案して、
タロット・カードの
概念に革命を
もたらした
ドクター・アーサー・
エドワード・ウェイト。

イザーズは、さまざまな秘教宗派の教義を踏襲しながら、エジプトの呪術体系を、中世の魔術や東洋の秘教、そしてカバラ教や数秘術と融合させ、実践に役立てることができる魔術体系として確立しました。1903年、ウェイトは黄金の夜明け団を支配下におさめ、その名前を"聖黄金の夜明け団(the Holy order of the Golden Dawn)"と改め、キリスト教との結び付きを強めました。本書で用いているユニバーサル・タロット・デッキは、現在、世界で最も多くの人が使用しているものの1つですが、それはウェイトのデザインした元の図像をアレンジしたものです。彼の大きな功績は、単なるゲームカードの延長線上にあったピップ(クラブ、スペード、ダイアモンド、ハート)中心の小アルカナを、1枚1枚が物語性のある図像から

なる4スートのカードとしてデザインしたことにあります。

1940年には、イギリスの魔術師アレイスター・クロウリーが、自ら考案し、レディー・フリーダ・ハリスという女性に描かせたきわめて斬新な図像の"トート・デッキ"を発表しました。奇抜な演出の魔術とヘロイン中毒で常に世間を騒がせていたこの魔術師もまた、黄金の夜明け団に加入していましたが、彼は他のメンバーからはあまり好かれていなかったようです。クロウリーは1907年、黄金の夜明け団の考えを参考にし、彼自身の秘密結社"銀の星"を結成しましたが、その儀式の中には、性的な儀式も含まれていました。クロウリーはさまざまな神秘的思想や秘儀の方法について非常に多くの著作を残していましたが、1960年代に入ると、それらの著作に対する関心が再燃しました。彼の著作は非常に知的なもので、魔術や秘儀を心理学的に解明していこうとする初の試みといえるものです。

クロウリー・デッキは、エジプト、ギリシャ、キリスト教、東洋の宗教だけでなく、多くの秘儀秘教のシンボリズムも加えた壮大なスケールのものです。クロウリーは、タロットは叡智であり、生きる力であり、自己の内なる元型の世界への鍵であると考えていました。

それ以降もタロットに関する書物が何百冊と書かれ、カードも数多くデザインされています。タロットは現在、単なる占いの道具以上のものになっています。それは自己発見のための普遍的な航海であり、わたしたちが何であるかということすべてについての古代から伝わる神秘的な叡智のシンボルなのです。

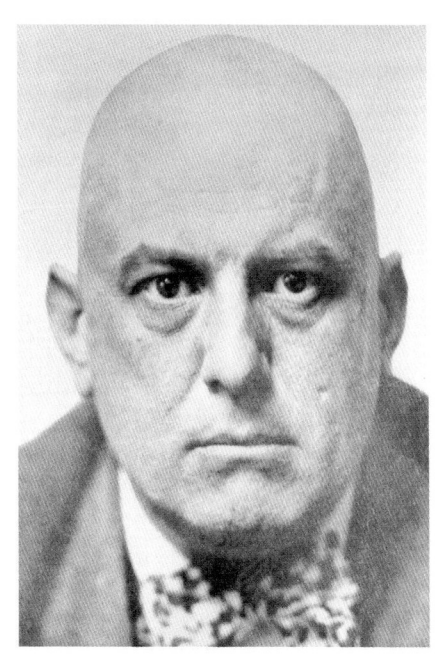

絶えず論争を巻き起こしていた魔術師クロウリーは、1940年に彼自身の独創的なデッキを発表した。

タロットの歴史

なぜタロットを使うのか?

　タロットは、自己分析を行うための客観的な道具です。このタイプの自己認識のための占い(ディヴィネーション)の最大の特徴は、カードはけっしてうそをつかないということです。もちろん、タロット・カードを運勢判断(フォーチュン・テリング)の道具とする見方も依然としてあり、自分の未来がどうなるのかを本当に"教えてほしい"と思っている人も多くいます。『カードがわたしに代わって決定してくれる』と、未来に対する自分自身の選択の責任をカードに押し付けない限り、確かにタロットはわたしたちに、ある行動様式、未来に向かう態度を提示するように見えます。わたしたちは、タロットが言っているとおりのわたしたちなのです。

タロットは自己分析のための
比類なき道具であり、
困難な状況に立ち向かう勇気をもたらす。

最初に"今日のスプレッド"から始めるとき、あなたは、カードがあなたの今日のエネルギー、経験、出来事に共鳴しているのを感じ取ることができます。これは一見奇妙に思えるかもしれませんが、タロットは質問者の心の状態を映し出す道具であり、あなたが無意識的に、また意識的にどのような状態にあるのかを鏡のように見せているのです。

多くの人々がタロットの中に、人生で遭遇するさまざまな元型や、シンボル的な出来事を見ることができます。タロットは人生という旅において、行く先を自分自身で決断するチャンスを広げ、あなたの人生の目標、意義、天職に対するあなたの意識を高めることができます。タロットは自己認識を発展させる最も力強い道具の1つです。それは時代を超越しています。

シンボルと想像力を刺激する図像に溢れたタロットは、瞑想のための有力な武器となる。

タロットは、霊感を与え、道を切り開き、案内役となり、あなたが自分の人生を見つめ、困難を乗り越えるときの方法、態度に大きな変化を生み出します。タロットは、自己分析と自己啓発のための驚異的な道具なのです。

タロットは決断についての新たな洞察をもたらし、自分の本能と直観に対する自信を強めるだけでなく、恋愛関係、職業上の悩み、生活の充実感においても新たな地平を切り開きます。その瞬間のエネルギーを引き出すことによって、あなたは文字通りあなたの精神を暗闇から引き出すことができます。タロットはそうすることによって、あなたの本性に潜んでいるあなたが知らないあなたの霊的・精神的な力を発見させてくれます。

タロットはどのように作用するか？

古代のもう1つの
有力な占いである
易の道具、硬貨。

ディヴィネーション（divination）という言葉は、ラテン語で"神託を授かる"という意味の"*divinus*"から生まれました。"ディバイン（divine）"とは、予見し、予言することです。世界の歴史を通して、多くの文化が、小枝や金貨を投げたり、お茶の葉の開き具合を見たり、雨上がりの模様を観察したりして、未来を"予言"してきました。"何が起こるか"を知りたいという願望は、人間の本性に根差した非常に強い動因です。

しかしわたしたちは現在、"別の存在"、すなわちすべての生命、すべての存在物の根底に横たわっている、"ある結合する力の存在"を知覚する力を失っているように思えます。この結合する力には、いわゆる"無作為に"シャッフルするとか、カードを選ぶとかいうことも含まれます。人生は因果律によって成り立っており、2つの出来事の間の合理的な関係とは、ある事象が他の事象の原因となっているということだけだとする考え方は、現代科学の考え方です。たとえば、「点検に出さなかったから、この車は故障した」といった具合です。しかし古代には、宇宙の万物はすべてつながっており、黄道十二宮の事象であれ、ティーカップに注がれた紅茶の様相であれ、そして地球上のどのような人の人生であれ、それらはすべてある見えない力の一部であるという普遍的な考えが存在していました。言いかえると、占いの無作為性そのものが、この見えない力の顕在の一部という考え方です。

20世紀スイスの偉大な心理学者カール・ユングは、そのような"意味のある偶然の一致"を表す言葉として、"共時性"という言葉を造りました。彼はわたしたちがあるタロット・カードを選択するとき、それはわたしたちの心の内なる"何か"によって、それを選ぶよう促されていると考えました。その"何か"とは、その瞬間に外部世界に表象される必要があり、顕在化されなければならなかったものなのです。

一見無作為に見える、ある瞬間におけるカードの選択は、実はその瞬間の意味の力強い象徴表現なのです。それは、あなたがカードを選んでいるように見えますが、その反対に、カードがあなたを選んでいるといっても過言ではない状況なのです。わたしたちの誰もが、無意識的な問題を外部世界の事物に投影させています。わたしたちは、わたしたち自身の本性に根差した色付きのレンズを通して外部世界を知覚しています。そして同様に、わたしたち自身の内面的問題をそれぞれのタロット・カードに投影させているのです。一方、タロットに描かれているシンボルのすべてには、あるメッセージが込められており、すべての図像の背後には、ある意味が隠されています。こうしてカードは、人間の本性に潜む思考や感情の力強い元型パターンに対してわたしたちを覚醒させ、わたしたちがすでに無意識的に理解しているが、怖くてその可能性を信じきれない答えや解決策を眼前に提示するのです。

　タロットが作用するのは、あなたの魂に共鳴を呼び起こす和音を奏でるからです。それはあなた自身の心の旋律なのです。

"共時性"という概念を発展させたスイスの心理学者カール・ユング。

タロットはどのように作用するか？

25

シンボル言語

タロットは、2つのシンボルの源泉から汲みだされたシンボル言語です。1つは数字で、もう1つは図像です。それらの元型的シンボルは、わたしたちの心のうちに深い感情のうねりを惹き起こし、わたしたちを、時空を超えた神話の世界へ、集合的夢の世界へと連れて行きます。わたしたちの心の奥底に潜む観念あるいは沈澱している感情を顕在化させ、それらに生き生きと語らせる必要があります。なぜなら、そこには、わたしたちすべてにとって大切な、多くの重層的な意味の地層が横たわっているからです。

たとえばバラについて考えてみましょう。バラはいつも、愛、豊穣の蕾、生命力に溢れた矢を連想させます。

しかし同時に、バラの棘は血を連想させ、愛に傷つく恐れを喚起します。また美しいバラの花束が最後には乾燥し、萎むように、わたしたちの豊かな想像力も"枯渇する"ことがあることを思い起こさせます。すべてのカードのシンボル的図像を、長い時間をかけて凝視してください。また数字のシンボル的意味を知りたければ、本書末尾の、数秘術、占星術、カバラ教の章を読んでみてください。

それらのシンボルの小径は、わたしたちをどこへ連れて行くのでしょうか？ それはある種の学習曲線なのでしょうか？ それとも、決断のための神託を受ける媒体なのでしょうか？ 答えは、タロットはその両方だ、ということです。すべてのカードが、その時点のあなたの心の旅についての物語を伝え

ます。そしてわたしたちのシンボルに対する解釈、連想が、物語をどんどん拡げていきます。わたしたちは本を読むようにタロットを読んでいきますが、どんな言語もそうであるように、その意味を知るにはある程度の時間がかかります。しかし実際は、すべてのカードやレイアウトについて、正確な、決まりきった意味などありません。なぜなら、タロットの言語は、あなたの成長とともに素晴らしく豊かになり、変化していくからです。

シンボル的連想

　タロットの旅の重要なテーマの1つが、連想です。わたしたちはそれとは知らずに、毎日話す言葉の中で連想を行っています。たとえば"水差し"という単語から、あなたはすぐに、ある"水差し"を思い浮かべることができるでしょう。でも、あなたはあなたの心のうちに、視覚的な絵として、どのような種類の水差しを思い浮かべたでしょうか？　その形は、大きい、楕円形、長い、細い、それともずんぐりしている？　またそれは、ガラス、磁器、それとも錫で出来ていますか？　またそれはどんな色で、模様や飾りはありますか？　このように、"水差し"という言葉は1つの名詞ですが、それによって連想されるものは人それぞれ異なっています。言葉による連想ということに注意して毎日の生活を眺めてみると、シンボルとともに生きているということの重大さに気づくはずです。

　そこで、"タロット"という言葉からあなたは何を連想しますか？　興味、用心、熱了、魅了、恐怖、豊かさ？　"タロット"という言葉にあなたは何を投影するか、そしてそれがなぜあなたにさまざまな連想を呼び起こすのかについてしばらく考えてみてください？　連想がどのように作用するのか、そしてタロットについてあなたが感じていることは何か、についてもっと多くの発見をするために、その言葉から連想されるもののリストを作り、それらの観念としばらく遊んでみてください。

普遍的な
愛のシンボル、
バラ。

鏡としてのタロット

　"タロットを読む"とき、あなたが一体何をしているのか、を最もわかりやすく示すたとえが、鏡です。つまり、あなたはあなた自身を読んでいるのです。

　鏡や水面、あるいはショーウィンドーに映る自分自身の姿を眺めてみてください。確かに、あなたはあなた自身を見ています。しかしそれは、他人があなたを見ている時と同じあなたなのでしょうか？　あなたの知覚は、あなたが見たいと欲するものによって色付けされていませんか？　タロットも鏡といっしょです。愛、人生、希望、恐れについてのあなたの投影が、鏡に投げかけられるように、タロット・カードにも投げかけられているのです。一見無作為に選択されたように見えるカードのつながりを通してあなたが読んでいるものは、すべて謎の言語であなたに投げ戻された投影であり、それをあなたは理解しようとしているのです。カードの言語に習熟していくにつれ、あなたはさらに、あなたの人生で出会う元型の主題や物語とより客観的に接触していくことができるようになります。

　ここで少し練習をしてみましょう。鏡の前に立ってください。毎朝使う普通の鏡でも、鏡に映るあなたの姿に魅惑と神秘とカリスマ性を付与する、美しい装飾に縁取られたアンティークな鏡でも、どちらでも構いません。どちらも映し出しているのはあなた自身です。

　最初あなたは、あなたを身体的に眺め、あなたが気に入っている部位を確かめるはずです。目の色、髪のうねり、完璧な鼻、そして少し皮肉っぽい微笑。あるいはすぐに、嫌な部分に目がいくかもしれません。ぼさぼさの髪、くすんだ顔色、たるんだ顎、腫れぼったい目、そしてシミ。最初に肯定的な属性に目がいく人もいれば、否定的な属性に目がいく人もいるでしょう。ここですでにあなたは、眺めているあなた自身の像に、"良い"、"悪い"を投影させているのです。

　このように、あなたはあなたの鏡像を、自分はこんな風でありたいという幻影によって色付けするかもしれません。あるいは、あなた以外の人々が魅力的と思っているであろうものによって、あなた自身の本当の姿を偽装するかもしれません。また幸運にも、あなたの個人的なレンズの色を通してであれ、客観的に"本当の"あなたを眺めているかもしれません。

　タロットは、客観的な鏡です。それでも、あなたは、あなたの個人的な問題、コンプレックス、希望、恐れをタロット・カードに投影させるかもしれません。しかし皮肉なことに、タロットのシンボル言語によって、あなたの意識や感情、そして無意識までもが表象させられ、あなたはその実体を"観る"ことができるのです。もちろん時には、あなたは、あなたが観ているものを嫌いに思うこともあるでしょう。しかし、それはタロットが、常に真実を語る客観的な鏡だからです。

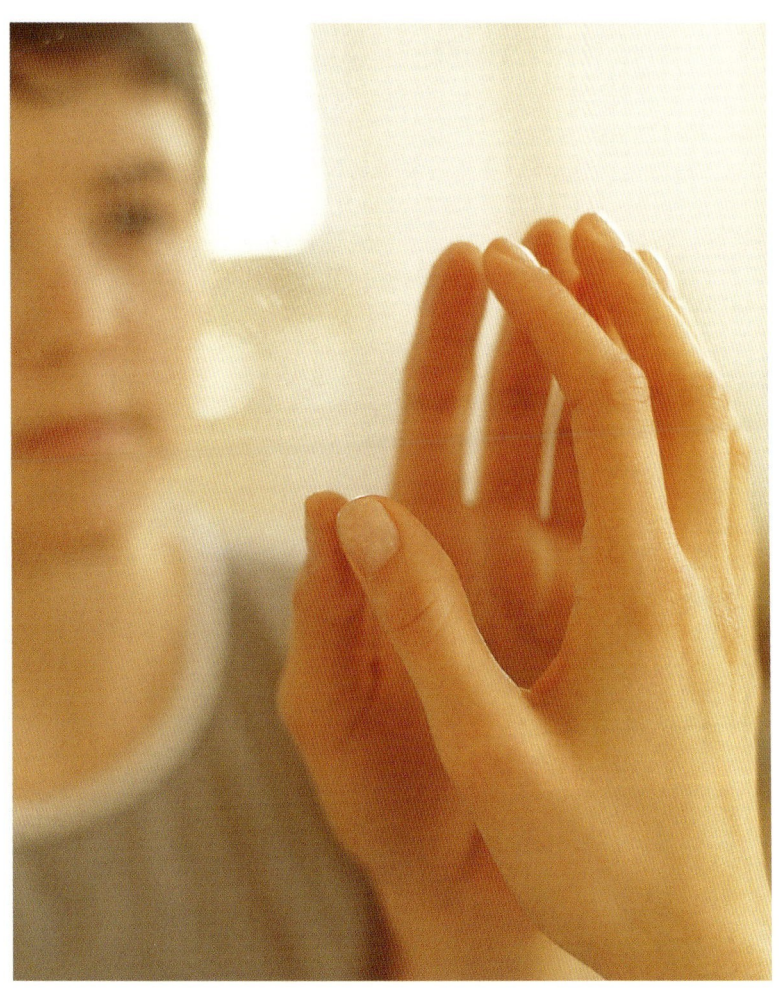

タロットはあなたの希望、恐れを映し出し、
カードを通じてあなたはそれを読む。

鏡としてのタロット

デッキとその構造

タロットは、大アルカナと呼ばれる 22 枚のカードと、1 スートが 14 枚の、4 スートからなる小アルカナと呼ばれるカードによって構成されています。22 枚の大アルカナは、集合的にあるいは個人のうちに、人類全体に普遍的に浸透している重要な元型を表しています。それらの元型的性質は、皇帝、愚者、女教皇などの人物として、あるいは太陽、月などの宇宙的実在として、また塔や運命の車輪、戦車などの構造物として表わされています。その他のカードは、奇術師、女帝、教皇、恋人、剛毅、隠者、正義、吊された男、死、節制、悪魔、星、審判、世界です。

56 枚の小アルカナは、私たちの誰もが人生の途上で遭遇する事件、人々、態度、観念、活動を表しています。何らかのレイアウトで、カードの大半が大アルカナで占められているとき、その人の人生において注意を要する重大な問題が生じている恐れがあります。その問

大アルカナ

愚者　　奇術師　　女教皇　　女帝　　皇帝　　教皇

恋人　　戦車　　剛毅　　隠者　　運命の車輪　　正義

題はまだ意識されていないかもしれませんが、気をつけるようにという信号が送られています。また、選んだカードのほとんどが小アルカナの場合、問題に対する解決法が非常に明快であること、あるいは問題がじきに終息することが考えられます。そんな時わたしたちは、何をする必要があるのかにすでに気がついています。あるいはわたしたちの生活上の事件や経験が、わたしたちが何であるのかについての新たな発見をもたらしているだけなのかもしれません。

　小アルカナの4つのスートは、それぞれエースから10までのナンバーの入ったカードに、普通の遊戯用カードの3枚のコート(宮廷)・カードとは異なり、4枚のコート・カード、すなわちキング、クイーン、ナイト、ペイジ(ネイヴということもある)が加わっています。また、プリンセスと呼ばれる5枚目のコート・カードを持っているデッキもあります。4つのスートは、それぞれ4大エレメントとつながりを持っています。ソード(剣)は風、ワンド(棒)は火、ペンタクルは地、そしてカップは水と関係しています。鏡を眺めた時と同様に、これらの連想がどのように作用するかを、考え、感じ、視覚化し、心像化してみてください。

吊るされた男　　死　　節制　　悪魔　　塔　　星

月　　太陽　　審判　　世界

デッキとその構造

31

小アルカナのスート

スート	エレメント	キーワード
ソード（剣）	風	思考、情報、つながり、理想、自己表現

| ワンド（棒） | 火 | 直観、展望、進歩、個性、成功、失敗 |

スート	エレメント	キーワード
ペンタクル（円盤、コイン）	地	感覚、物質主義、外的現実、有形のもの

スート	エレメント	キーワード
カップ（聖杯）	水	心、感情、恋愛関係（愛とセックス）

デッキとその構造

いろいろなタロット・デッキ

　現在では、ノーム(大地の精霊)からドラゴンまで、さまざまなものを主題にした多くのタロット・デッキが出回り、どれが一番使いやすいかを言うのはとても難しいことです。ここで提案したいことは、インターネットを通じてできるだけ多くのタロット・デッキを調べ、直観的に、最も強くあなたに"訴えかけてくる"図像を選ぶということです。以下に紹介するデッキは、人々に永く親しまれ、コレクションの一部として是非そろえておきたいもので、伝統的なものと、より現代的なものがあります。わたしがビギナーに推奨したいのは、本書で用いているユニヴァーサル・デッキか、その元になったライダー─ウェイト・デッキです。

ヴィスコンティ─スフォルツア・デッキ

　このパックは、15世紀末に、イタリアのヴィスコンティ─スフォルツア家の依頼により手書きで作成されたもので、現存する最古のパックの1つです。何枚か欠けていたカードがありましたが、その後、オリジナルのカードとそっくりの復刻版が作られ、加えられています。このタロット・デッキはおそらく、現存するパックの中でも、最も美しく、最も豪華なものの1つといえるでしょう。それはまた、ルネサンスの細密画の技法とシンボリズムを今に伝える貴重な一品として世界で認められています。オリジナル・カードには、"信仰"、"希望"、"慈愛"のカードが含まれ、また小アルカナには、各スートにさらに女性のナイトとペイジも含まれています。しかし、ピップ・カードには特別な図像は描かれていません。

ヴィスコンティ─スフォルツア・デッキの"月"

ミンキアーテ・エトルリア・デッキの"太陽"

ミンキアーテ・エトルリア

　早くもルネサンスの時代には、イタリア・トスカーナ地方で、ミンキアーテと呼ばれるタロット・カードが遊びに使われていました。

　1725年前後にフィレンツェで制作されたミンキアーテ・エトルリア・デッキには、あまり知られていない異端宗派の神話や、4大エレメント、美徳、黄道十二宮のカードも含まれ、少し変わった構成になっていますが、図像は非常に表現力に富み、とても魅惑的です。ピップ・カードにはこれといって特別な図像は描かれていませんが、まったく予期していなかったときに、奇妙なサテュロスやユニコーン、ヘッジホッグ（ハリネズミ）が登場したりします。

　デッキは全部で97枚のカードによって構成されています。大アルカナは41枚で、そのうち19枚は他のデッキと共通で、それに12枚の黄道十二宮のカード、4枚のエレメントおよび4枚の美徳のカード、そしてもちろん56枚のスート・カードも含まれています。

　最初の35枚のカードは、"パピ"と呼ばれ、ローマ数字が記されています。それらには特別な名称はありません。次の5枚は、"アリエ"と呼ばれる特別なカードで、以下の順序になっています。星、月、太陽、世界、そして最後の審判（または名声）。コート・カードも特別な名前は付いていません。

　ミンキアーテ・エトルリア・デッキは本書でも頻繁に登場しますが、タロットをよく理解するようになったとき、是非ともコレクションに加えてほしいデッキの1つです。天文学的な性質のエレメントとシンボルが加えられることによって、タロットをより豊かに、より深く読むことができるようになるはずです。

マルセイユ・タロット

マルセイユ・タロットにはいくつかの現代版がありますが、いずれも16世紀フランスで人気を博し、さらに1750年頃にクラウド・バーデルによって改良されたものをもとにしています。このデッキは、おそらくタロット・デッキの中で最も有名なものといえるでしょう。原色を用い、力強い簡潔な線で描かれた図像は、比類のない、深く隠された真実を喚起します。それは時に荒削りに感じられることもありますが、そのぶんなおさら印象が鮮烈で、効果的です。小アルカナには図像がなく、そのため解釈が難しいといえます。古いパックは、ローマ数字を使い、その後大アルカナには、フランス語で名称が記されるようになりました。また、ソード、ペンタクル、ワンド、カップというイタリアのスートがそのまま使われています。タロットに慣れてくると、このデッキの素晴らしさがわかるようになります。

マルセイユ・タロットの"悪魔"

ライダー――ウェイト・デッキ

ドクター・アーサー・エドワード・ウェイト（1857～1942）は、秘儀・秘術に関するものすべてについて卓越した知識と深い洞察力を持ち、"真のタロットはシンボリズムである"という信念を持っていました。彼の厳密な監修の下、同じく黄金の夜明け団の会員であった画家のパ

メラ・コールマン・スミスが、78枚のカードをデザインしました。19世紀にイギリスで結成されたこの秘密結社、黄金の夜明け団は、サミュエル・メイザーズ、ウィリアム・ウッドマン、ウィリアム・ウィン・ウェストコットの3人によって設立されたもので、時の名士の多くを惹きつけました。会員には、エドヴァルド・ムンク、オーギュスト・ストリントベルク、ライダー・ハガード、アレイスター・クロウリー、ウィリアム・バトラー・イェイツ、ブラム・ストーカー他、多くの名士が名を連ねていました。

　このデッキの特徴は、何といっても、ピップ・カードを含めて、すべてのカードに固有の図像が描かれていることです。その鮮明なイメージは、カードの背後に潜む意味に、即自的な深さと豊かな連想性を付与しています。1910年に最初のパックが作成され、その後さまざまな形で再版、復刻されてきました。オリジナルのウェイト―スミス・パックは、現在ライダー―ウェイト・デッキと呼ばれ、当時の色と図像をそのまま再現しています。本書が用いているユニヴァーサル・デッキは、この初期のパックのシンボル、図像、色を忠実に踏襲しています。

クロウリーまたはトート・タロット

　アレイスター・クロウリーは、20世紀前半の多くのオカルティストがそうであったように、世間的にはあまり良い評判を得ていませんでした。し

アレイスター・クロウリー監修の下、
フリーダ・ハリスが描いた
"カップのキング"

アレイスター・クロウリーの
タロットのために水彩絵具で
下書きされた"ワンドのキング"

かしこのカリスマ的な魅力を持った奇人は、第二次世界大戦中に素晴らしいタロットをデザインし、完成させました。そしてそれから数年して彼は亡くなりました。その図像は、クロウリーの変幻自在の魔術哲学を反映して非常に魅惑的で、ライダー――ウェイト・パックと同様に、錬金術と占星術のシンボリズムを取り入れています。クロウリーも、画家のレディー・フリーダ・ハリスに付きっきりで、黄金の夜明け団（p.21参照）の秘密の教えをカードの中に潜ませました。

クロウリーまたはトート・タロットは、20世紀のタロット・デッキで最も人気を博したものの1つとなりましたが、その色、図像、幾何学的なシンボリズムは、1枚1枚のカードを、1つの芸術作品にしています。しかしそれらのカードは、どれも深遠・難解なもので、解釈はかなり難しいといえます。クロウリーのカードが他の多くのカードと異なっている点は、各スートにナイト、プリンス、プリンセス、クイーンはいるが、キングがいないということ、またナンバーの入ったすべての小アルカナ・カードに、キーワードでタイトルがつけられていることです。大アルカナも他の伝統的なデッキのものとは大きく異なっています。数が24枚と増え、3枚の"マグス"・カードが含まれています。

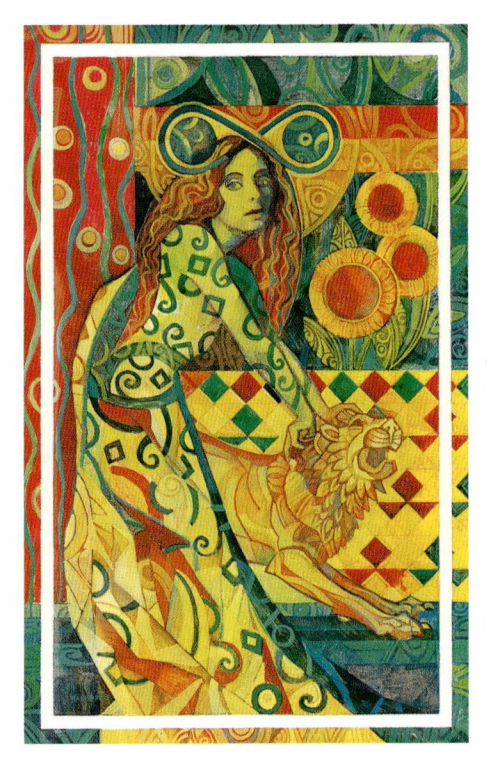

クリスタル・タロットの"剛毅"

IJJタロット

　JJというのは、ローマの2体の神、ジュノー(Juno)とジュピター(Jupiter)の頭文字を表していますが、後にキリスト教会を喜ばすために、両方とも"女教皇"と"教皇"に改名されました。このデッキは1670年頃にすでに制作されていたようで、特にヨーロッパとアメリカで人気の高いカードです。図像はとても伝統的で、名画のようですが、ピップ・カードに絵柄はありません。

クリスタル・タロット

　この現代風のタロット・デッキは、ロ・スカラベオ社の依頼を受けて、エリザベッタ・トレビサンが、19世紀末のアール・ヌーヴォーの旗手の1人であるグスタフ・クリムトの絵に着想を得て制作したものです。このタロット・デッキには神秘的なメッセージが込められており、テンペラやパステルを用いた繊細な色の饗宴が、魅惑的で深遠な世界を現出させています。多くの図像がステンドグラスのように描かれているクリスタル・タロットは、見る人を平和と調和の世界へといざない、1枚1枚のカードが最高の表現力と魔力で、元型的なメッセージと人間の本質を喚起します。

いろいろなタロット・デッキ

39

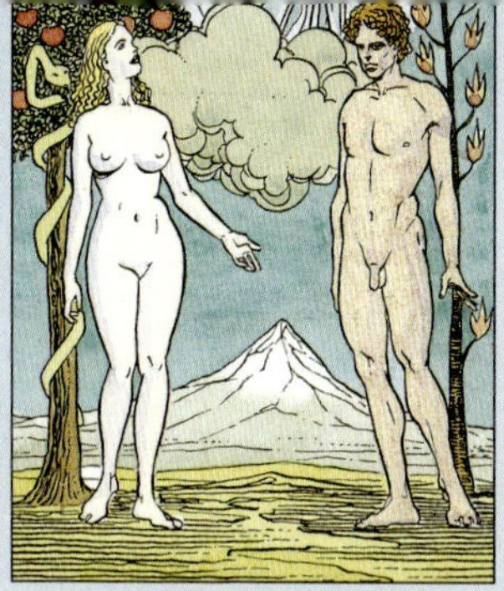
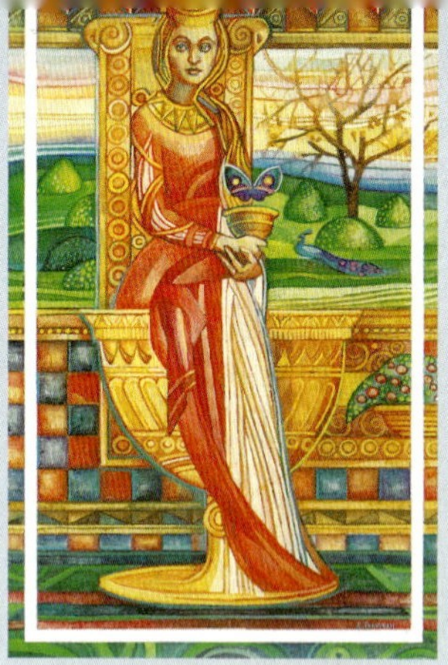
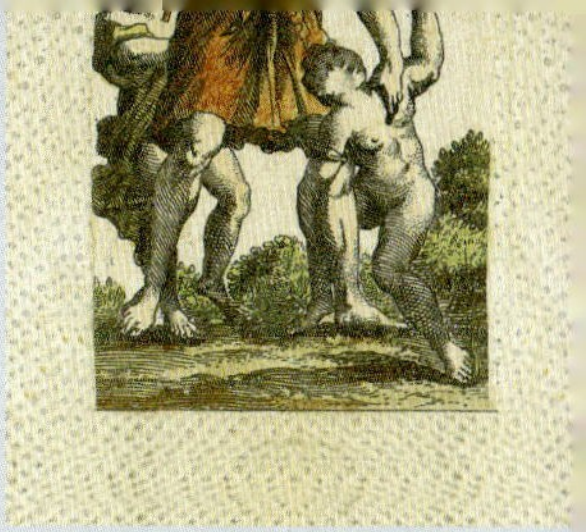
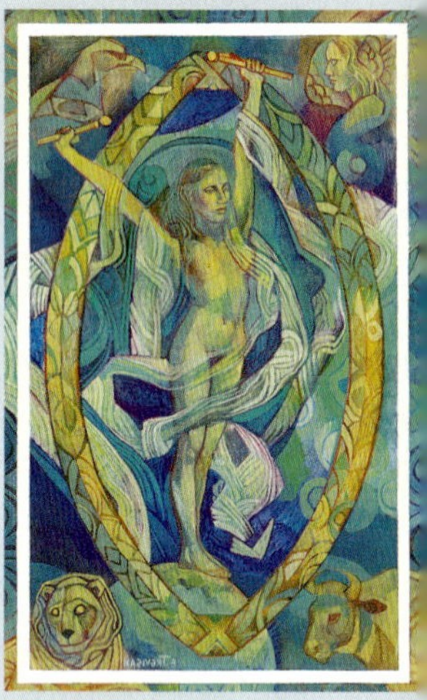
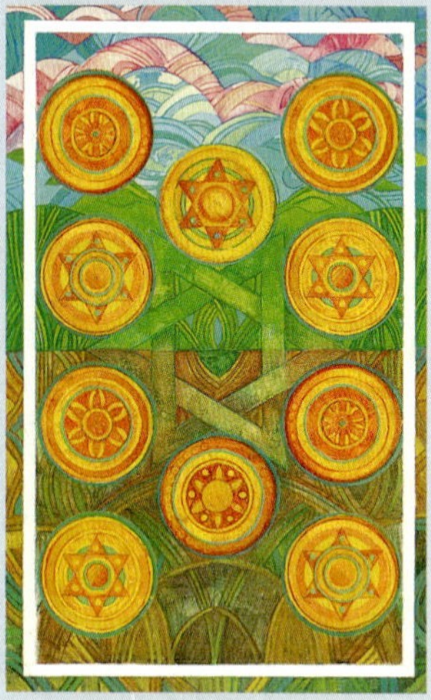
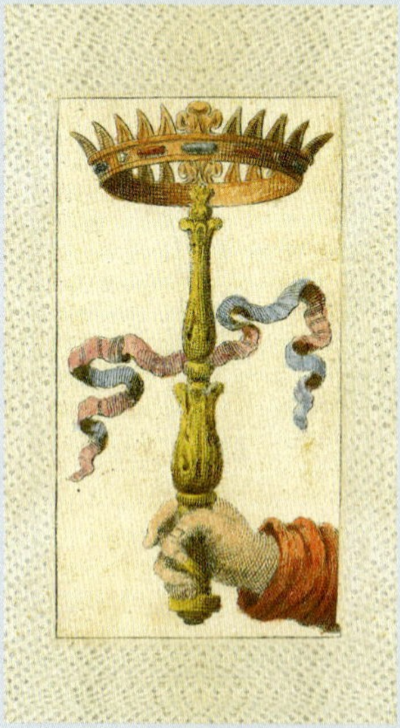
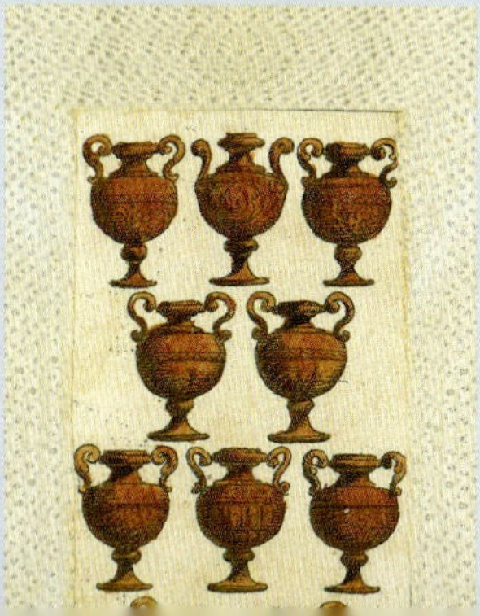
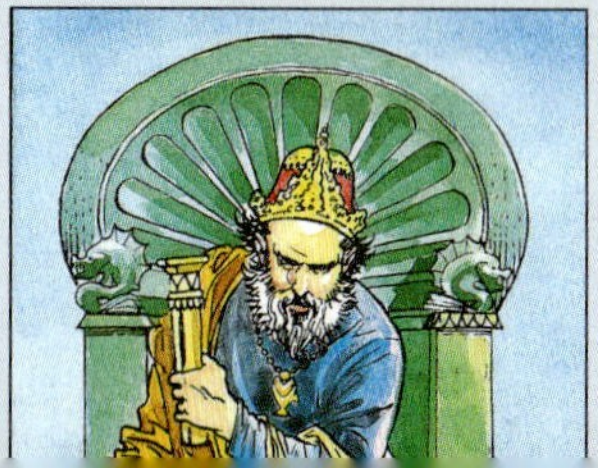
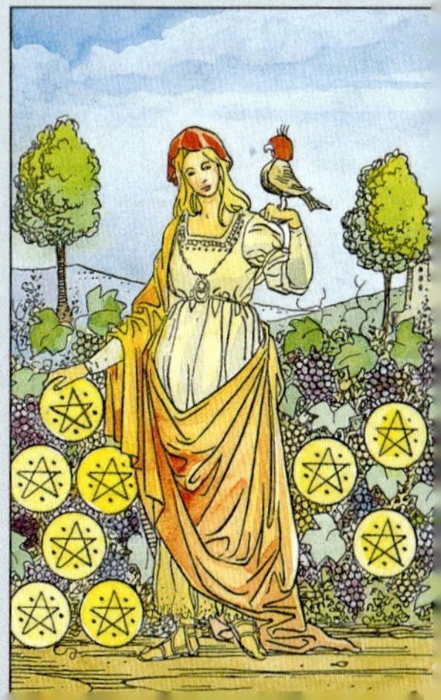

第2部
タロット占い の実践

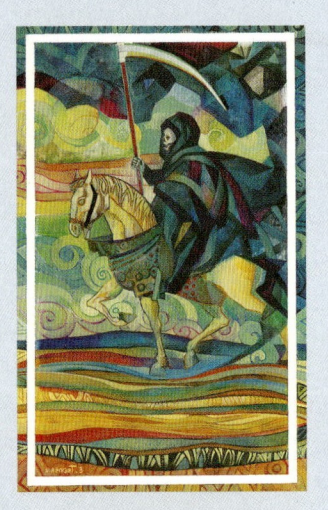

本書の使い方

タロットの良い点は、それが小径のようにすでに方向づけされていることです。小径の一歩一歩があなたのために踏み固められています。しかしどんな旅もそうであるように、道の途上には、落し穴もあれば妨害物もあります。1回につき、ワンステップずつ進みましょう。あなたがビギナーなら、"さあ、始めよう！"(p.44〜79)の章から始め、"さらに深く、さらに広く"(p.348〜383)の章で概略を示している技法も練習してみましょう。しかし同時に、できるだけ回数を多く、長い時間カードを眺め、あなた自身の想像力を働かせる練習をしましょう。すでにタロットに習熟している人は、すぐに大アルカナと小アルカナ、それにレイアウトの章から始めてもかまいません。

カードの意味をすぐに知りたいと思うなら、そのページを開いてみるのをためらう必要はありません。しかし最初に基本の練習をひととおり通してやることを推奨します。というのも、あなたの人生に意味と目的をもたらすものは、カードに意味を付与し、それを独力で解釈するあなた自身の能力なのですから。

解釈の章

カード1枚1枚の意味と解釈のための章では、"いまのあなた"、"妨害物"、あるいは"未来の結果"といったポジションについての記述をよく目にすることになりますが、それらのポジションは、あるレイアウトにそってカードを並べた時の秩序を表しています。多くのレイアウトが、少なくともこれらのポジションの1つを使用しています。"いまのあなた"は一般に、最初に置かれたカードにあたります。"妨害物"カード、すなわちあなたの進路を塞ぐものは、他のカードの上に直角に交差しているカードにあたります。"未来の結果"のカードは、あなたの人生行路の次のステップ、段階を表します。

とはいえ、このような特別なポジションを持たないレイアウトもあります。その場合は、各カードをできるだけ深く解釈するようにしましょう。各カードに描かれている主要なシンボルをもとに、あなた自身の直観的解釈力を開発するのは、あなた自身であるということをここでもう一度確認しておきましょう。

運命の車輪
アルカナム 10
黄道十二宮との親和性 ジュピター(木星)

キーワード
不可避性、幸運、タイミング、転換点、運命。

キーフレーズ
● 人生え見ず不確かさ
　ということを悟りかけ
　健かをうち切ること
● ある時点離の意、
　新しい始まり
● 予期しなかたとき、
　万物の変化する
　ということ
● 共時性、偶然の一致
● 人生で繰り返しパターン
　とサイクルを見つめる
● 幻滅の反生まれる可能性
● 有利な機会くつ
● チャンスの到来、
　予期せぬ幸運

運命の車輪は幸運とチャンスについて語っています。誰でも運の良い時あります。しかし、幸福感も恐怖、生活向上のとなる選択をするには、結局はあなたの手の中なのです。「運命の車輪」のカードをひいたとき、それは運命的、たとえあたり大きなサイクルの一部、「運命によって行うきことははです、あなたの行う海に対してあなたは自分自身に責任がある。可能性である事を告げている。

「運命の車輪」が肯定的のポジションにあれたとき、あなたは、自分の人生行う途にて、自分の幸運、信頼、恋愛関係、健康力をコントロールすることができている実際もれしれない、しかし問題を起こさせているのは、どう生きかを分からにことに対して自分自身責任をもらない、あなたの自身の問題的な態度でしょうか？「運命の車輪」はきくいます、「世界の悟りに対立にいるかもしれないもありません、の宇宙のダーシには頼り、シャー同様になり、あなた自身の歩りを開けなりない。」

「いまのあなたのポジションにこのカードが現われたさき、それは、気分が一新しだし出す事柄作ろうにもこと、新事を回し、大になる展開に立することができるとことです。何がそれになるのでしょうか、もしあなたが値人でいるからません、あなたのみしく人生は始まっています。変化を恐れず、運送せず、未来の幸せに向かう手行を起そして明らす。」

「運命の車輪」は今また、あなたの扱う人間、心証象徴の存在するのですがど、それから逃れた恋愛に夢中にならなくえないとこを理解しています、カーバラレのプリ版ージに対応いて、あなたの自由のから生きているチャンスをつかむ時期が訪れているかもしれません、予想せぬ出来事が、あなたの人生をよる良い方向に向けいて、動機を与えてくれるしょう。

大アルカナの
カード1枚1枚に
つき、キーワード、
キーフレーズ、
解釈を
示しています。

ペンタクルの5

キーワード
欠乏、貧者の意識、苦難、苦悩

キーフレーズ
● 精神の貧窮
● 痛みの探索
● 精神的苦しみでる
● 社会から無視される
● 悲しみ、神経的病
● 自分の欲求を解消する
● 自分から人生で
　何かがなくなる
　という感覚

解釈

ペンタクルの5のカードをひいたとき、そこには時に、ある種の「欠乏感」が感じられます。西洋的には、何らかの物質的な面の可欠に慣れられるあります、もっと深い中で、それ以外のものが暗示されています。それは精神的健康、すなわ、精神的なものです、人生の意味であり、心から何か求めでいるのつかない感覚でしょう。

このカードは、わたしたちが精神的行こまる者は、あるいは、恋愛関係で精神的になっているときにしば現れます、精立的な感覚の中になかも、孤独とた寂しい人間でいる方が、孤独感も、力が与えられ気持ちきえます。このカードはまた、あなたが孤独であ、寂しくあるとすえる心で間のみるて受け入れられるような意識的どは、孤独感が伝わいきないことをあからしています。

このカードの肯定的意味として、見かけがあなたのおそれるを感じているならば、外に出て、そのことの事を繋がかるようになっていとうか、おなたのある心で精神的な自信、より多くの世、の愛情合いを味わうは、自立させることがつつあかしています。ひとりでいる、孤独感を中の子もあるいまで、作じなくなった感にの人が精神的生活、つまり、祝福の瞑想を経験する家族的な家です、家族の絆と、誰がその対応のにしますることは、魂自身を求めめさに人格構造にされてます、心のそのバがバネクがうるのかが自くもあたるのでものするとのですかになるわけではでしょう。

もしあなたが何かを求めるの手捨てでいないからち、なぜそうなのかきを問かてみましょう、あなたは自尊心が違げてしまいからか、長い時かちそう相手がの待りを感じているからしれません、もしもそうのであれか、自分への感情もらまきに、まさしょう？

「恋愛性」ののダジョンにあると、この姿とたい、あなたいろだれいから人生の持続の欠之感が使うでいるもなく、紙方が得られるなら自分がかするとき、いなります、精神で何観ましていないろあせっかちに判するのい感覚、に歩を「諦めせんなり目」であるとな信してい、歩の苦のぎはあるあるといまえば「諦めこあ」しのではしを行けなのがない、心できあるあああす、とができら、たてえもあいるから、あるいかさ、ぜ、たろいがでした？この、カードはまと、何と信をもったいく悟い感情いる身情を感じると、歩いべい苦るあといか信感のあるのあれ、ないのれであを自覚することのできます。

小アルカナに
ついても、
カード1枚1枚に
つき、キーワード、
キーフレーズ、
解釈を
示しています。

見せかけの態度、内面の真実

このスプレッドは、外部世界に向けたあなたの見せかけの態度と、あなたの内面の真実の感情を明らかにするためのものです。また、あなたの心の奥深くにある感情や変容しようとしている人を明らかに、なぜでしょうか？多くの人は、心の奥底にある感情を実際に行う意志してで読いるから、人々から愛させるものなりないとの恐怖心を持ってみるから？そらも反応が障りんなたを安心させ、正面うに、自分自身が自立した方の感情がしに見るのはのでないてで自分？内面の真実に立交差していいた、内面のせま出れるのが原実はあるは自分から出たをされ対、誰がな人からも反出たもの場合もあります。あるいはあなたの内面反実を認しからあります。

1
2
3
4
5
6
7

態度と真実のスプレッド

1 あなたが隠しているものについての
　内面の真実
2 その道程に向けた見せかけの態度
3 あなたが必要としているものについての
　内面の真実
4 健康したいての見せかけの態度
5 内面の真実—あなたの感情
6 見せかけの態度—反応
7 表に出すべき将来の内面の真実

リーディング例

1 **皇帝剣** あなたの心の奥深くに潜む願望は、誰も関与することができないようなことをしても、みんなを繋がすること。
2 **カップのナイト** しかし今の道途に向けたあなたの見せかけの態度は、非常に柔軟で、しばしば過ぎもいほど協調的で見え、あなたの言うことを受て受け、繊細しています。
3 **剣剣** あなたが本当に必要としているのは、忍耐整さと、自分で情報をえ。
4 **カップの9** しかし、人格的な統合とから、物質的満足を獲達しないように、見ているです。
5 **ワンドの3** 心の意味では、あなたは限らだれいないど感情が続く流れきます、あるで、心の等に聞かみるようれています。
6 **ワンドの9** しかしあなたは、手本を分り、リーダーシップをとることができる能力で、自分の感情を上では寒といます。
7 **ワンドの7** 際に出すべき内面の真実は、事果に正直かおもなき合い、真実から逃れるのをとめねばならないということです、自分自身を欺いてはいけません。

スプレッドの手順を
わかりやすく解説。
具体的に
リーディング例を
示しているので、
自分のカードを
リーディング
するときの参考に
することができる。

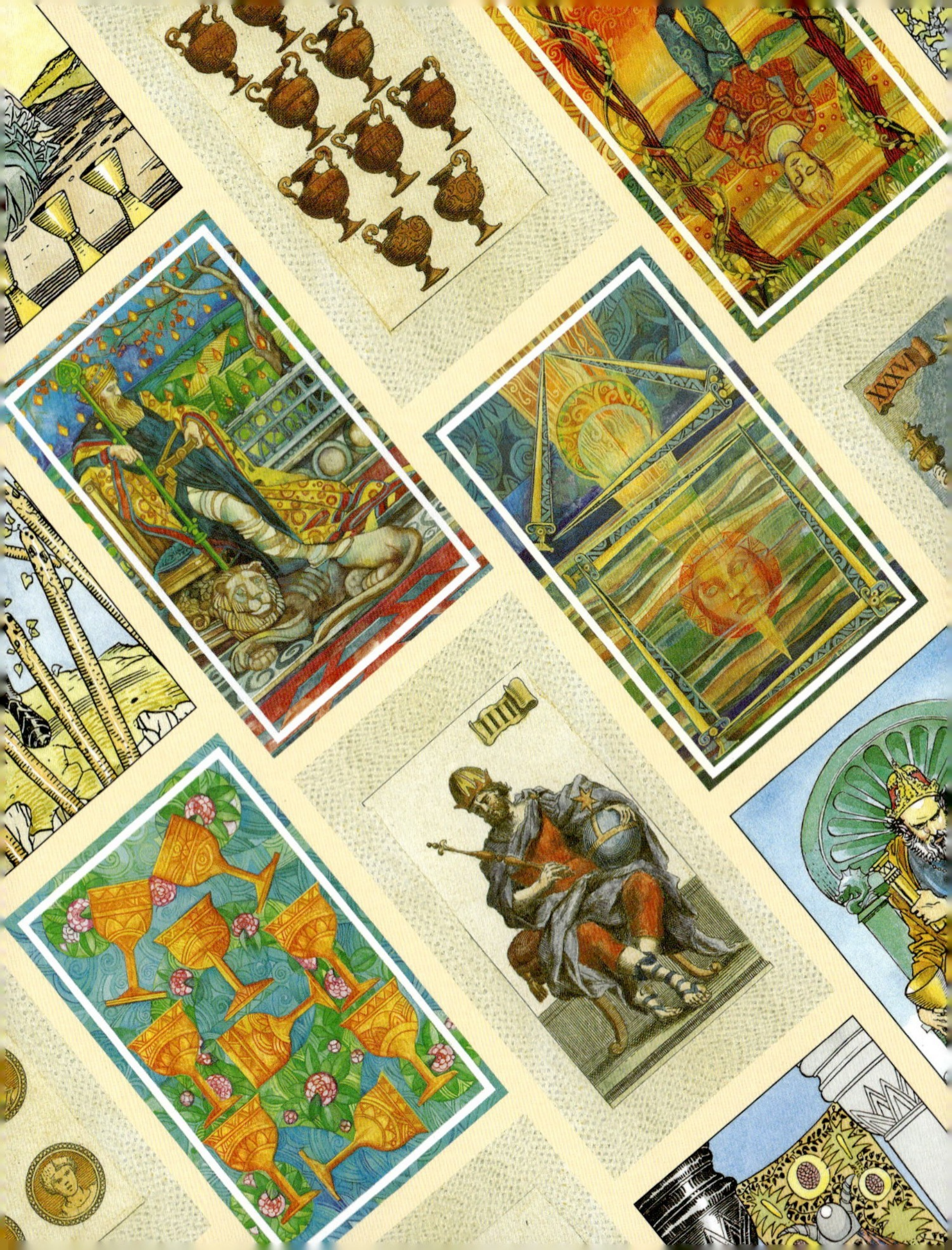

さあ、始めよう！

旅の初めに

　今回初めてタロットに触れる人は、なぜタロットを使いたいと思ったのかを考えてみてください。この本を手に取ったからですか、好奇心を持ったから、怖いもの見たさ、警鐘が聞こえたから、それともわくわくしたから？　あるいは、いつも自分自身についてもっとよく知りたいと思っているから、そして、もっとよく自分の人生をコントロールできるようになりたいから？　それとも、予期しないものに対していつも心の準備をしておきたいから、あるいは、すでに答えはわかっているけれど、自分では認めたくない、そんな問題に結論を出す手助けをしてほしいから？　それとも、心の内なる元型の世界と交信し、自分の内的世界がどのように外的環境と相互作用しているかを"知る"ため？

　タロットを使う動機は、人それぞれ違っているでしょう。まずあなたは、あなた自身の問題を意識する必要があります。それでは、心を澄明にし、自己認識を持って、あなた自身のタロットの旅の一歩を踏み出しましょう。

落し穴

　タロット・リーディングという初めての体験に着手する前に、是非とも確認しておいてほしい点がいくつかあります。

- **即答や人生の近道を望まない。** 人生には、より深くタロットに習熟してからでないと答えられない問題が生起することがあります。あわてて答えを出したり、根拠のない思い込みをしたりする前に、しっかりとタロットの技術を向上させることに心がけましょう。
- **毎回同じカードを同じように解釈しない。** これは、矯正するのが最も難しい癖の１つです。１つのキーワードや解釈に頼るほうが、覚えやすく、簡単だからです。しかしあなたの想像力を自由に飛翔させてください。そうすればあなたの人生は、もっとよく流れていくことでしょう。
- **主観的になりすぎない。** 人は一般に、真実ではなく、こうありたいという願望をカードに投

影させる傾向があります。これは自分のためにカードを読むときに最も陥りやすい落し穴です。なぜなら、わたしたちは常に、わたしたちが何であるかによって、見ているものを色付けしているからです。

タロットの効用

ここで、タロットがあなたの人生に貢献できる点をいくつか挙げておきましょう。

- **自分の感情に素直になれる。** 自分の感情に正直であればあるほど、人生を生きようという強い意志が生まれ、人生を流れに任せるのではなく、前向きに決断することができるようになります。
- **集中力が高まり、直観を研ぎ澄ますことができる。** タロットでは直観がものをいいます。どう考えるべきかといった先入見を捨て、あなたとカードの相互作用を楽しみましょう。
- **あなたの人生の信頼できる道案内人となる。** タロットに習熟すればするほど、それはより信頼できる道案内人になります。
- **タロットは最も正確にあなたを映し出す鏡であることがわかる。**
- **あなたには自分自身の人生をコントロールする能力が備わっているということを発見する手助けとなる。**

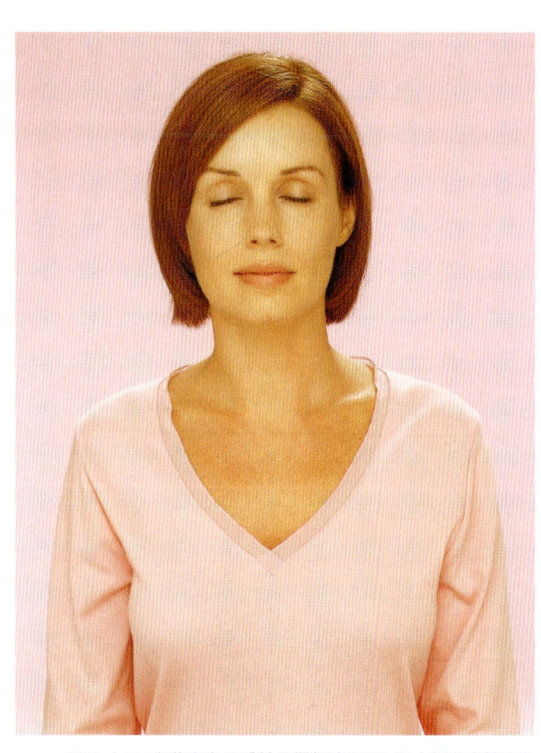

タロットは、自分自身の感性を信頼することの大切さを教える。

さあ、始めよう！

デッキを選ぶ

　アトランティスからロックまで、今日ではあらゆるテーマにそった多彩なタロット・パックが何百と用意されています。どれを選ぶかは、好みの問題ということもできます。しかしあなたがビギナーなら、また真剣にタロットを学びたいと願う独習者なら、タロットがそれを通じて語りかける元型的なシンボルと言語について知っておく必要があります。そのため最初は、ライダー──ウェイトや、本書で使用しているユニヴァーサル、マルセイユあるいは神話デッキなどのベーシックなデッキの中から選びましょう。

　現在では、インターネットを通じて簡単にデッキを探すことができますが、本当にそのカードがあなたに合っているかどうか、否もっと重要な、本当にあなたがそのカードに合っているかどうかを感じ取るためには、実際に目で見て、そしてできれば触ることのできるショップに行くことをお勧めします。なぜなら、ある与えられた瞬間のエネルギーを感じ取るためには、第六感だけではなく、それ以外の五感も同様に大切だからです。そうすればあなたの感覚は、あなたが本当に何であり誰であるかを示す瞬間に、より密着することができるようになるからです。

アトランティス・デッキの特色ある図像

化粧箱や小物袋など、
タロット・カードは特別な場所に
保管すること。

パックの手入れ

　特に規則はありません。真実の友と接するように、カードと接することが大切です。
- カードを箱から初めて取り出すとき、きれいなテーブルの上に置き、"息"をさせましょう——停滞していたエネルギーを発散させ、あなたのエネルギーを吸わせます。
- カードとつながりを持ちます。触れ、取り上げ、眺めてください。できるだけ長く時間を共有します。
- 使ったら必ず、特定の箱に戻すか、絹のスカーフに包んで直します。邪悪なエネルギーや有害な太陽光線に当てないようにします。
- とても否定的なエネルギーを持った人や、悲観的な考えの人のためにリーディングをしたときは、そのあとに浄化の儀式を行うようにします。

　何度も使ううちに、カードが古びてきて、角が取れるのは仕方ありません。そして自分自身のためにリーディングするときには、最も信頼のおける、あなたのエネルギーを最も多く吸収しているカードを選ぶため、そのパックが古びてくるのは仕方のないことです。特別な機会のためのとっておきのカードや、友達のためのカードなども用意しておくと良いでしょう。

さあ、始めよう！

カードを良く知るために

　カードをより良く知るための最も伝統的で、最も簡単な方法は、1日に1枚のカードを取り上げ、それを研究することです。その解釈を読んだ後、連想を膨らませながら物語を創造しましょう。そしてその筋書きの中にあなた自身を織り込んでいきましょう。とはいえ、この方法の場合、78枚のカードでは78日かかることになります。もっと早い簡便な方法もあります。

ステップ・バイ・ステップ・ガイド

　今から紹介する方法は、わりと早くすべてのカードに親しむことができるもので、1枚1枚についての深い知識を得るというよりは、あなたの心にカードの印象を刻むためのものです。出発点としてお奨めしたい方法です。

1 大アルカナと小アルカナを分け、大アルカナのカードを1列または2列に並べます。その中から、あなたに最も強く"語りかけてくる"カード（複数でも可）を選びます。そのカードは、いまのあなたの気分と共鳴していますか？ 何か大事なことを語りかけているように感じますか？ そのカードは好きですか、嫌いですか、あるいは怖いですか？ そのカードはあなたに元気を与えますか、それともイライラさせますか、あるいは悲しくさせますか？

2 そのカードの解釈を最後まで読み、その中に何らかの形でいまのあなたの人生と関係したこと、あるいはいまのあなたに不足しているものが示唆されていないかを考えてみましょう。

3 このような印象を与えるカードを選び出し、最初にそれらのカードについて深く知るようにします。あなたの黄道十二宮の星座（p.356～363）と関係があるかもしれません。あるいは、なぜかはわからないけれども、なんとなくその図像に惹かれるといったカードかもしれません。

4 それらのカードに描かれているシンボルを見つめます。そしてあなたの心に訴えかけてくるシンボル——バラ、ライオン、鷲、蛇、王冠など——を書き出します。次にそれらのシンボルや図像を見つめながら、自由連想によって頭に浮かんでくるものを正直に何でも書き留めていきます。

5 カードについて学び始めるときは、上のような思考や連想を、タロット日記に記録するようにします。

6 次に、それほど好きでもなく、あまりよくわからないカードを選びます。たとえば、奇術師のカードが何を意味するか良くわからない人もいるでしょう。そのカードをあなたのいまの人生と関係づけてみましょう。あなたの心の中に奇術師が隠れていませんか？ あなたはあまりにも多くの幻想を抱いていませんか？ あるいは未知なるものを恐れていませんか？

7 小アルカナのカードを理解するのは少し難しいかもしれません。最初に、各スートについて、そして次に、コート・カードについて学びます。そうすれば、ナンバー・カードの解釈が自然に浮かんでくるはずです。どのスートが一番好きですか？ そしてそれはなぜですか？

8 コート・カードを1枚選び出します。あなた、またはあなたの友達の像を映し出していませんか？ 次に、ナンバー・カードを1枚選び出します。そのカードはあなたの心のうちにどんな像を呼び起こしますか？ 想像力を大きく膨らませてください。あなたの人生で、キングは、そしてクイーンは誰ですか？ あなたは彼らの性格を言葉で表すことができますか？

さあ、始めよう！

51

環境を整える

　ビギナーであれ、ある程度経験を積んだタロット・カード・リーダーであれ、リーディングを始める前に、まず静かな落ち着ける環境に身を置くことが大切です。通り過ぎる車の騒音や、電話の呼び出し音、他人の会話などに邪魔されることなく、集中し、直観が自由に流れていける環境を整えてください。タロット・リーディングに習熟していけば、どんな環境でもカードを読むことができるようになりますが、その場合も、十分な広さの空間を確保するようにします。

　何よりもまず、カードをレイアウトできる十分な広さの平たい場所が必要です。床または何も置いてないテーブルが最適です。乱雑に散らかっている場所ではリーディングはしないこと。まわりの物に気が散って、集中することができません。最後に、できるだけ同じ場所でリーディングするようにします。そうすると、その場所があなたにとっての聖なる場所になっていきます。

　床に足を組んで座ります。気分を和らげ、集中力を高めるために、ローソクやお香に火をともします。ゆったりとした優しい音楽を流すのも良いでしょう。自分のためにリーディングするときは、リラックスしていればいるほど、良い結果が生まれます。ローソクの炎に心を集中させ、しばらく瞑想しましょう。呼吸を落ち着かせ、すべての意識的思考を払い落します。

儀　式

　多くの人がリーディングを始める前に、直観力を高めるための特別な儀式を行っています。わたしはいつも、絹の布に包んで

お香は、タロット・リーディングの力を強化する。

カードを保管しています。これはカードを、邪悪なエネルギーや自然の要素による損傷から保護するためです。防御のための魔法円を描いたり、特別な衣装を身につけたり、お気に入りのローソクやクリスタルをまわりに並べたりするのも良いでしょう。これらはすべて、あなたとカードの間に前向きの正のエネルギーの流れを呼び起こし、あなたの心を正しい枠の中に置きます。これらはまた、カードを読むあなたの解釈力を向上させます。

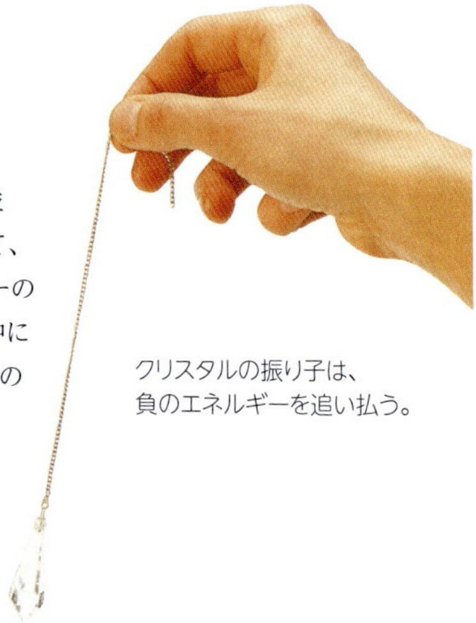

クリスタルの振り子は、負のエネルギーを追い払う。

以下のことを試してみましょう。
- 聖なる場所を選び、カードを包みから取り出したら、お香に火をともします。精神力や治癒力を高めるためにはビャクダンのお香が、思考の明晰さを高めるためにはマツやローズマリーのお香が良いでしょう。タロット・カードの力を強めるために、お香の煙で、カードの上に時計回りに円を描きます。
- 4つの方角——北、南、東、西の順で——クリスタルを1個ずつ置いていきます。好きなクリスタルを選びますが、毎回同じものにならないようにします。クリスタルに囲まれた空間が、あなたのサイキック・スペースとなり、4つの基本方位によって、魔法円が創造されています。リーディングを終えたら、クリスタルを、置いた順番と同じ順番——北、南、東、西の順——で取り除いていき、魔法円を解除します。

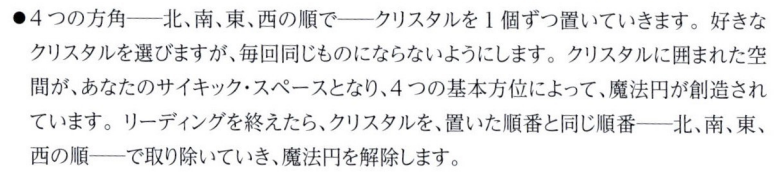

　カード、ローソク、お香、クリスタル、これ以外には特に小道具は必要ありません。あなた以外の人のためにリーディングするときは、クリスタルの振り子をカードの上で揺らし、負のエネルギーを追い払うようにしましょう。
　ここでも、タロット日記をつけることを推奨します。それはあなたの知識を集積するのに大きな効果があります。あなた自身の内省と解釈を蓄積することによって、どんな質問にも答えることができるようになります。特にリーディングを終え、より客観的になったときに日記を読みかえすと効果は絶大です。

さあ、始めよう！

シャッフルの技法

　カードをシャッフルするときの要点は、できるだけ無作為にカードを選べるようにするということです。タロット・カードは普通のゲーム用のカードにくらべ大判のため、両手でシャッフルするにはちょっとしたコツが必要です。シャッフルのための特別な規則などありませんから、最も自然にできる方法を見つけてください。ただし、カードの表を下にするということだけは守ってください。

　以下に、簡単で効率的なシャッフル技法を3つ紹介します。その前に、カードがすべて正しい方向になっているか、つまり絵柄の上がカードの先側になっているかを確認します。カードをシャッフルするときは、できるだけカードの上下をさかさまにしないようにします。

技法1

　表を下にして、カードを床またはテーブルの上に置きます。カードをゆっくりできるだけ広く広げていき、少しずつ重なり合った長いひと続きの列を作ります。左の端から数枚集め、それを右端のカードの上に載せます。次に中央から何枚か集め、それをいまの束の上に載せます。こうして無作為に少しずつカードの束を積み上げていきます。これをもう一度繰り返し、1つの大きな束にしたら、最後に念を押すために、全体を3回以上繰ります。

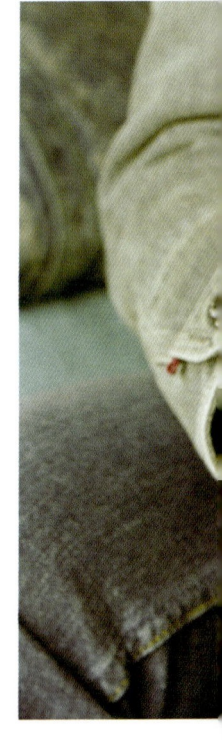

技法2

　カードが新しいときは、それを手だけでシャッフルするのはかなり難しいことですが、この方法だとわりと簡単にできます。まず利き腕側の手のひらでカードをすべて握り、少しずつ落として、もう一方の手のひらで受けるようにしていきます。初めのカードの間に次のカードを滑り込ませるように落としていきます。よく繰れたと納得いくまで繰り返し、最後に念を押すために、全体を3回以上繰ります。

技法3

　カードを床やテーブル全体に大きく広げ、それをケーキの粉を混ぜるように、丸くまるくかき回します。こうすると、当然、上下が逆になったカードも出てきますが、この場合は、カードをレイアウトするときに正しい位置に戻すようにすれば問題ありません。最初は時計方向にかき回すようにし、次に反時計回りにします。何枚かを手でまとめながら、最終的に一つの束にします。最後に念を押すために、全体を3回以上繰ります。

最も良い
シャッフルの技法
(技法2)

さあ、始めよう！

カードを選び、引く

タロット占いの実践

レイアウトのために数枚のカードを引く、あるいは、今日これからのために1枚のカードを引く最も良い方法は、カードを扇のように広げ、片方の手でその要の部分をつまみ、もう一方の手の人差し指でカードの上をなぞりながら、最も強くあなたに"語りかけてくる"カードを選ぶという方法です。これは、口で言うほど簡単ではありません。特に、手のひらの小さい人の場合はなおさらです。練習してみてください。しかし顔のすぐ下でこのようにカードを扇型に広げることができないときは、大半のカードの端が上から見えるように重ねて持ってもかまいません。

　今日のカードを1枚だけ選ぶときは、カードを普通にシャッフルし、3回繰って、一番上のカードを選ぶか、無作為に中央部分から1枚抜き出します。

　時には、あなたがタロット・カードを選ぶというよりは、タロット・カードがあなたを選んでいるように思える時があります。そんな時、カードがあなたに向かって大声で叫んでいるような気がします。また別の時には、1枚抜こうとしたら、何か不吉な予感がする、あるいは隣のカードを引くべきでないかと迷いが起きる時もあります。しかし、あるカードを抜くのをためらい、結局そのカードを選ばなかったとしたら、その時は、その特別な瞬間に、そのカードは本気であなたに引かれる気がなかったと考えてください。

　レイアウトのためにカードを引くときは、レイアウトの順番通りにカードを並べます。1枚1枚同じ方法で引いて、レイアウトを完成させます。

ケルティック十字スプレッドのレイアウト

さあ、始めよう！

投影を追い払う

　レイアウトを作るためにカードを選び、所定の位置に置くとき、できるだけ自分自身の心の投影を追い払うことが大切です。（投影というのは、自分自身の思考、感情あるいは衝動、特に、望ましくないと考える思考や感情を、無意識のうちに自分以外の人やモノに反映させることと定義できます。）わたしたちは誰もが、意識的および無意識的に、自分の欲望、願望、恐れをカードに投影させます。そして質問への感情移入が、カードからの正直な反応を乗り越えて進む場合があります。それゆえ、質問を作る前に、まず心を落ち着け、自分自身に素直になることが大切です。

　あなたのいまの感情を肯定し、計画を前進させるための展望を授けてくれ

"死"のカードは、
古いサイクルの終わりだけでなく、
新しいサイクルの始まりを象徴する。

る肯定的なカードを引きたいと望むのは当然です。わたしたちの誰もが、勇気づけられたいと望み、未来をバラ色に感じたいと思っています。そのため、"死"のカードを、何か嫌なことが起こるのではないかと考えずに見ることは、かなり難しいことです。しかしタロット・カードには、"良い"カードも"悪い"カードもありません。それは、まさにわたしたちがカードに投影している価値なのです。良いことと悪いことは織り合わさっており、切り離すことは不可能です。タロット・カードは良くも悪くもありません。カードは元型のエネルギー、影響、そしてもちろんあなた自身を語っているだけなのです。本書の情報を参照し、カードの図像を眺めるとき、肯定的なものと否定的なものを切り離さないように努力しましょう。

変化を受け止める

　死は怖いもののように見えますが、死は1つのサイクルの終わりと、新しいサイクルの始まりを意味します。あるいは、変化は避けられないという観念を表象します。このような智慧をどう生かすかは、あなたの選択に任されています。どんな時も、いま終わろうとしているものもあれば、いまから始まろうとしているものもあります。あなたの人生を生き生きとした本物の人生にするために、何が変わる必要があるかについて考えてみてください。

　さあ、パックから"死"のカードを取り出し、それを研究してみましょう。そのカードはどんな感情を喚起しますか？　あなたは人生における変化を恐れていますか、それともそれを歓迎しますか？　変化を望まない人は、当然あまり歓迎しないでしょう。しかしいま、変化に対する恐怖を直視し、その恐怖を何か肯定的なものへ、創造的なものへと変えていく時期が到来しているかもしれません。

　もう一度確認しておきます。カードのエネルギーによって喚起された選択を実行し、あなたの未来をあなたの望むように切り拓いていくのは、あなた自身です。時にはカードは、その時の感情や本能を、ただ肯定するだけかもしれません。しかしそれだけでも、あなたが、あなた自身の未来を切り拓いていくための自由な手綱を握るのに十分な情報です。あなたは、現在直面している問題が何かを、意識的にあるいは無意識的に知っています。タロットはあなたに、いま何をなすべきか、何を言うべきか、何を言うべきでないか、そして何を避けるべきかを認識させます。

　タロットはあなたの鏡です。最も深い部分のあなた自身を映し出し、あなたの影の部分が白日の下にさらされます。しかしそれをどのように解釈するかは、シンボルによって示された伝統的な意味とあなたの個人的な関心との混合物となります。あなたが唯一確信できることは、あなたが見るべきすべてのものを見ていないということです。

何を質問するか？

人生には、いますぐ答えが欲しいという質問で頭の中がいっぱいの時期があります。このような時期は、タロットに近づいていく最も良い時期といえます。なぜなら、この場合、たいてい1、2、あるいは3枚のカードを引くことで、答えが得られるからです。しかし否定的な質問をしたり、あなた自身の選択責任を回避するような質問をしたりするのは避けてください。たとえば次のようなものです。

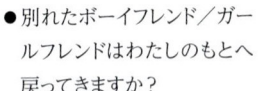

- 別れたボーイフレンド／ガールフレンドはわたしのもとへ戻ってきますか？
- わたしは仕事を変えたほうが良いのでは？

タロットを使って2人の関係を改善することができる。

このような質問は、次のように変えるべきです。

- わたしは別れたボーイフレンド／ガールフレンドに戻ってきてほしいのですが、どのように関係を改善すれば良いのでしょうか？
- 仕事を変えることでわたしの人生をより良くすることができると思っているのですが、どのような仕事がわたしに向いているか、それを探す手伝いをしてくれませんか？

質問を書き留める

特別重要な質問をする場合は、最初に必ずタロット日記にそれを書き留めるようにします。ただ頭の中で思っているだけでは、カードを選ぶとき、あるいは裏返して表を出した時、そのカードに合うようにとっさに質問内容を変えてしまっている自分に気づき、驚くことがあり

ます。わたしたちは誰もが、自分に都合の良いように真実を歪曲する傾向を持っています。誰もが良い結果を望むからです。

　ただ漠然と、近い将来自分の人生に何が起きるか、"感じ"を得たいと思う時があります。しかしそのような"感じ"の根底には、多くの場合、ある問題が隠されています。そこで、自分のいまの状態を振り返り、何が問題なのか、本当は何を尋ねたいのかに意識を集中させてください。現在あなたは、不安に思っていること、気がかりなことはありませんか？　恋愛関係、仕事上の問題、あるいは自己不信ですか？　問題をはっきりさせるために、タロット日記をつけましょう。

　自己発見のためだけに、タロットを使ってみたいと思う時があるかもしれません。あなたを、あなた自身の内面の旅へといざなうスプレッドを本書は多数用意しています。そのようなスプレッドの場合は、特に質問を用意しなくてもかまいません（自分自身のためのリーディングについては、p.76を参照）。

質問とその解答を
タロット日記につけておくと大いに役立つ。

さあ、始めよう！

直観と連想

リーディングやカード解釈の練習をある程度積むと、カードが言っていることが"わかる"ようになります。でも先を急がず、最初は、親友と呼べるぐらいカードと親しくなれるよう、1枚1枚のカードをより深く知るように努めましょう。これは時間と、努力と、やる気を必要とします。しかしそれは、仕事とは一味違った満足感が得られる素晴らしい体験です。

ステップ・バイ・ステップ・ガイド

タロット解説本の多くが、カードを知るために、"愚者"のカードを使い、彼の他の大アルカナ・カード21枚を巡る旅を通して1つの物語を作るようにと勧めています。しかし1枚のカードだけで、それについてあなた自身の連想を働かせ、直観力を発展させていくことができます。以下の簡単な練習をするときは、各カードの解釈を読まずに行ってください。

1 邪魔するもののない、静かな場所に座ります。パックから"愚者"のカードを抜き出します。目の前に置き、じっと見つめます。図像に対して心を開きます。1人の若い男娼(ジゴロ)が中世の宮廷風の衣装を身にまとっています。彼は断崖絶壁に立ち、1匹の犬が彼のかかとにまとわりついて吠えています。彼の頭は霞の中にあり、手にはバラと棒を持ち、棒の先には1個のバッグが掛けられています。太陽は輝き、遠くには、山のような、雲のようなものが見えます。

2 それでは連想の鎖をつないでいきましょう。あなたの感覚のすべてを使います。色、におい、音、味、心に浮かぶすべてのことをつないでいきます。たとえば、若者の足取りは、まったく何も気にしていないように見えます。彼はいまから進もうとしている場所に目をやっていません。彼は崖の淵からいままさに転落しようとしており、犬は必死で吠えながら、足元に注意するよう彼に警告しています。彼はバラを手にしています。崖の上は危険です。

3 あなたはこのカードから何を連想しますか？ 音楽でいったら、エルトン・ジョンの『グッバイ・イエロー・ブリック・ロード』（邦題：『黄昏のレンガ路』）？ 色は黄色でしょうか？ 花でいったら、パンジーまたは白バラ。太陽は燦々と輝いています。太陽のイメージが広がるかもしれません。輝き、温かい心、パンジー、黄色、『わたしはいまから、あのオズの魔法使いに会いに行くの』。

4 １枚１枚のカードについて、あなた自身の連想のひもを結んでいってください。そしてそれを書き留めます。あなたの連想と、伝統的な解釈とが、どのように合っているか、また違っているかを較べてみましょう。こうすることによって、カードを読むとき、どのように直観を働かせていけば良いのかが自然とわかるようになり、カードの意味についてのあなた自身の直観に自信が持てるようになります。カードの解釈を暗記する必要はまったくありません。しかしカードを頻繁にリーディングするようになったときは、できるだけ伝統的な解釈と連想を参照するようにしてください。外国語を習う時と同じで、心をこめて真剣に練習しましょう。

さあ、始めよう！

最初のリーディング

デッキと親しくなれたと感じられるようになったら、またカードと濃密な関係を持つ時間をある程度持てたと確信できるようになったら、最初のリーディングに挑戦してみましょう。

ステップ・バイ・ステップ・ガイド

"今日のスプレッド"の章（p.254〜275）から、レイアウトを1つ選び、リーディングの練習を行います。大事なことは、それぞれのカードに描かれた図像が、あなた自身のうちに特別な感情を喚起するということです。ですから、自分のためにリーディングするときは、それぞれのカードを、大アルカナの章や小アルカナの章を参照しながら、自分自身で分析するということが大切です（p.80〜253）。

1 環境、小道具を整え、儀式を行います。練習中誰かに邪魔される心配のない時間と場所を選びます。

2 質問やテーマを考え、書き留め、シャッフルする間、声に出して唱えます。カードをレイアウトの通りに並べていきます。

3 順番にカードを見つめ、直観が導くままに進んでいきます。もしカードの意味しているものがどうしてもつかみきれないときは、そのカードから連想されるものを考えてみましょう。毎日練習していると、最も基本的な意味の感触が得られるようになります。最初のうちは、カードから何らかの感触が得られるかどうか心配する必要はありません。まっすぐに、本書の大アルカナと小アルカナの章の解釈を参照してください。

4 各カードの解釈のページを開き、キーワードなど書かれてあることすべてに目を通します。

5 あなたのいまの状況に"ぴったりくる"ものに出会ったときは、あなたの直観を信頼してください。また、個人的に気に入らないカードや、分析するのが難しいカードでも、避けないようにします。それらの

カードは、あなたが思っている以上に、あなたにとって多くの意味を持っているかもしれません。

6 あなた以外の人のためにリーディングするときは、あなたの感情的負荷を、質問者に投影しないように注意します。たとえばあなたは、"世界"のカード（自己充足のカード）を見ると、とたんに気分的に解放された気持ちになり、旅行や好きな休日の過ごし方、外国を連想するかもしれません。そのためあなたは、「これは素晴らしい、あなたはいままさに世界旅行に出発しようとしている」と質問者に言いたくなるかもしれません。しかし質問者は旅行が嫌いで、家から離れることに恐怖感を覚え、家庭で家族と一緒に受動的な生活を送ることに何よりも充足感を覚える人かもしれません。自分以外の人のためにリーディングするときは、いつもこのことを心に留めておいてください。そして自分のためにリーディングする時も、伝統的な解釈を確認しながら進むようにします。

さあ、始めよう！

解釈能力を高める

　タロット・カードは様々な元型と性質を象徴しています。カードに、良いカードも悪いカードもありません。解釈するとき、このことを十分心に留めておいてください。なぜなら、さまざまな性質を判断するとき、誰もが、それが自分に及ぼす影響という点から判断する傾向があるからです。わたしたちは日頃、世界をイエスかノーか、善か悪か、ここかあそこか、上か下か、で二分する言語を話しています。しかしこのような二極性自体が、"一体性""全体性"の軸の一部を構成しています。"ここ"を定義するとき、わたしたちは、"あそこ"があることを知っています。それらは同一の極性の2つの部分なのです。わたしたちはよく、「わたしたちって正反対ね」と言います。しかし世界に軸がなかったら、正反対も何もありません。

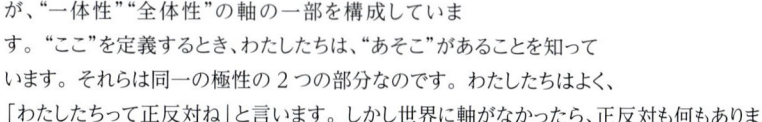

　わたしたちの誰もが、ほとんど無意識的に、何が"良く"て、何が"悪いのか"について判断を下します。しかしカードを解釈するときに覚えておくべき格言があります。"甲の薬は乙の毒"。

　最後になりますが、人は誰でも、カードに表わされた性質を、その人のいまの外的環境に合わせて、異なった視点から見る傾向があります。たとえば、"気前が良い"という性質を、あなたは肯定的に見ますか、それとも、否定的に見ますか？ それはいまのあなたが置かれている外的環境によって変わってきます。気前の良い誰かが、あなたの愛を買おうとしているかもしれません。あるいは、あなたにもっと多くの時間を与えようとしている人がいるかもしれません。

ステップ・バイ・ステップ・ガイド

　解釈に特別な規則はありません。リーディングは、人の数だけ異なっています。解釈能力を高め、タロット言語に習熟するためには、練習と素直な心、やる気が必要です。ここに、初めて解釈する人のための簡単な練習方法を紹介します。すぐに本を読むようにタロットをリーディングすることができるようになります。難しい点は、レイアウトの 1 枚 1 枚のカードの解釈をつなげていく方法です。そのためには、あなたはある程度物語の語り部になる必要があります。そしてそのための最も簡単な方法は、それを声に出して言うことです。

1 最初は 2〜3 枚のスプレッドから始めましょう。次に示した例では、1 番目のカードは、現在のあなたを表し、2 枚目はちょっと前のあなた、そして 3 枚目は少しだけ先のあなたを表します。下の順番でカードを並べてください。

2	1	3
過去	現在	未来

さあ、始めよう！

67

2 1例として、『どうすればいまの自分の経済状態を改善できるか?』という質問を持っていることにします。

3 そして、現在のあなたでは、"星"のカードを、ちょっと前のあなたでは、"ワンドの4"を、そして少しだけ先のあなたでは、"教皇"のカードを引いたとします。

4 各カードのキーワードの中から、それぞれ次のように1つずつ選んだとします。霊感、自由、知識。ここで、これらのキーワードを、あなたの質問に合うように組み立ててみましょう。

5 次に、それぞれのカードについて、あなたがどんな連想を得るかを考えます。それらの図像は、あなたにどんな感情を喚起しますか? その言葉は、あなたにとって、"悪い"あるいは"良い"性質を暗示していますか? もしあなたが、常識的なことを嫌い、規則に縛られることを恐れる人だとしたら、"教皇"のカード(そのキーワードには、順応、伝統的規則、尊敬が含まれる)は、救いにはならずに、脅威になるでしょう。しかし、実生活で肯定的な結果が得られるとしたら、やはりそれは、伝統的なシステムやそれを守っている人を通してであることに間違いはありません。

6 とても簡単にではありますが、それらのカードを解釈すると、次のようになるかもしれません。『いまわたしは、自分の経済状態に対して何かしなければならないと感じています。ちょっと前まで、わたしはあまりにも自由にお金を使ってきました。わたしはいまの状況を打開するために、お金の使い方に関する常識的な意見に耳を傾けなければ、と考えています。』

リーディングの1例

1 "星"（キーワード：霊感） あなたはいまの経済状態に対して何かしなければならないと感じています。しかし、"星"の解釈をよく読むと、それは実践的なカードではないことがわかりました。とはいえ、自分の経済状態を改善しなければという意欲が、がぜん湧いてきました。

2 "ワンドの4"（キーワード：自由） あなたは最近、お金を自由に使いすぎたようです。どうやら、頻繁に浮かれ騒ぎをやったり、リッチな生活を楽しんだりしたようです。しかしあまりにも気前が良すぎて、財布の中は空っぽになっています（この場合、"気前が良い"という言葉は、"良い"言葉ではなさそうです）。

3 "教皇"（キーワード：常識的な知識） 経済状態を立て直すためにいま重要なことは、あなたにアドバイスできる人の意見に耳を傾けることです。あなたが先に進むために必要なことは、知識であり、常識的な考えです。

最初に簡単なキーワード解釈の練習をするために、さまざまな質問でいろいろなカードを使って、この方法を試してみましょう。

さあ、始めよう！

イエス・ノー・アンサー

自分の将来を決めるとき、単純な質問に簡単にイエスかノーで答えがほしい時があります。しかし、ほとんどのカードには肯定的な連想と否定的な連想が含まれています。それゆえ、イエス・ノー・アンサーのために1枚のカードを解釈する前に、あなたの質問の根底に横たわっている動機についてよく考えてみましょう。

とはいえ、特に肯定的に思える、あるいは逆に、特に否定的に思えるカードがいくつかあります。たとえば"悪魔"のカードは、当然のように"ノー"を表

し、"世界"のカードは"イエス"を表していると感じられるでしょう。しかしすべては質問次第です。なぜなら、"ノー"という答えが肯定的な場合もあるからです。『彼または彼女は、わたしと結婚してくれるだろうか？』『わたしは仕事に就けるだろうか？』、こういった質問の場合、当然"イエス"の答えを切望します。また時には、だれか他の人の感情について尋ねたくなる時もあります。『わたしのパートナーは、本当にわたしを愛しているのだろうか？』、『わたしの同僚はライバルなのだろうか？』最後の質問に対する答えとして、"ノー"という答えは、肯定的なものかもしれません。なぜならそれは、あなたの心配が根拠のないことだということを示しているからです。

ともあれ、イエス・ノー・アンサーは、あまり啓示的でないということは覚えておきましょう。どんな質問に対しても、非常に多くの選択肢があります。たとえ、ただあなたのパートナーがあなたを愛しているかどうかだけを知りたいと思っているときでも、より深い恋愛関係スプレッドを使えば、2人の感情についてもっと多くの発見をすることができます。

3枚のカードによるイエス・ノー占い

イエス・ノー・アンサーを得たいとき、3枚のカードの向きの正逆で決める方法があります。この場合、無作為にカードの向きが正逆になるようにシャッフルする必要があります。次に、3枚のカードを無作為に抜き出し、表を上にして1列に並べます。正位置のカードはイエス、逆位置のカードはノーと読みます。下の例では、明らかにイエスが2枚で、ノーが1枚です。それゆえ、あなたの質問に対する答えは、イエスとなります。

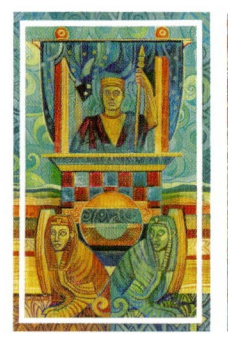

2枚が正位置、
1枚が逆位置
なので、
答えは"イエス"
となる。

イエス　　　　　ノー　　　　　イエス

さあ、始めよう！

71

今日のカードを引く

解釈能力を高めるもう1つの方法が、今日のカードを引くことです。まったくのビギナーなら、まず大アルカナから始めましょう。そうすると、自分でも驚くほど、それらの元型的なシンボルについての感触がつかめるようになってきます。その日1日、そのカードについて思いを馳せ、それが表す観念について自由に連想を広げ、さまざまな解釈と比較し、そのカードが今日1日、自分にどのように作用したかを見ていきます。1日の終わりに、そのカードについての覚書を書き、どんな問題が生じたかを記しておきます。そのカードは、今日のエネルギーや今日あなたが会った人、あなたの感情、あなたの行動に何か影響を及ぼしましたか？　今日あなたが選んだカードに関係する出来事、遭遇した人、考え、経験、すべて書き記しておきましょう。

ステップ・バイ・ステップ・ガイド

今日のカードを引くことを、歯を磨いたり、お茶やコーヒーを淹れたり、服を着替えたりするのと同じように、日課にしましょう。ほんの数分しかかかりませんが、それがあなたの毎日をとても新鮮なものにするのは間違いありません。

1 静かな時間を見つけます。たいていは、起きてすぐでしょう。パックをシャッフルし、好きな回数繰って、すべての考えを心から追い出し、空にします。心に何らかの質問を抱えてはいけません。この場合は、今日のアドバイザーとして1枚のカードを抜き出すだけなのですから。

2 表を下にしてカードを扇型に広げ、1枚抜き出します。あるいは、重ねたまま、真ん中あたり、または上のほうから1枚抜き出します。

3 絵柄が逆向きになっている場合でも、逆位置の解釈をしてはいけません。この場合は、正位置に戻しておきます。

4 そのカードのキーワードや解釈を読む前に、そのカードがあなたにとって何を意味するのかについて、あなた自身の考えや感性を開発する時間をとります。そのカードが象徴するものについて、

あなたはすでにある考えを持っていますか？ たとえば今日あなたは、"隠者"（「内省」のカード）を引いたとします。その時あなたは、『今日は1日、さびしい思いをするだろうな』と考えるかもしれません。そして実際、あなたはそのように感じるかもしれません。しかし"隠者"は、振り返ってみることの必要性も示唆しています。たぶんあなたは、昔の知人に合うでしょう。そしてその人は、あなたに意義深いことを言ってくれるはずです。あなたは信頼している人に、アドバイスを求めたり、個人的な問題について意見を求めたりすると良いでしょう。

5 まず解釈が道案内する通りに考えてみてください。しかし、突然の啓示、出会い、体験が、そのカードがあなたにとって意味するもの、そしてそれがあなたのその日の生活とどのように関係しているかをみせてくれることがよくあります。

さあ、始めよう！

逆位置のカード

　逆位置のカードの意味、他のカードとの関連性、その他について、タロット・サークルの中でも、さまざまな意見があり、長く議論が行われています。それらの意見に耳を傾けるかどうかは、まったく個人的判断に任されています。

　リーディングするとき、逆位置のカードを使うことを好まない人は、すべてのカードが正位置になるようにシャッフルすれば良いでしょう。また、スプレッドにしたがってカードを配置するとき、正位置に戻して並べるようにしてもかまいません。これもまた個人的な好みの問題です。

　タロット・カードは元型のエネルギーを象徴します。そしてリーディングするとき、あなたはそのエネルギーとある関係を結びます。あなたの行動、感情、意思が、その瞬間と同調します。タロットは、その時のあなたの状況を映し出す元型エネルギーを顕在化させます。

　では、逆位置のカードは何を意味するのでしょうか？　昔から、それは正位置の意味するものの逆を意味し、否定的な意味を伝えると考えられてきました。しかしその場合混乱が生じます。というのは、正位置の場合でも、カードは肯定的な意味と否定的な意味の両方を伝えているからです。

　逆位置のカードについて、エネルギーは確かにその場所にあるが、それはまだ発達しきれていない、という人もいます。可能性の種は撒かれていますが、表出するエネルギーはまだ休眠中といった具合です。あるいは、そのエネルギーがあなたから遠ざかっているという人もいます。また、いまのあなたはそのエネルギーを利用することができない、ということを意味するという人もいます。

逆位置のカードの使用法

　逆位置のカードを使いたいと望むなら、それを解釈する最も簡単な方法は、いまあなたの人生には、その性質が不足している、あるいはいまそのカードが表している性質に注目すべきと考えるということです。そのカードにいままで以上に着目し、その意味を十分に考える必要があるということを示唆していると考えることもできます。

　個人的には、わたしはいつも正位置に戻します。というのは、正位置のカードのシンボル体系が、あなたの人生の瞬間、瞬間で、不足しているもの、必要とされているもの、どのエネルギーが受動的で休眠中なのか、あるいは活動的なのかを示しているからです。

正位置の場合も逆位置の場合も、
"月"は同じ意味を表す。

　たとえば、"月"のカードを見てみましょう。正位置の"月"は、混乱、幻想、自己欺瞞を表します。それはまた想像力、直観、そして前進のために真実の道を発見する時間を表します。逆位置になったとき、実際何かが変わったでしょうか？　というのも、"月"は、"否定的なもの"と"肯定的なもの"の両方を体現しているからです。逆位置のカードを使うことによって得られる唯一の例外的利点としては、自己欺瞞にもっと注意を払い、自分の直観にもっと正直になりなさいと警告しているととらえることでしょう。同様のことは、多くのレイアウトの中のキーポジションで、カードが直立して落ちてしまった場合にも言えることです。

自分自身のためのリーディング

　時にはタロット・カードを使って、普段無意識の中にしまい込んでいる、あなた自身の心理学的、精神的、自己分析的問題と、じっくり取り組んでみたいと思うことがあります。また以下に紹介する方法は、将来がとても不安に感じたり、何か方向性を得たいと感じているとき

タロットは、
人生を前向きに
変えていくための
暗示を与える。

にも使えます。自分自身のためのリーディングは、あなたがいま新しい恋愛関係、新しい職業、大きな人生の転換点に踏み出そうとしているとき、そしてより大きな視野で人生を考え、前向きな力を得たいときに役に立つ方法です。この場合、特に質問を作成する必要はありませんが、タロットが啓示するものを素直に受け入れる心を持つことが大切です。

ステップ・バイ・ステップ・ガイド

今日のカードを引く時と同様に、このリーディングでは、念入りに質問を作成する必要はありません。何も書き留めなくてもかまいませんし、声に出して言う必要もありません。タロットのミラー効果が持つ深い意味の世界が、何らかの形で、あなたにより大きな眺望を見せ、いま生起しつつある重要な問題を顕在化させます。

1 日常的な考えを捨て去り、心を空っぽにします。全身の力を抜いて、ゆっくりとカードをシャッフルします。その間、特に何かに集中することがないようにし、意識があなたを通り過ぎて流れていくような感じに浸ります。

2 最初はP.254～347のレイアウトの1つを使いますが、カードに慣れてきたと感じられるようになったら、この種の内面的探索の旅のためのレイアウトを自分で開発してみましょう。

3 組み合わされたカードが喚起するテーマを、感じ取ります。しかし、ここでは細かく分析しないようにします。カードが喚起するエネルギーに、無意識がまっすぐ向いていけるように、自然体でカードと向き合います。カードをじっと見つめていると、あなたの未来にとっての重要なテーマが、自然と心に浮かんできます。

さあ、始めよう！

他人のための
リーディング

　本書は大部分、自分自身のためのタロット・リーディングについて書かれたものですが、自分以外の人のためにタロット・リーディングをしたい時もあります。この場合、少し意識し、注意しておかなければならないことがあります。

　何度も言いますが、わたしたちは誰もが、カードによって表された性質に、わたしたち自身の考えや感情、関心事を投影させます。あなたにとって"重大な"ことが、他の人にとっては、"退屈する"あるいは"考えもしないこと"かもしれません。たとえばあなたは"塔"のカードを見て、それが突然の変化や驚きを暗示しているように思え、あなた自身はそのような自然発生性に惹かれているため、劇的でわくわくする感じを抱くかもしれません。しかし目の前にいる人は、物事がしっかりと管理されていることが好みで、そのカードの表わす観念を、解放的というよりは脅威と感じるかもしれません。

友人のためにタロット・リーディングするときは、できるだけ客観的になるように心がけよう。

　他人のためのリーディングを始めるときは、常にそれを喜ばしい経験にするように心がけ、タロットをより客観的な観点からリーディングでき、自分自身についても多くのことを学ぶことができる機会としてとらえましょう。

　とはいえ、目の前にいる友人のことを第一に考えましょう。始める前に、あなたはその友人に何らかの特別な感情を抱いていないか、その友人の状況に何らかの既得権益を有していないか、そして友人の身の上に良いことが起こってほしいと本当に願っているかを自問してみましょう。重要なことは、あなたは状況を自分の観点から眺めているということです。それゆ

え、できるだけ客観的になるように努力しましょう。また質問に対する答えのためにカードをリーディングするときは、友人が、真実よりも、あれやこれやの答えを聞きたがっていると推察して、カードが示唆していることを勝手に歪曲するといった罠にはまらないように注意しましょう。

目の前にいない友人のためのリーディング

　目の前にいない誰かに関連する質問を作成し、カードをリーディングすることもできます。しかしこれは投影によって、喜びになることもあれば、陰鬱な気分になることもあります。ここでも、誰か他の人のために、あるいは俗世間的なことについてリーディングするときは、本当の感情的正直さが要求されます。『わたしの恋人はいま、わたしのことをどう思っているかしら？』『来週、大叔母とお茶の時間を一緒に過ごすことになったのだけど、彼女にどんなふうに接すれば良いのかしら？』『次の選挙で○○党が勝ったら、わたしたち家族の生活はどうなるのかしら？』といった質問は、自分で楽しむ分には、面白いかもしれません。

　しかし、『なぜＡはＢを嫌っているのかしら？』とか、『ジェーンはいまの彼と別れることになるでしょうか？』といった質問をするのは止めましょう。なぜなら、そのような問題は、他人が傍から口を出す問題ではないからです。

喜びのために、
そして自分たちの
未来のために、
パートナーといっしょに
タロット・リーディングを
するのも楽しい。

さあ、始めよう！

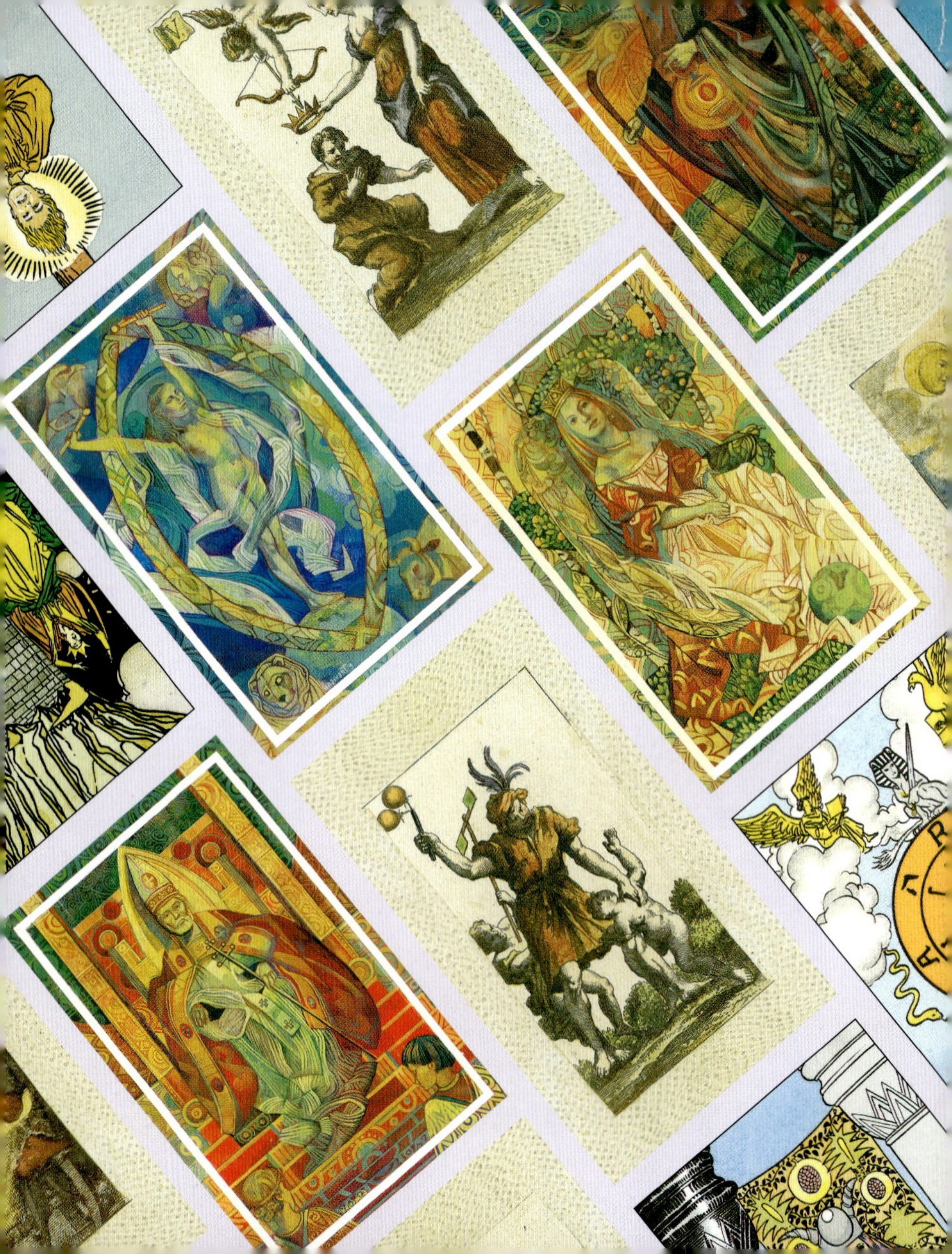

大アルカナ

大アルカナとは何か？

"大いなる秘密"を意味する大アルカナは、人生の最も根源的なエネルギーを表象します。その 22 枚のカードは、わたしたちの根源的な問題、内面世界、根底にある動機を象徴します。それらのカードに表された性質、すなわち元型は、どんな人の心の中にも潜んでおり、そのカードを見るとき、わたしたちすべての心のうちに、深く複雑な反応が惹起されます。"死"のカードは恐怖心を、"恋人"のカードは誘われるような感じを、"節制"のカードは無関心を、"悪魔"のカードは怒りを呼び起こしませんか？　わたしたちの誰もが、これらの元型を心に秘めています。それらのカードに、否定的あるいは肯定的な価値観を投影しないならば、その豊かなシンボリズムは、深い自己認識をもたらし、自分自身の運命にどのように責任を負うべきかについて重要な示唆を与えてくれます。それらのカードは、あなた自身を表象しているのです。

チェック・リスト

22 枚の大アルカナ・カードは、個人の中で、あるいは大きくいえば、社会の中で作用している深い元型的な力、性質を象徴しています。しかしカードはまた、あなた自身の無意識的および意識的な心理学的側面を表しています。以下の章で解説するすべてのカードについて、次の情報が盛り込まれています。

- 大アルカナのすべてのカードに名前がついています。"節制"、"審判"、"剛毅"など、ある観念やテーマを表す名前もあれば、"隠者"、"奇術師"など、ある特別な性質を人格化した名前もあります。"月"、"太陽"、"星"のカードは、より複雑で深遠な、無意識的な力を表象します。
- 各カードには、"アルカヌム"と呼ばれるナンバーが付与されています。大アルカナには、1から21までのナンバーが与えられ、それとは別に、ナンバーを持たない"愚者"のカードも含まれます。"愚者"は0を表すと考える人もいます。
- すべての大アルカナのカードの解釈には、占星術および数秘術に関するものが含まれています。
- カードの"メインテーマ"、あるいは"感覚"をつかむのを助けるため、すべてのカードに、"キーワード"と"キーフレーズ"を記しています。その短い文章は、各カードがそのエネルギーをどのように顕現するかを表しています。たとえば"愚者"のキーワードは、"個人的な探索を続ける"、"未知のものに対して衝動的に向かっていく"です。
- 解釈の項では、各カードを詳細に解説し、スプレッドの中のいろいろなポジションで現れたとき、どのように解釈できるかについて、多くの情報を盛り込んでいます(スプレッドについては、p.254〜347を参照)。

スプレッドのキーポジション

- "いまのあなた"のポジションは、現在の状況を表します。
- "未来の結果"のポジションは、未来の状況を表します。
- "近い過去"のポジションは、問題についての最近の動きを表します。
- "妨害物"のポジションは、現在の妨害物を表します。

愚 者

アルカヌム　0
黄道十二宮との親和性　ウラヌス（天王星）

キーワード
衝動的、夢中、
真実を見ることができない、
子供っぽい、純粋無垢

キーフレーズ
- 永遠の楽天主義者
- 何にでも飛びつきたがる
- どんな冒険もいとわない
- 自然発生的で気楽
- 内面的な探究を続ける
- 未知なことでも衝動的に始める

解 釈

　"愚者"のカードは、一般に、新たな始まりと人生に対する子供っぽい熱狂を意味します。このカードは、冒険しなければならなくなったとき、恋に落ちたとき、あるいはすぐに答えがほしいときに躍動し始める、あなた自身のある一面を表しています。それはあなたの心のうちに隠れている子供または愚者で、考えなしに行動する無鉄砲なところもありますが、その反面、未知の物事を恐れず、どんな深みにでも飛び込んでいく勇気も持っています。

　"愚者"は常に、予期し得ないことを象徴します。つまり、人生は驚きに満ちているということ、何でも起こりうるということを表しています。それはまた、くよくよ悩み、自己不信に陥るのをやめ、決断することを恐れず、信念を持って一歩踏み出す時期が来たことも告げています。

　恋愛関係に関しては、"恋に恋する"ことがないように、そして、2人の関係が向かっている先を直視していないのではないかと警告しています。このカードはまた、あなたが恋愛関係に対して、あるいは職業上の任務に対して、未熟な態度を持っていることも示唆しています。たぶんそれは、責任を回避していることを指しているのでしょう。

　"愚者"はまた、あなたが他人のアドバイスに耳を傾ける気がないこと、そして約束事やその場の雰囲気に無頓着であることを意味する場合もあります。あなたは将来の苦労を顧みることなく、物事をよく考えもしないで、新たな冒険に飛び出そうとしているのかもしれません。このカードのメインテーマは、"飛ぶ前に見よ"という警告です。しかし、もしあなたがいま、ある決断で迷っているとしたら、その場合"愚者"は、"あなた自身を信じよ"、"あなたの心を信頼しなさい"と言っているのかもしれません。時にためらいは、危険を冒すことよりも愚かな場合があります。

　"未来の結果"のポジションに"愚者"のカードが現れたときは、新しい始まり、方向転換の時機を告げているのかもしれません。ひょっとしたら、無責任で、野性的で、無節操な恋人や友達、あるいは見知らぬ人が、あなたの人生で重要な役割を果たすようになるかもしれません。性に関する問題では、"愚者"は、性的旺盛さ、"生きる喜び(joie de vivre)"を表しますが、何らかの誓約をする気がないことも表しています。

奇術師

アルカヌム　1
黄道十二宮との親和性　マーキュリー（水星）

キーワード
イニシアティブ、説得、
意識覚醒、行動

キーフレーズ
- 明示する能力
- あなたの潜在能力の実現
- 知識は成功の鍵だが、自分はすべての答えを知っていると自分をごまかすな
- 目標に向かって集中する

解 釈

　"奇術師"は成功者の元型を表します。彼は成功を勝ち取るために、宇宙のすべての力を結集することができます。

　"奇術師"はまた、内面と外界の間に橋を架けること、無意識的な願望が意識へと濾過されていき、物事を生起させる様相を象徴しています。このカードを引いたとき、心を柔軟に保ち、あなたの心の内なる声と会話し、耳を傾けることが大切です。またあなたは、正しい決断をするように友人やパートナーを導く立場にいるかもしれません。説得することは、あなたの得意とするところです。それゆえ、ペースを作り、あなたの考えで他人にやる気を起こさせましょう。このカードは、"よし、行って手に入れよう"と言っています。

　"奇術師"はまた、決断をし、自分の技能と知識に自信を持って行動する能力を象徴します。ただし、すべてのことに対して自分は答えを知っていると自信過剰にならないことが大切です。恋愛関係スプレッドでこのカードが出たとき、それは非常に前向きな、創造的な意味を持ち、また男性的な性的エネルギーを表すこともあります。仕事面では、あなたは究極の成功者となり、魔法のような結果を出したり、他の人には信じられないような方法で外的環境を一変させる能力を持っていることを顕示するかもしれません。

　このカードが"いまのあなた"のポジションに現れたとき、変化する外的環境に適応し、考えをうまく調整して、未来に向かって正しい道を見出す時期が来ていることを表します。

　"未来の結果"としてこのカードは、近いうちにあなたは、効果的に人とコミュニケーションをとる能力を持っていることを証明しなければならなくなる、ということを表しています。

　"妨害物"のポジションにあるとき、このカードは多くの場合、あなたの自我意識が強すぎて、あなたの心の深部にある普遍的な欲求や価値観を無視しているということを示しています。あなたは、あなた自身の真実の意図を認識する必要があり、人に説教していることを自ら実践する必要がありそうです。

女教皇

アルカヌム　2
黄道十二宮との親和性　月

キーワード

秘密、秘めた感情、直観、治癒者、女性的な力、静かな能力、無意識、秘めた動機、神秘的な影響、発展途上の才能

キーフレーズ

- 秘密が明らかにされる必要がある
- あなたの直観を信じなさい
- 目に見えるものの先を見る
- 何か重要なことを思い出す

解釈

　"女教皇"は、未知なるものすべてを象徴する元型的シンボルです。彼女はすべてを見ていますが、それを表には出さず、無意識の秘密を守り続けています。彼女は目に見える現実世界と、それ以外の領域との間の相互作用を象徴しています。このカードを引いたとき、あなたは、人生の幻想のベールの背後にあるものに目をやり、表面的な事実の奥に目を凝らし、人生には神秘的なことも実在するということを受け入れるべき時期に来ています。

　"いまのあなた"のポジションに"女教皇"が現れたとき、あなたは、記憶の小箱の蓋を開け、自分の隠れた才能を発展させ、あなたを導く直観に耳を傾ける必要があります。このカードは女性的な力を表しますが、世俗を象徴する"女帝"とは異なり、深遠なる未知の力、何千年もの間その神秘の力で人類を魅了してきた女性的な本能を象徴します。

　"妨害物"のポジションに"女教皇"が現れたとき、あなたが、誰かに対する自分の本当の気持ちを認めることを恐れていること、しかし、そのことに気づく時期が来ていること、そして直観に従って、本当に欲しているものを手に入れ、行きたいと思っている場所に向かって進んでも良い時期が到来していることを示しています。あなたは自分でも見えないようにして、心の奥に多くの秘密を隠しています。あなたがそれを直視するならば、あなたは真実を見ることができます。あなたはいま、自分の本当の感情を誰かに伝えることができずに苦しんでいるのではありませんか？

　このカードが"未来の結果"のポジションに現れたとき、問題に対する答えがひらめき、秘密が明らかにされるでしょう。"過去"のカードとして現れたとき、2～3日前に誰かがあなたに言ったことを思い出してください。探し求めていた答え、あるいはヒントが、そこにあるかもしれません。会話の断片に成功の鍵が潜んでいるかもしれません。

女帝

アルカヌム　3
黄道十二宮との親和性　ヴィーナス（金星）

キーワード

行動、発展、女性的活力、官能の歓び、豊穣、慈悲、創造力、養育、満ち足りた心

キーフレーズ

- 美と芸術への集中
- 自然界との調和
- 派手すぎる
- 贅沢な生活
- 官能の目覚め

解 釈

"女帝"は、女性の創造的、養育的側面を表しています。彼女は、豊穣、繁殖、創造を表す元型の1つです。このカードは、自然、芸術、優雅さ、美と関係がありますが、最悪の場面では、強欲、所有、耽溺を表すこともあります。

このカードを"いまのあなた"のポジションで引いたとき、あなたの養育本能が活発に動き出しており、恋愛関係の調和を生みだすことに集中する必要があるかもしれません。また別の面では、あなた自身の心と情動をはぐくむ必要、あるいはあなた自身の性的欲望にまっすぐ目を向ける必要があることを示しているかもしれません。

このカードはまた、あなたがいま誰かの面倒を見ようとしていること、あるいは実際にいままさに母親になろうとしていることを示す場合もあります。しかしまた、母親的な人物があなたの人生に大きな影響を及ぼしつつあることを示す場合もあります。

"未来の結果"のポジションでこのカードを引いたとき、どれほど苦難に満ちたものに見えようとも、いまのあなたの計画が進捗していることを確認することができるでしょう。

恋愛関係についての質問で"女帝"のカードが出たとき、あなたのパートナーをやる気にさせたり、面倒を見たりする必要が生じるかもしれません。またこのカードは、特に"妨害物"のポジションに現れたときは、あなたの人生にとって障害となる女性的力が現れてくる可能性も示しています。その人は、いま一緒に仕事をしている人かもしれませんし、あなたの母親かもしれません。

"未来"のポジションにこのカードが現れたとき、いまのあなたにとっては、物質的な豊かさや所有が重要であることを示しているととらえることもできますが、その一方で、棚からボタ餅をねらうよりも、人生をもっと創造的にすごす時期が来ていることが暗示されているととらえることもできます。"女帝"は、合理的な考えだけでなく、あなた自身の本能的性質にももっと目を向ける必要があることを示しています。

皇帝

アルカヌム　4
黄道十二宮との親和性　アリエス(牡羊座)

キーワード
権力、権威、父親的人物、
リーダーシップ、理性の力

キーフレーズ
- 他人や、他人の
  感情・情熱に対する
  無関心
- 断定的で
  教条主義的な思考
- 規則の乱れ
- ルールや
  家族的価値観の確立
- 状況を取り仕切る
- きまりきった考え
- 規則への固執

解 釈

　"皇帝"のカードは、男性原理、権威の元型、父親らしさ、リーダーシップを表します。あなたの心の内なる"皇帝"が活性化されたとき、あなたは野心に満ち、物事を効率的に進めることができるでしょう。このカードを"いまのあなた"のポジションで引いたとき、あなたは権威を持ち、自分の欲しているものは何かがはっきりとわかっていますが、自分の力を過信して頑固になり、すべてを自分流のやり方で進めたいと欲しているようです。

　恋愛関係に関する質問でこのカードが出たとき、あなたはいま恋愛関係を支配する必要があり、その意志もあること、しかし個人的な感情を発火点から遠ざけ、純粋な事実に基づいて決断する時期にあることが示されています。"妨害物"のポジションに"皇帝"のカードが現れたとき、誰か権威のある人物があなたの前進を阻んでいること、あるいは恋人または父親的な人物が、あなたの言うことに耳を貸す気がないことが示唆されています。

　愛情問題に関する質問で、"未来"のポジションにこのカードが現れたとき、あなたが、強い指導力のある人物、または、仕事で立派な成功をおさめた人物に惹かれていることが示されています。またその一方で、権力を誇示する冷血な恋人の存在も暗示されています。その人はベッドの上や職場では信頼できる人かもしれませんが、あなたはけっして、その人の本当の動機を知ることはできないでしょう。何か重大な問題に直面し、答えを求めているときにこのカードが現れたとき、あなたは自己規律と決断によって願いをかなえ、目的を達成することができるでしょう。

　"皇帝"はまた、構造や組織、規則集が最善の結果をもたらす場合があることを思い起こさせます。

教皇

アルカヌム　5
黄道十二宮との親和性　タウルス(牡牛座)

キーワード
順応、自制、尊敬、教え、伝統的な規則と典礼

キーフレーズ
- 現状維持に順応
- 規則を受け入れる
- 周囲からの圧力
- 高次元の価値の探究
- 信仰体系の共有
- 適切に行動するすべを知っている
- 知見からの差別

解 釈

　"教皇"の元型は、最も受け入れやすい形の知識や教育を表します。このカードを引いたときは、どのような目標であれ、伝統的な価値観に基づいて行動する方が適切なようです。しかし同時に、あなたの内面の精神的な真実が表現される必要があることも示されています。

　恋愛関係の質問でこのカードが出たとき、誰か身近な人が常識的なやり方で行動していること、あるいは、教祖的存在の人や仲介役の人に助言を求めた方が良いということが示されています。また、いま計画していることを前に進めようと思うなら、ある程度規則に従った方が良いということも示されています。

　"いまのあなた"のポジションに"教皇"のカードが出たとき、あなたが、自分のやり方に固執し、他人の意見を聞き入れる気がないことが示唆されています。過去にこだわりすぎると、前に進むことができず、人生を好転させるのに必要な改革を受け入れられない、ということになりかねません。

　"未来"のポジションで"教皇"が出たとき、これから出会う特別な人——教祖、精神的助言者、先生——が良いアドバイスをしてくれること、そしてその助言に従った方が良いことが示されています。また、以前会った覚えのある人と再会し、その人とすぐに意気投合するかもしれないということが示されています。

　"教皇"が示す最も重要な教訓は、あなたがいかに自分の信念を正しいと思い、それに固執していたとしても、他の人も同様に、自分の信念を正しいと思い、固執しているということです。あなたはいま他人から、あるいはたぶん、周囲から押し付けられた規則と戦っているかもしれません。また、権威ある人々の集団が、自由に考え独立を求めるあなたの生き方に対して、規制を加えようとしているかもしれません。

恋 人

アルカヌム　6
黄道十二宮との親和性　ジェミニ（双子座）

キーワード
愛、完全性、選択、誘惑、誓約

キーフレーズ
- 愛の力、それをどう取り扱うか？
- "愛"という言葉で何を意味するか？
- 完全性の追求
- 自分の価値観に忠実
- 性的調和
- "神の思し召しによる"関係
- ロマンチックな願望
- 別のものに惹かれる感情
- 選択する
- 自分にとって正しいことと間違っていることを知る
- 結合への願望

解 釈

"恋人"は誰もが引きたいと望むカードですが、単純に、新しい愛の芽生えと調和、幸せを表すだけのカードではありません。このカードは、もっと複雑な意味を持っています。その図像は、わたしたちがいかに深く心と体が結ばれていようとも、所詮は別々の個人であり、お互いの価値観や要求を尊重しなければならないということを表しています。

"いまのあなた"のポジションでこのカードを引いたとき、心の方が頭を支配していること、あるいはあなたが恋に落ちたがっており、あなたを取り巻く世界の不信や恐れ、抑圧から逃れたいと思っていることが示唆されています。"未来"のポジションでこのカードを引いたとき、望んでさえもいないのに、知らないうちに新しいロマンスがあなたの人生に舞い降りてくるかもしれません。

このカードはまた、恋愛関係である選択をすべき時期が来ていることを告げています。あなたは永遠の愛を誓いますか？ あなたのパートナーは誓ってくれるでしょうか？ それともあなたはあなた自身の道を進みますか？ "未来"のポジションでこのカードを引いたとき、2人の間のいさかいは解決するかもしれません。しかし同時に、ある誘惑が2人の愛の強さを試そうとするかもしれません。また、このカードが"未来"のポジションに現れたとき、三角関係さえもが暗示されています。あなたはどちらか1人を選ばなければならないかもしれませんし、昔から付き合いのある人に誘惑され、深い関係になるかもしれません。

"恋人"の元型はあなたに、あなた自身は愛についてどう考えているのかを問いかけ、選択に責任を取るように迫っていると考えられます。わたしたちは"愛"という言葉を、わりと軽々しく使う傾向があります。しかし愛は、人によって異なった意味を持ちます。あなたは無条件の愛を求めているかもしれませんが、条件付きの愛や試供品を求めている人、あるいは愛されていると相手に思い込ませるようにうまく演技しているだけの人もいます。このカードはあなたに、あなた自身の本当の姿を見つめるように、そして恋愛関係にどのような価値を置いているのかを見つめなおすことを要求しています。

戦車

アルカヌム　7
黄道十二宮との親和性　キャンサー（蟹座）

キーワード
勤勉、意志力、正直、忍耐力

キーフレーズ
- 感情や思考のコントロール
- 2方向に引っ張られる
- 正しい道を進み続ける力を身につける
- 優れた性的能力
- 成功の途上
- あらゆる犠牲を払っても勝つという決意
- 勝利への渇望
- 高い冒険心、リスクを冒す
- 手綱を握る
- 精神的および肉体的旅

解 釈

　"戦車"は、前進のためには強い動機と堅固な意志が必要であることを示しています。特にこのカードが、"いまのあなた"のポジションに現れたときはそうです。このカードのすべてが、確信、健全な自我、自信について語っています。このカードは、欲しているものを手に入れる自信や精神力を身につけることができること、あるいは、そのような元型的力を体現する人と出会うこと、そのどちらかの可能性を示しています。その人は、特に感じの良い人ではないかもしれませんが、何事にも真剣に取り組み、結果を出す人です。

　また他方で"戦車"は、対立する力があなたの人生に影響を与える可能性があることを示しています。あなたはいま、自分自身の目標に向かって立ち上がり、他人が言うことではなく、自分の信念に基づいて自分自身の行動を決める時期に来ているようです。

　あなたはどんな事であれ、目の前に現れる妨害を乗り越えて進み、成功をおさめることができます。"未来"のカードとして現れたとき、"戦車"は、望むものを手に入れるためにはタイミングと力の配分が大切なことを告げています。そのためには、手綱をしっかりと握り、上に立ち続けることが肝要です。あなたは、いまの恋愛関係を見直す必要があるかもしれません。あなたの使命が何であれ、それを実行するのはあなた自身です。鞭を鳴らすのは、いまこの時です。

　"戦車"はまた、自己制御、あるいは外部からの制御が、目的を達成するために重要であることを意味する場合があります。"未来の結果"のポジションにこのカードが現れたとき、強い競争心を持つ必要があることが示唆されています。あなたの人生を支配し、あなたの陣営にいるライバルを打ち負かすのは、あなたなのです。あなたはあなたの感情をコントロールし、エネルギーを一点に集中させ、自らの道を進むことができます。あなた自身の揺るぎない心を信じましょう。そうすれば前進することができます。

　"妨害物"のポジションに"戦車"が現れたとき、あなたが自己制御しすぎていること、あるいはあなたが、あなたに手綱を握らせまいとしている、自分のことしか考えない誰か別の人によって妨害されていることが示唆されています。

剛 毅

アルカヌム　8
黄道十二宮との親和性　レオ（獅子座）

キーワード
剛毅、勇気、自己認識、慈悲

キーフレーズ
- 現実と向き合う
- 自分の人生を自分で決める
- 自分の行動に責任を取るようになる
- 不完全さを許す能力
- 他人の欠点に寛容になる
- 内面的強さ
- 自己の直観的反応の自覚

解 釈

"いまのあなた"のポジションにこのカードが出たとき、あなたは、信念に基づく強さと勇気が必要とされています。どのような脅威に対しても決然と対峙する心の準備をしておきましょう。問題の解決に向けて、一歩踏み出す時期が来ています。しかしここで必要とされているのは、肉体的力ではなく、精神的、情感的力です。それは"戦車"の、"俺を見よ！"的な強引な力ではなく、慈悲心を通して表現される力です。

このカードを引いたとき、あなたは、許すこと、そして忘却することを心掛ける必要があるかもしれません。また、誰かがより大きな空間を要求していること、そしてあなたは、必ずしもすべてが自分の望むようには進まないということを受け入れる寛容な心を持つ必要があるようです。他人の怒りやあなた自身の怒りに対して、冷静な心で臨むことが大切な時期にあることが示されています。あなたはいま、欲求不満を感じていませんか？　外的環境が手に負えないと感じていませんか？　そしてその結果、自分が傷つきやすくなっていると感じていませんか？

恋愛についての質問でこのカードが現れたとき、相手に対して自分自身を与えすぎてはいないか、あるいは、相手からは何も与えられていないのではないかと自問する必要があります。"未来"のポジションにこのカードが現れたときは、自己認識を深め、他人の欠点に対する寛容な態度を取ると良い結果がもたらされることが示唆されています。あなたはすぐに内面的強さを持つようになるでしょうし、どんなに棘の多い垣根でも越えて行ける忍耐力を持つようになるでしょう。他人がどんなにあなたを怒らせようとも、あなたの慈悲心と、両方の立場を冷静に眺めることのできる偉大な能力が、良い結果をもたらすことを忘れないようにしましょう。恋愛問題を解決するためには、誰かからの穏やかな助言が必要かもしれませんが、あなたが自分自身の根本的な動機と情感的な反応をよく理解できるようになると、直面しているどのような困難もうまく切り抜けることができるでしょう。

隠者

アルカヌム　9
黄道十二宮との親和性　ヴァーゴ（乙女座）

キーワード
識別、思慮、超然、撤退

キーフレーズ
- 内面的叡智の探究
- 知っていることは
  ある種の重荷である
- 秘密が明らかになる
  ことの恐怖
- あらゆる犠牲を払っても
  真実を手に入れる必要
- 孤独への願望
- 自己探求的問題
- 方向性または道標を
  探す
- 恋愛関係からの撤退

解 釈

"隠者"は、わたしたちの内面の最も秘密の部分を象徴しています。"いまのあなた"のポジションでこのカードを引いたとき、答えをあなた自身の心のうちに求め、魂の探究の旅に出かけることが必要です。そしてハツカネズミのように人生の車輪を回すのを止め、他人の意見に従うのではなく、自分自身の考えをじっくり固めることが大切です。このカードはまた、何らかの選択をする前に、深く考察する必要があること、そして他人を、その人自身の判断を無視して何かに巻き込むのを止めるべきだということを示しています。

恋愛関係の問題でこのカードを引いたときは、長期的な関係に身を投じる前に、長い時間をかけてじっくり考える必要があることが告げられています。自分が正しい道に向かっているのかどうかを考察するために、一歩下がって、過去の恋愛関係の中で見られた自分自身の行動、思考、感情の常習パターンを見つめなおすことが必要です。

"過去"のポジションにこのカードが出たとき、過去にあなたは、ある事実を意識的に忘れる方を選んでいたのかもしれません。言い換えると、いまあなたは、真実に目を向けることを拒んでいる状態にあるということが示されています。"未来"のカードとして現れたときは、あなたにとって何が正しい方向で、何が間違った方向かがはっきりと見極められるまでは、計画を保留にしておいた方が良いことが示唆されています。"妨害物"のポジションにこのカードが現れたときは、あなたの前進を阻んでいるものは、実はあなた自身の孤立感や寂寥感であるということが示されています。

"隠者"のカードはまた、人生を情緒的によりバランスのとれた方法で見つめるためには、精神的治癒が必要かもしれないということを告げています。あなたの内面にある導き手――霊的信仰であれ、神であれ、あるいは守護天使であれ、あなたが信じ、信義を尽くしているもの――が、あなたを暗闇から連れ出し、光の下へと連れていくでしょう。"隠者"は、静寂、平安、導きを象徴しています。あなたは、年上の友人、家族、良き師からの助言を必要としているのかもしれません。

運命の車輪

アルカヌム　10
黄道十二宮との親和性　ジュピター（木星）

キーワード
不可避性、幸運、タイミング、転換点、運命

キーフレーズ
- 人生には不確かさということを除いて確かなものはない
- あらゆる瞬間が、新しい始まり
- 唯一変わらないことは、万物が変化するということ
- 共時性、偶然の一致
- 人生で繰り返すパターンとサイクルを見つめる
- 引潮に引き込まれる感覚
- 有利な機会をつかむ
- チャンスの到来、扉を開けよ！
- 予期せぬ出来事

解 釈

"運命の車輪"は幸運とチャンスについて語っていますが、誰にでも運の良い時もあれば、悪い時もあります。しかし、幸福感を高め、生活を向上させる選択をするのは、結局はあなた自身です。"運命の車輪"のカードを引いたとき、それは運命が、たとえあなたが大きなサイクルの一部、または普遍的な集合的エネルギーの一部であったとしても、あなたの行為を"宿命"として片づけることはせず、あなたの行為に対してあなた自身に責任を取らせる用意があることを告げています。

"運命の車輪"が"妨害物"のポジションに現れたとき、あなたは、自分の人生を"不幸な定め"と感じ、自分の感情、経験、恋愛関係、職業をうまくコントロールすることができないと感じているかもしれません。しかし問題を生じさせているのは、どう生きるべきかということに対して自分自身で責任を取っていない、あなた自身の消極的な態度ではないでしょうか？"運命の車輪"は言っています。"世界が自分に対立していると考えるのは止めなさい。宇宙のダンスに参加し、ショーの一部となり、あなた自身の振付師になりなさい"と。

"いまのあなた"のポジションにこのカードが現れたとき、それは、気分を一新して出発する準備ができていること、新芽を出し、大いなる冒険に旅立つことができることを示しています。何が起こっていようと、そしてあなたが望んでいようといまいと、あなたの新しい人生はいま始まっています。変化を恐れず、逡巡せず、未来の幸せに向かって行動を起こす時です。

"運命の車輪"はまた、あなたがいまの難しい恋愛関係を改善するのではなく、それから逃れ、新たな恋愛に夢中になるかもしれないということを暗示しています。カーニバルのワゴン車の上に飛び乗り、あなたの方に向かってきているチャンスをつかむ時期が訪れているのかもしれません。予期せぬ出来事が、あなたの人生をより良い方向に向けていく動機を与えてくれるでしょう。

正 義

アルカヌム　11
黄道十二宮との親和性　リーブラ（天秤座）

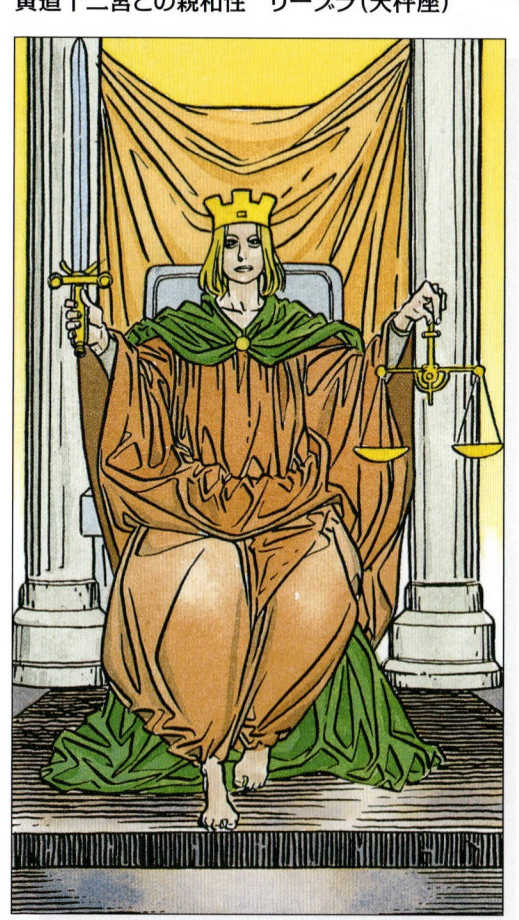

キーワード
公平、調和、平等、
原因と結果

キーフレーズ
- 客観的思考が
  バランスを回復する
- 協力と話し合いが大切
- 真実を受け入れる
- 自分の選択に責任を取る
- 決断する
- 論争を両サイドから見る
- 性的平等

解 釈

　ある人にとって公平なことが、別の人にとっては不公平な場合が多々あります。このカードを引いたとき、懸案となっている外的環境や問題に対して、できるだけ理性的な見地に立つことが求められています。あなたはどんな感情を持って問題に対処していますか？　木を見て森を見ないといった態度ではありませんか？　あなたは誰か別の人が、不公平で、偏った判断をしていると考えていませんか？　正義はわたしたちに、自分自身を論理的に、客観的に見つめること、そしてそれがたとえ、自分が過ちを犯したことを認め、自分の言ったことやしたことを修正しなければならなくなるとしても、真実のすべてを、そして真実だけを見ることを要求します。それはまた、自分はもとより、他人の行動や意図に対しても、一方的な判断をしないようにと忠告しています。

　ある決断をしなければならないとき、あるいは、"いまのあなた"のポジションでこのカードが出たとき、あなたが考えている以上に、あなたが理性的な態度で問題に臨んでいることが示されています。

　"過去"のポジションにこのカードが現れたとき、あなたは望んでいるものが得られていること、そしてあなたが過去に発言し行ったこと、あるいは行わなかったことが奏功し、現在の状況が生まれていることにあなたが満足していることが示されています。出来事の一連の結果がどうであろうと、あなたが本当に正直で、自分の選択に責任を取る気持ちがあるなら、物事はあなたのために良い方向に回転していくでしょう。

　このカードが"未来"のポジションに現れたとき、法律問題、引越し、借金の清算、弁護士やその他の官庁が示され、良い結果が出ることが示唆されています。新しい恋愛を求めているときにこのカードが現れたとき、本当に望んでいるものが得られること、そしてまもなく、魅力的で、頭が良く、心酔できる人があなたの人生に登場することが予想されます。

大アルカナ

吊るされた男

アルカヌム　12
黄道十二宮との親和性　ネプチューン（海王星）

キーワード
推移、再調整、宙ぶらりん、逆説

キーフレーズ
- 犠牲が必要かもしれない
- 人生に飽きる、進展への期待
- 停滞した関係
- 別の角度から人生を眺める
- 優先順位を変えてみる
- 支配権を手放す
- 前に飛ぶために一歩下がる

解 釈

　タロットの中でも最も不可解なカード、"吊るされた男"は、逆説的で、謎に満ちており、わたしたちを、解けないクロスワードを前にして悶々とするような欲求不満に陥らせます。最初に最も単純な解釈が浮かびますが、次にもっと説得力のある別の解釈が現れ、こうして豊かな逆説的意味の集合が、このカードをいっそう魅惑的なものにします。

　このカードが、"いまのあなた"のポジションに現れたとき、あなたはいま十字路に立っており、一歩下がって、関連する問題を注意深く考察する必要があるかもしれません。あるいはもっと進んで、あなたがこれまでのマンネリ化した生活を脱しつつあることを意味しているかもしれません。あるいはまた、あなたが次に何をしたいかが自分でもよくわからない状態にあるか、恋愛関係のいざこざで、いまちょうど休戦状態に入っている段階なのかもしれません。"吊るされた男"はまた、あなたに、犠牲になる必要があるのかないのかをよく考えるようにと警告しています。あなたの人生に悪影響を及ぼしているものを放棄するのは良いことですが、誰か他の人があなたをうまくおだてて、あなたに犠牲を強いているのか、それともあなた自身が自ら望んで犠牲者となっているのか、そのことをゆっくり考えてみる必要がありそうです。

　"未来"のポジションでこのカードが出たとき、あなたが心変わりをし、あなたの計画を前に進めるためには、あなたの感情を再調整しなければならなくなるということを意味しています。

　"吊るされた男"の不思議なところは、あなたが正しいと思っていることとは全く逆のことをするようにあなたを誘惑し、その通りにすれば良い結果が生じるという点にあります。たとえばあなたが、あのとても魅惑的だがあまりよく知らない人に電話をし、デートに誘いたいと切望しているとします。けれども、もし断られたらどうしようと恐れてもいるとします。そんな時、"吊るされた男"は、電話をしないほうが、その人とデートできそうだということを示唆します。あなたが何かを望んでいればいるほど、あなたはその気持ちを抑え、我慢しなければならないでしょう。そして、そうすれば望みがかなえられます。つまり、あなたが、思っていることとは正反対の行動をとるとすぐに、本当に望んでいることが実現される、といった逆説が生じます。

　最後に"吊るされた男"は、感情的な重荷を降ろし、過去を悔むのを止め、いまこの瞬間を精一杯生きようと心を開くならば、心の痛みが取れ、楽になれることを告げています。

死

アルカヌム　13
黄道十二宮との親和性　スコーピオ（蠍座）

キーワード
変化、新しい始まり、結末、変容

キーフレーズ
- 古いサイクルの終わりと新しいサイクルの始まり
- 過去に別れを告げ、自分自身に真実であることを恐れるな
- 一方のドアは閉ざされ、別のドアは開かれている
- 分岐点
- 不可避性を受け入れる
- 物事の核心を突く
- 変化のサイクルを受け入れる

解釈

　このカードはたいていの場合、人々に警告を発しています。しかし、それを表面的に受け取らないように。このカードはタロットの中でも、誰もが最も強い恐怖心を投影するカードの1枚です。しかし"死"は、どのポジションで現れても、肯定的なカードです。そしてここが大事なところですが、"死"は、ある状態から他の状態への移行に関連する元型的エネルギーを象徴します。何かが終わり、何かが始まります。あなたはそれを恐れず、しっかりと受け止めることが大切です。

　スプレッドの中で"死"のカードが出たとき、それは単純に、何かがサイクルの終わりに到達していることを意味します。それは恋愛かもしれませんし、仕事や信仰上の問題かもしれません。その時は、何らかの変化が必要とされています。

　"いまのあなた"のポジションに"死"のカードが出たとき、あなたはいま人生を転換させようとしている過程にあるが、その結果を心配しているかもしれないということが示されています。ひそかにある恋愛を終わらせたいと望んでいるけれども、相手を傷つけることになりはしないかと悩んでいるのかもしれません。あるいは、あなたの実力を十分発揮するには、生活の何かを変える必要があるかもしれません。

　"死"のカードが"妨害物"のポジションに現れたとき、あなたが変化を恐れるあまり、不安感で息苦しくなっていることが示されています。またこの場合、変わりつつある外的環境があなたの個人的展望を塞いでおり、人生の次の段階をどうすべきかに悩んでいることが示唆されています。このカードが出たときは、その意味をまっすぐにあなたの質問、問題、自己開発の課題と結び付けて考えてください。そうすれば、いま何が必要とされているかがより一層鮮明になります。"未来"のカードとして現れた場合は、向かって来つつある変化をしっかりと受け止めましょう。

節制

アルカヌム　14
黄道十二宮との親和性　サジタリウス(射手座)

キーワード
自制、妥協、中庸、美徳

キーフレーズ
- 考えを混ぜ合わせる
- 調和と思いやり
- 成功の鍵は中庸
- 錬金術的加工
- 協力の必要性を認める
- ヒーリング・エナジー

解 釈

　"節制"のカードを引いたとき、あなたは、恋愛関係や自己の内面世界で、良好な状態にあります。一見したところこのカードは、あまり霊感を喚起しない静かなカードに見えますが、その根底には、中間の道を見出すことによって目的を達成することができるという強いメッセージが込められています。あなたの願望と義務の間には調和が保たれ、あなたは精神的にも肉体的にも、バランスのとれた状態にあります。

　このカードはまた、あなたが何かに対する溺愛を少し控えるなら、肉体的、精神的、霊的な面のすべてで、均衡とバランスを達成することができるということを意味しています。

　ある決断をしようとしているときにこのカードを引いたとき、あなたは解決策を見出すことができ、容易に他の人の観点に立ってそれを眺めることができるでしょう。"いまのあなた"のポジションに出たとき、あなたの自制心と妥協する意志が、他人に良い影響を及ぼします。

　"妨害物"のカードとして現れたとき、あなたが譲歩しすぎていることが示唆されています。自分のことを顧みず、万人を喜ばせようとしているあなたの態度それ自体が、現在の問題や心配事の原因になっているのかもしれません。また、あなたの知っている誰かが、あまりにもあなたに調子を合わせすぎて、あなたが、協力だけでなく、異なった観点からの意見も必要としていることに気づいていないのかもしれません。

　"未来"のカードとして現れたとき、あなたは自分の願望をある程度抑え、論争の両側から問題を見つめる必要があります。しかしあなたの真の目的や願望が実現する日が近づいていることに間違いはありません。問題が解決し、調和が訪れ、お互いが尊敬しあう時がすぐにやってくるでしょう。そしてどんな心の傷や混乱があろうとも、幸せな中庸を求めるあなたの心が、ヒーリング・エナジーを作り出すでしょう。

悪 魔

アルカヌム　15
黄道十二宮との親和性　カプリコーン（山羊座）

キーワード
束縛、物質主義、
虚偽の生活、誘惑

キーフレーズ
- 恋愛関係における無知
- 金と権力への渇望
- 無意識的反応、
  子供っぽい対応
- 自己に科した束縛
- 何かに取りつかれている
- 自制心の放棄
- 悪癖から逃れられない
- 他人による巧みな操作
- 悲観的考え方
- 限られた知見による
  一般化

解 釈

　常に善を求めているわたしたちの世界において、"悪魔"の元型は、当然"悪"を象徴します。"devil（悪魔）"という言葉は、ギリシャ語の"*diablos*"に由来しますが、実はそれは、"敵対的な"ということを意味しているだけです。実際、わたしたちの心の問題の大半は、意識の欠如、無知、幻想など、わたしたち自身の内面の"悪魔"によって惹起されます。"悪魔"は文字通り、わたしたちが"暗闇"にいるときに現れます。

　"悪魔"の肯定的な側面は、自分の限界を認め、自己と他人の両方についてもっとよく知るように、そして自分が、狭い視野や他人の期待に縛られていることを理解するようにと、わたしたちに要求する点にあります。"彼はお父さんにそっくりよ"とか、"女はみんな同じだ"、"わたしにはそれはできない"、"わたしを幸せにするのは、結局は権力と金だ"といった言葉をどれほど頻繁に耳にすることでしょう。それらはすべて、わたしたち自身の中にいる本当の"悪魔"が言わせていることです。

　レイアウトの中でこのカードが出たとき、それは概してあなたが、恐れ、思い込み、外的環境に縛られ、それによって不健康な精神状態にあることが示されています。あなたは真実を知らず、幻想によって目を覆われているのかもしれません。あなた自身の価値観を裏切らないようにすることが大切です。つまりこのカードを引いたとき、あなたは、自分の信仰、物の見方、目標を見直す時期にあるということが示されています。それらは一体誰のものですか？──本当にあなたのものですか、それともあなた以外の別の人の受け売りですか？

　このカードが"いまのあなた"に現れたときは、そのものずばり、あなたが、情欲やお金のためだけに、ある人に惹きつけられているということ、あるいは、いま新たな恋愛関係に入りつつあるあなたが、性欲と愛情を混同している可能性があるということを意味することがあります。

　"妨害物"のポジションに現れたとき、"悪魔"は、あなたが現在の外的環境に対して虚偽の生活をしていることを示しています。"未来"のカードとしては、あなたが物質主義や権力、あるいは自己欺瞞の誘惑と戦わなければならなくなるということを意味しています。あなたを支配したいと思っている人、あなたに対して権力を行使したいと思っている人によって道に迷わされることがないように気をつける必要があります。時にこのカードは、あなたが、自分のやっていること、あるいはその結果を自覚することなしに行動しているのではないかと、警告を発している場合があります。

塔

アルカヌム　16
黄道十二宮との親和性　マルス（火星）

キーワード
外部世界の崩壊、予期せぬ出来事、黙示

キーフレーズ
- 新しいものの到来を告げる古いものの崩壊
- まったく安全という防御などないことを認める
- 適応するように努め、すばやく調整する
- 突然物事の本質が見える
- 事態の激変
- 運命の転換
- 予期せぬ困難
- あなたを取り巻く混沌

解釈

　このカードがレイアウトに現れたとき、予期せぬ外的変化がいま起きている、あるいは将来起きることが暗示されています。その変化は外部からの触媒として現れ、わたしたちはその崩壊に責任がないと感じています。しかし崩壊は常に解放を意味し、わたしたちを束縛から解放し、新たな地平へと導きます。ある意味"塔"は、1つ前のカードである"悪魔"の自呪自縛から解放されるために必要な触媒といえます。

　生起することすべてが運命づけられ、あなたには責任のないことのように見える時があります。しかし"塔"とは、あなたが自分のまわりに構築した構造物、防衛システム、危険を感知する壊れかけた古い灯台を意味します。あなた自身の灯台や塔の奥にしまいこんでいる古いものを整理することが必要な時があります。それは、いまのあなたの目的にとって必要のない気持ちや感情なのかもしれません。

　"塔"が雷に打たれているのは、何かを変える必要があることを示しています。内面世界も外的世界と同様に、常に安定しているというわけではありません。新たな自覚に向かって勢いよく飛び出し、老朽化した世界と決別する時が来ています。

　"塔"は、それらの変化を促進させるために、ある種の触媒、外部からの影響が、あなたの生活に現れようとしていることを意味します。それはある人物かもしれませんし、あなたが制御できないと感じている一連の外的状況かもしれません。それをあなたは、解放的と感じるかもしれませんし、不安に感じるかもしれません。いずれにしろ、あなたは新しい外的環境に適応し、前に進む強さを身につける必要があります。

　このカードはあなたに、変化を拒むのではなく、新たな挑戦を歓迎するようにと呼び掛けています。蘇った強さを持って"塔"を建て直し、あなた自身とあなたを取り巻く外的環境に対して、新たな覚醒のレベルに到達する時期が来ています。

　"いまのあなた"のポジションに"塔"が現れたとき、あなたのまわりには混沌が生じているように見えます。"妨害物"のポジションに現れた"塔"は、あなたが真実を見ることを拒んでいることを示しています。

星

アルカヌム　17
黄道十二宮との親和性　アクエリアス（水瓶座）

キーワード
霊感、理想の愛、真理の啓示

キーフレーズ
- 夢の実現
- 幸福のためには、洞察と自分を信じる気持ちが大切
- トンネルの出口に光を見る
- 自分が成功に向かっていることを確信する
- 進んで愛に身を投じる
- ある人物や目標の理想化
- 視野が開ける
- 恋愛関係における新たな信頼

解 釈

"星"は、荒野や大海原を渡るときにわたしたちを導く天体を象徴します。古代人にとって星は、未知の大洋を進むための道案内でしたが、"星"の元型は、人生の旅を成功へ向かって進むために道案内する、あなた自身の心の内なる輝く星、導き手を意味します。

このカードを引いたとき、あなたの自己表現能力は最高潮に達しています。あなたは宇宙のエネルギーを体で感じ、未来に向かって希望と自信にあふれています。

"いまのあなた"にこのカードが出たとき、あなたは楽観的な態度ですべてに臨むことができます。あなた自身を本当に信じているなら、あなたは自分でチャンスを創り出すことができます。どんなレイアウトでもこのカードは肯定的なことを表し、恋愛、仕事、経済的望み、すべてにおいて成功することを意味します。

"未来"のポジションに現れたとき、"星"のカードは、最善の方法で啓示が降臨することを告げています。あなたはもう一度自分の動機を確信し、心の平安を感じ、自分がどんな人間であるのか、どこに行こうとしているのかについて、大きな自信を得ることでしょう。

"星"は、行きたいと思う場所がどこであれ、あなたがそこへ向かって舵を切ることを容認しています。しかしここで大事なことは、"星"のカードは啓示のカードであるということです。それは実践的な解決法を示してはいません。ですから、自らをさらに遠くへ導いていくためには、レイアウトの他のカードをよく見る必要があります。このカードが否定的な意味を表す場合は、"妨害物"のポジションに現れた時だけです。それは、あなたの理想、期待があまりにも高すぎて、誰もが、そしてあなた自身も、それに従って生きていくことが困難であるということを示しています。

月

アルカヌム　18
黄道十二宮との親和性　ピセス（魚座）

キーワード
直観、恐れ、自己欺瞞、幻想

キーフレーズ
- まやかしの恋愛
- 真実が見えない、非現実的な夢
- 混乱した気持ち
- 悩み悶える気分
- 自分の直観を信じる
- 現実感の喪失

解釈

　"月"は、その本性がまさに幻惑的な存在であることから、とても複雑なカードです。それは、所属、安全、保障と強い関係があります。わたしたちは、慣れ親しんできた環境や、よく知っている人の前では、とても穏やかな気持ちになります。しかしわたしたちは、時に、自分自身の暗い部分を発見して驚くことがあります。それは表に出たがっている、わたしたち自身も知らない影の部分です。その影は、わたしたちを狼狽させ、怯えさせ、不安にし、傷つきやすくします。

　"月"は表に出たがっています。そしてそれがレイアウトに現れたときの肯定的意味は、心の深奥にある領域を信頼するように、そしてわたしたちがたとえそれを認めることを拒否しようとも、人生には絶えず不可解なことがつきまとうことを覚えておくように、ということです。"月"の幻想が意味していることは、それ以上でもそれ以下でもありません。"月"は、自己欺瞞や真実の歪曲によって、目標を失い、道に迷わされることがないようにと忠告しています。あなたには目標があるのだから、それから離れないようにしなさいと告げています。

　"いまのあなた"のポジションで"月"のカードが出たとき、あなたは頭が混乱し、次に何をしたらよいのかが、わからなくなっているかもしれません。"月"は、たとえそれがどんなに厳しく見えようとも、自分の道を見つけ、自分の恐怖心の原因を探り、直観を信頼するようにと告げています。

　このカードが出たら、物事はすべて、必ずしも見える通りではないということを思い起こしましょう。あなたは間違っており、あなたの判断は不合理であり、誰かがあなたを利用しているだけなのかもしれません。もう一度いまの外的環境を洞察してみましょう。そしてあなたの想像力ではなく、直観力を働かせてみましょう。なぜなら両者は非常に違っているからです。

　"妨害物"のポジションに"月"が現れたとき、それは、あなた自身の不安感が、あなたが前に進むのを妨げており、あなたが、何にも、誰にも、そしてあなた自身にも所属していないと感じていることを示しています。"未来"のカードに現れた場合は、あなたかあなたのパートナー、または友人のうちの誰かが、不誠実になる可能性を示しています。"月"はまた、あなたが自分の感情や気分に浸りすぎているため、物事の本質をはっきりと見ることができなくなっていることを示唆しています。

太 陽

アルカヌム　19
黄道十二宮との親和性　太陽

キーワード
コミュニケーション、分かち合い、幸福、喜び、肯定的エネルギー、創造性、成長

キーフレーズ
- 愛の成就
- 新たな友情
- 悟りの感覚
- 良い結果
- 自分自身を信ずる
- 自己確信
- 注目の的
- スポットライトを浴びる

解釈

"いまのあなた"のポジションにあるとき、"太陽"は、あなたの感情を誰かに伝え、夢を言葉に表す時期が来ていることを示しています。このカードは、常に肯定的なカードで、成功と幸せを意味します。"星"はわたしたちに、霊感と方向性をもたらしてくれましたが、"太陽"はわたしたちに、どうすればその目標と夢を実現することができるかについての肯定的な考えでわたしたちを照らします。

"太陽"は地球上のすべての生命の源です。太陽がなければ、わたしたちは存在していません。太陽の元型は、勇気、エネルギー、洞察、そして物事の核心に到達することを表します。"太陽"のカードとともに、わたしたちは自分自身の生活を、明快さと真実で照らすことができます。"月"の暗い影に隠れるのとは対照的です。"太陽"は、わたしたちに、前進するように、そして暗い"月"の影を背後に置いてくるようにと呼びかけ、勇気づけています。実際には、あなたの影は常にあなたと共にあるのですが、"太陽"の光に照らされるとき、その影はあなたからはほとんど見ることはできません。あなたは自分が生き生きと輝き、栄光に彩られ、堂々としているのを感じるはずです。

あなたが恋愛関係に悩んでいるときに、"太陽"のカードが"いまのあなた"のポジションに出たとき、それはあなたが、友人やパートナーの性格を変えようと努力する必要はなく、ありのままに受け入れることができるということ(その逆も真です)を意味します。

"未来"のカードとして"太陽"は、あなたが過去の不信や恐怖から脱却し、幸せになり、喜びを享受できるようになることを意味します。おそらく新たな充実した恋愛関係が生まれ、それは必ずしも熱烈なものではないかもしれませんが、あなたの人生を肯定的な光で満たすことでしょう。"妨害物"のカードとしては、あなたが、2人の間の表面だけを見て、自分がどれほど幸せであるかを強調しすぎており、自分の栄光ばかりに目が行って、相手の要求に気づかない、ということが示唆されています。

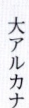

審 判

アルカヌム　20
黄道十二宮との親和性　プルート（冥王星）

キーワード
解放、審判、内なる導き、変容

キーフレーズ
- 過去の行為の清算
- 再評価と復活
- 古い価値観を捨て新しい価値観を抱く
- 物事をありのままに受け入れる
- 誰も、そして自分自身も、責めることはできない

解 釈

　"審判"には2種類あります。「あなたは間違っている」「あなたの行為には賛成できない」などと言って、不誠実に、不当に他人を裁く場合と、他人を非難するのではなく、物事を秤にかけ、真実を明らかにする場合です。レイアウトで"審判"のカードが出たとき、それは後の方を意味します。すなわち、わたしたち自身や他人を責めることなしに、冷静に判断し、それを実行するということです。

　"審判"はまた、恋人や家族に対する、またあなた自身の不適切な習慣的行動に対する、古い態度からあなた自身を解放することを意味します。あなたは、恋愛関係にどう対処すべきかについての新たな洞察を得ることができるでしょう。肩をすくめ、『どうってことないさ』と言うのもいいかもしれませんが、いまあなたは、過去にとらわれず、心機一転し、過去の行為に罪を感じるのを止める良い時期にあるようです。

　"妨害物"のカードとして"審判"が現れた場合、あなたは、何らかの行為に対して罪の意識を感じている、あるいは、他人から裁かれているように感じているかもしれません。あなたが本当に間違っているのかどうか、あるいはあなたが他人の幸せに責任を感じすぎているのではないかということについて、深く考えてみる時期が来ているのかもしれません。

　"未来"のカードとして"審判"が現れた場合、事実を避けるのではなく、それを直視して判断を下さなければならなくなる、ということが示されています。"審判"によって、あなたはついに壁を乗り越え、決心し、新たな可能性に向かって突き進むことができます。肩の荷を降ろした気分がし、あなた自身や他の人の過去の罪を許すことができるようになります。

世界

アルカヌム　21
黄道十二宮との親和性　サターン（土星）

キーワード
完結、達成、自由、
コズミック・ラブ、
恐怖からの解放

キーフレーズ
- つらい仕事と努力が報われる
- 自分と他人を祝福する時
- "世界は思いのまま"という感覚
- 肉体的および精神的浮遊
- やろうと決めていたことの達成
- 解決法の発見
- 自己と宇宙の合一の感覚

解釈

"世界"はどのレイアウトでも、常に肯定的な意味を表します。それはあなたが、自分はどんな人間なのか、あるいは自分の限界、選択、自分自身への責任の取り方について、より深く自覚するようになりつつあることを意味しています。

"いまのあなた"のポジションにあるとき、"世界"のカードは、あなたが本来のあなたに戻りつつあること、あなた自身の価値観を確立し、他人とどう接すべきかがわかり始めていることを表します。"世界"のカードはまた、あなたがすでに究極のパートナーと会っていること、天職にめぐり合っていること、そして後戻りすることはないということを意味しています。あなたはいま、いかなる苦労が待ち受けようとも前進しなければならないこと、別の道はないこと、そして道標に従って進むべきことを知っています。

"世界"は、"妨害物"のカードとしては、あなたが、すべてがうまくいっていると過信していること、自分の野心的な考えに酔っていることを暗示しています。『自分の本当の実力はどんなものなんだろう、自分は何者だ、何に向かって起き上がるべきか?』と自分自身に問いかけることが必要かもしれません。あなたはもしかすると、自分の見たいものだけを見ているのかもしれませんし、どう振舞うべきかという他人の思惑に合わせて生きているだけなのかもしれません。自分自身と自分の目標について、客観的に見つめなおす時期が来ています。

"未来"のカードとして現れたとき、"世界"は、恋愛関係やあらゆる創造的仕事において、成功を期待して良いということが示されています。このカードを、"世界は君のものだ"と解釈する人もいます。いまあなたは、まさに人生の旅に出発しようとしているのかもしれません。それは実際に世界旅行かもしれませんし、新たな冒険の始まりかもしれません。それがどのようなものであれ、あなたはいま自分の地平線を、精神的にも肉体的にも広げつつあり、このまま正しい道を行けば、将来の幸せは間違いないと確信しています。

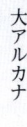

大アルカナ

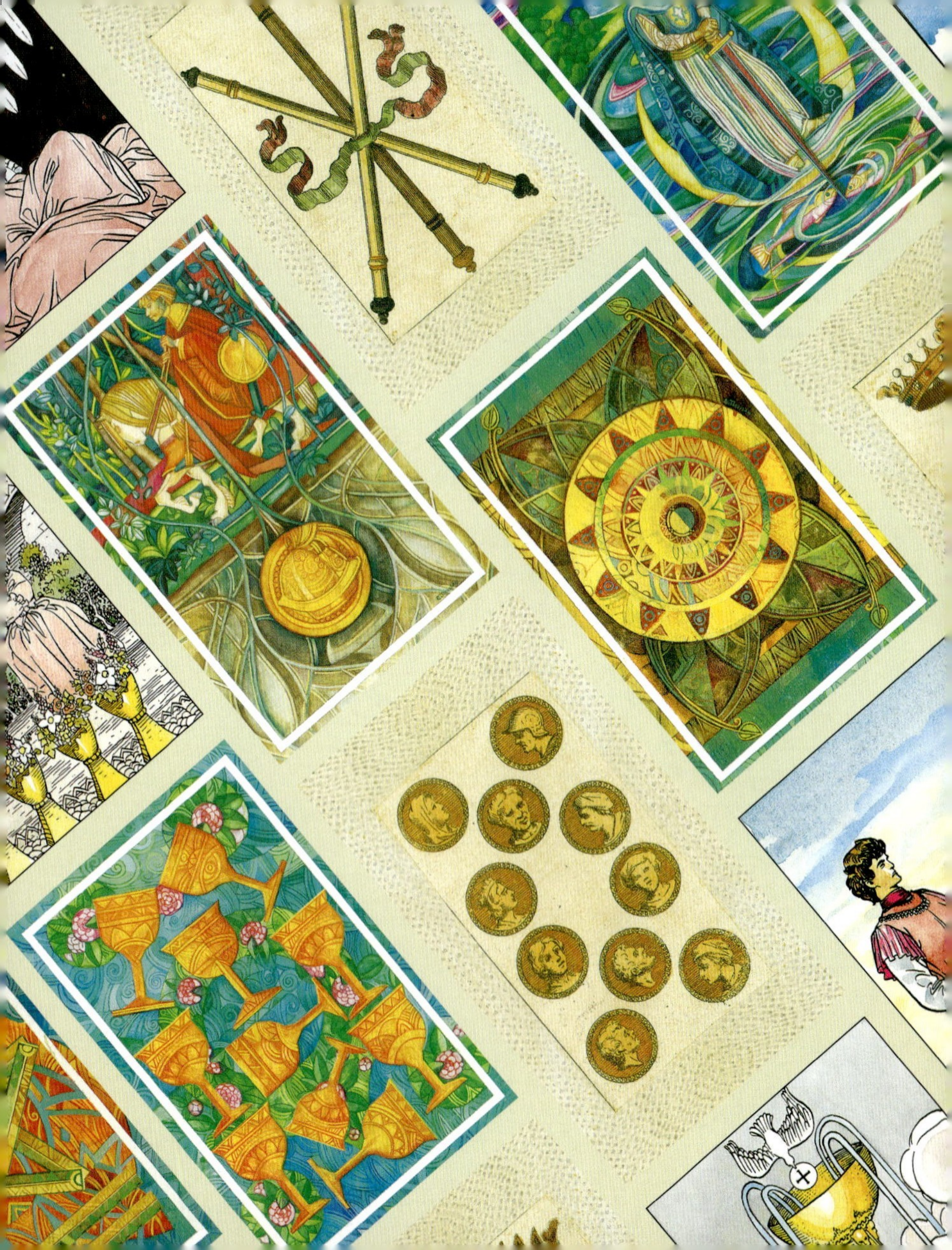

小アルカナ

小アルカナとは何か?

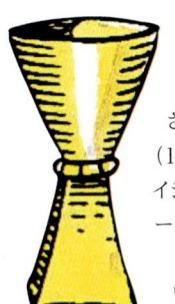

　小アルカナは、ソード、ワンド、ペンタクル、カップの4つのスートからなる56枚のカードによって構成されています。各スートは、エース(1)から10までのナンバー・カードと、ペイジ、ナイト、クイーン、キングの4枚のコート(宮廷)・カードからできています。 
　各スートに関係するエレメントやキーワードについては、第1部で少し紹介しました(p.32〜33)。

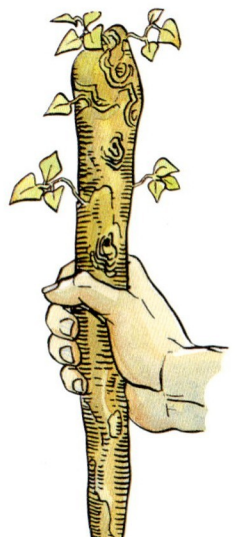

コート・カード

　コート・カードはそのスートのシンボルを擬人化したもので、さまざまな人格や性格を象徴しています。それらのカードは、人生で出会うさまざまなタイプの人物を表し、あなたの人生の道標ともなるもので、人生を外側から客観的に眺めるのにとても役に立ちます。コート・カードの多くは、あなたがこれまでに出会ったことのある人物を思い起こさせるだけでなく、他人に投影するあなた自身の人格の小平面——宝石のカット面——を表しています。 
　コート・カードの序列は、あなたによって、あるいはあなたの人生で重要な役割を果たす人物によって表現されるエネルギーの種類を表します。

キング

　常に力強い風貌をしているキングは、権力とカリスマ性を象徴します。彼らは、断固とした行動がとられねばならず、エネルギーは外に向かって表現されなければならないことを告げています。またあなたの知っている人や毎日顔を合わせる人が、あなたの生活の変化や行わなければならない選択に対して、大きな影響を及ぼすことを意味します。キングはまた、権力を持つ成熟した男性を象徴します。

クイーン

　受動的だが創造的なクイーンは、女性の力、理解・保護・養育の性質、そして男性にも女性にも存在している受容力を表します。クイーンはまた、面倒見の良い母親、女王の座に座りたがる女性、権力を持つ成熟した女性を象徴します。

ナイト

　強引で極端な性質のナイトは、良い面も悪い面もスートの特徴を最大限に表現します。ナイトは、大人になりきれない未成熟な態度を象徴し、各スートのエネルギーを極端な形で映し出します。たとえば、ペンタクルのナイトは、お金に抜け目がないが、"下手なこと"にならないように、経済的リスクを冒したがらない人を表しています。ナイトはまた、未成熟な友人、家族、恋人、そして責任感とは無縁な 30 歳前後の人物を表すこともあります。

ペイジ

　ペイジによって象徴されるエネルギーは、軽薄で子供っぽく、気まぐれです。ペイジはまた、とても若い 10 代、子供、非常に未成熟な大人を表すことがあります。さらに彼らは、興味を持つ心、楽観主義、目の前に出されたものをつかみ取る必要を表すこともあります。

小アルカナ

コート・カードの練習

　コート・カードの解釈を、1枚1枚ゆっくり見ていく前に、ここで簡単な練習をやってみましょう。

1. 身のまわりにいる人の中から、クイーン、キング、ナイト、ペイジにふさわしいと思われる人の名前を書き出してみましょう。

2. 各コート・カードの"長所"と"短所"を抜き出します。たとえば、ナイトは明白です。彼らは極端な行動を象徴します。しかしクイーンは、どこから見ても光が当たっているようで、良い面ばかりに見えます。ここで、あなたの知っているクイーンのような人のことを考えてみてください。その人は、実際、その力を優しく親身に行使していますか？　その人は女王の椅子に座りその力を発揮したかったから女王になったのでしょうか、それとも、ただみんなの中心にいたいから、そうなったのでしょうか？

3. 次に、同様のことを自分自身について行ってみてください。あなたの内なるキング、クイーン、ペイジ、ナイト的なエネルギーはどうですか？　あなたの内なるキングは、もう十分に成長していますか？　あなたは支配的になりすぎてはいませんか、あるいは、受動的すぎてはいませんか？　あなたは天使が足を踏み入れたがらない場所に急いで駆け付けるナイトですか、それとも頑固で厳格に振舞い、大物になりたがるタイプのナイト（ペンタクル）ですか？　あなたは、あなたの心の内なるペイジと触れ合っていますか？　あなたの子供っぽさは、いまどんな状態にありますか？　あなたは、面白がり、冒険好きで、生意気ですか、それとも、あなたの子供っぽさは、大人の常識と責任感の中で失われてしまいましたか？

ナンバー・カード

　ナンバー・カードは、人生であなたが出会い、発見し、そしてあなた自身が経験する出来事や領域、さらには、自分自身がどんな人間であるかについて、より多くのことを知ることができる活動領域、場所、テーマを表します。その中には、わたしたちが毎日のように目にする出来事、行為、心配事なども含まれています。

　本書で使っているユニバーサル・タロット・デッキは、各カードが非常に印象深い図像になっていますから、そのイメージだけで容易にカードを解釈することができます。それとは対照的に、マルセイユ・パックや古いミンキアーテ・デッキなど、ナンバーとピップ・シンボル（カップや棒など）しか描かれていないカードも多くあります。

　各ナンバーは、数秘術と占星術の両方と強い親和性を持っています（p.352〜363）。次の表は、ナンバーの意味をキーワードでまとめたもので、どのスートにも共通します。

各ナンバー・カードのキーワード

ナンバー	キーワード
エース	始まり、活力、新しい機会
2	綱渡り的出来事、二重性、倍加された強さまたは分裂する力
3	創造性、結果、達成
4	限界、懐疑、控える
5	万能、コミュニケーション、心を開く
6	調和、理想主義、心の平安
7	夢、幻想、魔法
8	妨害を乗り越える、規制を緩める
9	行動、勇気、自信
10	終わりと始まり、新しい目標、成就

ワンドのスート

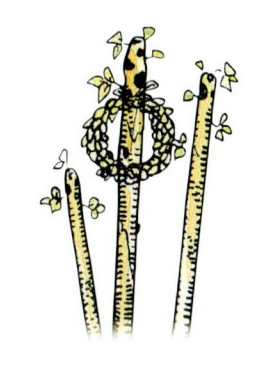

　ワンド(スタッフ、クラブ、セプター、ロッド、バトンと呼ばれることもある)は、伝統的に火のエレメントと関係があります。ユニバーサル・タロットでは多くの場合、ワンドは、燃えさしの棒、長い棍棒または棹、樹皮から新芽の出た木の枝で表されます。

　このスートは、創造性、情熱、冒険心、主導権に関する事柄を表します。レイアウトの中でワンドが多く出たときは、行動を起こしたり冒険をしたりする準備ができていること、辛抱しきれなくなっていること、性急になっており、じっと座って、物事をゆっくり考える時間が取れないことを表しています。衝動的な行動、発明、明晰な知覚も火のエレメントの特徴です。そして、火のエレメントと関係のある牡羊座、獅子座、射手座と同様に、ワンドは人生における展望、意志、未来志向を表します。しかしスプレッドの中でワンドが多く出た場合、あなたが手に負えないほど多くのものを抱えていることを示す場合もあります。

キーワード

肯定的な性質：原動力、自己動機付け、意志、展望、エネルギー、欲望、競争、大胆さ、果敢な抵抗、お守り

否定的な性質：落ち着きのなさ、空約束、利己主義、うぬぼれ、向こう見ず、激しやすさ

ワンドのスートの練習

　ワンドのスートの解釈を 1 枚 1 枚見ていく前に、ワンドの特徴をつかむため、次の練習をやってみましょう。

1. ワンドのコート・カードを表にし、下位のカードから、ペイジ、ナイト、クイーン、キングの順で正位置に並べていきます。

2. あなたの知っている人で、火のように熱意に燃えている人を思い浮かべ、どのカードと特徴が一致するかを考えてみます。

3. 次にあなた自身について考えてみましょう。あなたは火のように燃えたことがありますか？ あなたはそのような性格とうまく付き合っていくことができますか？ その性格は、あなたを不安にしますか、うれしく思いますか、自分には無縁だと思っていますか、それともほっとしますか？ あなたの心の内にある、このようなエネルギーに対するあなた自身の反応を思い起こしてください。あなたはそれを楽しみますか、それとも打ち消しますか、あるいは抑えつけますか？

4. ワンドのナンバー・カードのそれぞれの図像を眺めてください。ここで、その印象深いイメージをさらに深く理解しようと、各数字のキーワードを思い出す必要はありません。ナンバー・カードの多くは、何らかの特別なやり方で、探究し、行為し、活動する人物を描いています。ワンドのナンバー・カードはエネルギーを与えるカードですから、常に、静的にではなく、活動的に解釈してください。

小アルカナ

135

ワンドのエース

キーワード
新たな始まり、独創性、創造的未来、再出発、冒険

キーフレーズ
- 自分の能力を信じる
- 前に進む正しい道を知る
- 現実を直視する
- 性的主導権が求められている
- 霊感的観念に基づく行為
- 問題の解決に到る
- 高揚した気分
- 人生に情熱的

解釈

　他のすべてのエースと同様、ワンドのエースは、新しい冒険の始まり、驚異の感覚、何か新鮮なことが始まる清々しさを表します。ワンドは、エネルギーと行動に関係するソートですから、そのエースは、結果を得るために外部世界に向かって何らかの行動を起こすことを表しています。つまり、ただ単に霊感的に何かがひらめくだけではなく、その実現に向かって行動を起こすことを意味します。

　"いまのあなた"のポジションにワンドのエースが現れたとき、それは、冒険的精神があなたのうちに起っていることを示しています。心の背後に隠れていた創造的考えであれ、楽観主義と勇気の突然の噴出であれ、熱狂的な気持ちで行動を起こす時期が到来しています。

　一方、"未来"のポジションに現れたとき、このカードは、大きなチャンス、あるいはわくわくするような出来事があなたを待ち受けていることを示しています。望んでいることに向かって前進し、手綱を握り、真剣であることを示す絶好の機会が到来しています。このカードはまた、独創性と創造性を表しています。あなたの直観を信じ、それに従って進む時期です。

　恋愛関係では、このカードは、"さあ、やろう、もっと生き生きとした関係を楽しもう、恋愛を停滞させず、それを通じてもっと創造的になろう"、と告げています。

　"妨害物"のポジションにあるとき、ワンドのエースは、あなたが強引すぎ、自分のすることを過信していること、そしてあなたの個人的欲望が、他の人を一緒に前に向けさせるのを妨げていることが示唆されています。あなたは世界を背負って立っているという気持ちでいるかもしれませんが、自分の限界について注意深く見ておく必要がありそうです。

小アルカナ

ワンドの2

キーワード
達成、勇気、世俗的な願望、人間力

キーフレーズ
- 世界をこの手に握っているという感覚
- 才能を他人に売り込む
- 自分の長所を証明する勇気を持つ
- 世界にあなたの足跡を残す
- 真剣であることを示す
- 創意性、独自性があることを示す
- 新しい考えを抱く
- 自分の視野を広げる
- 自分は全能者であるという感覚

解釈

　2は二重の強さ、あるいは逆に、分裂する力を表します。ワンドの2は、自信を持ち、自分の人間力の強さに気づく必要があることを強調しています。このカードが"いまのあなた"のポジションに出たとき、あなたは、自分の力を発揮する自由裁量権を与えられ、体中が神々からの滋養で満たされているように感じていることでしょう。それはシャンパンを2、3杯飲みほした時のような気分、いままで怖くて出来なかったことがすべて出来るように感じる高揚感のようなものでしょう。

　ワンドの2はあなたを、神の力に手が届く位置に来たような気分にさせます。しかしそれはあなたを傲岸不遜にすることがあります。このカードが"妨害物"のポジションに現れたときは、たとえいまあなたが、いかに元気が漲っており、力が充実していると感じていたとしても、全能の感覚に酔って、自分が本当にしたかったこと、真の意図を見失うことがないようにしましょう。ワンドの2はまた、恋愛関係スプレッドに現れた場合は、他の人があなたに権力を行使しようとしていることを示唆します。

　"未来の結果"としてこのカードは、主導権を握り、創意を生かす時期が来ていることを告げています。恐れずに危険に立ち向かい、実力を内外に認めさせる好機です。しかし確かにいまあなたは力が充溢していますが、ここでも2は、あなたの力が倍加されたことを意味するだけでなく、その力を誰か別の人と共有することによって、あなたの計画を実現させることができることを示す場合もあります。あなたはいま王座に就くべきではなく、黒幕になっておく方が良いのではないでしょうか？

ワンドの3

キーワード
洞察力、拡大、探索、熟考

キーフレーズ
- 新たな冒険を探す
- 新しい手掛かりを
  もとに探究する
- 最善の策を見つける
- 次に何が起こるかを知る
- 拓かれた展望を持つ
- 新しい旅の始まり
- 自分の方向を自覚する
- 力としての知識
- 天職の意識

解 釈

　非常に創造的なカードであるワンドの3は、洞察力と冒険心を持って未来の可能性を追求する時期が来ていることを告げています。このカードの人物のように、あなたはいま丘の頂に立ち、目の前に広がる大地を眺望しています。あなたはいま境界に立ち、新しい道を進む機会をうかがっています。

　あなたが正しいと信ずること、目の前に広がっている機会に向かって行動を起こす時機が来ています。しかしこのカードはリスクを負わせるカードではありません。あなたは真の冒険者のように、準備を整え、地図を作製し、行程表を練り、前もってその領域に関する知識を集める必要があります。それは不毛の地のようですか、それとも何かがあなたを呼んでいるように感じられますか？

　"いまのあなた"のポジションでこのカードを引いたとき、知識を活用し、計画を実行し、先へ進む道をあなたが知っていることを証明する時期が来ています。ギリシャ神話のプロメテウス（その名前は偶然にも"洞察"を意味する）のように、あなたはいま大いなる冒険に旅立とうとしています。しかしけっして、それを個人的利益のためにするのではなく、世界に還元するためにするということを自覚しておく必要があります。プロメテウスは天国から火を盗み、鎖で岩につながれ、毎日罰を受けましたが、それは人類に火を与えるためでした。

　もちろんこれはあなたの運命とは別の話です。しかし、探索の旅の前途に待ち受ける困難に対して、あらかじめ準備をしておくことは大切です。あなたは勇気を持って前に進むように促されていますが、ただそれだけではなく、神があなたに与えた最高の贈り物である洞察力を持って進むようにと告げられています。しかしこのカードが"妨害物"のポジションに現れた場合は、次に何が起きるかということばかりに目が行き過ぎて、いま置かれている真の状況が見えなくなっているということを表すこともあります。

小アルカナ

ワンドの4

キーワード
祝祭、歓喜、自発性、自由

キーフレーズ
- 人生や愛を謳歌する
- 幸せな出来事を祝う
- 家庭内の調和
- お互いを賛美する
- 達成したことに誇りを持つ
- 責任の鎖から解き放たれる
- 鳥よりも自由に空を飛べる感覚
- 心の重荷を捨て去る
- 他人の期待という束縛から解放される

解釈

　おめでとうございます！　どんなレイアウトに出たときも、このカードは、歓喜と賛美の時期が到来したことを告げています。調和に向かって弾むように進んでいけること、幸福な時間が目の前にあることを、このカードは告げています。"いまのあなた"のポジションにこのカードが出たとき、あなたはこれまで達成したことを誇りに思い、自分のやろうとしていることに新たな自信を持つことができます。

　またこのカードを引いたとき、あなたは期待に胸をときめかせていることでしょう。あなたの心に潜む子供が、大人の見せかけの衣から顔を出し、素直に喜びに浸るようにと促されています。少し声を出して笑い、社交的集いにもっと多く顔を出し、まわりの人をあなたの魅力の虜にしてしまいましょう。しかしこのカードが"妨害物"のポジションに現れたとき、あなたは、より多くの安逸を手に入れるために、大切なことを犠牲にし、真剣に取り組まねばならない人生の諸問題を避けている可能性があります。先へ進むこと、変化を起こすこと、そしてあなたが本当はどんな人間なのかを直視することを恐れるあまり、浅薄な自己満足と、終わりのない交際で紛らわしていることが示唆されています。

　"未来"のポジションでは、ワンドの4は、あなたの人生を照らすような出来事や人が、あなたの人生に出現しようとしていることを表しています。興奮が醸成されつつあります。パーティーや祝宴を計画すると良いでしょう。

　ワンドの4が、あなたに似合わない環境からあなたを解放することを意味するときがあります。恋愛関係であれ、仕事であれ、また自己不信や恐怖心であれ、あなたは束縛から自由になり、新しい可能性に向かって自分を開いていくことができます。また、自らに科した制裁を緩めてもいい時期です。過去を背後に置いておき、人間的成長の次の段階へと進む時期が到来しています。

小アルカナ

143

ワンドの5

キーワード
競争、ライバル意識、小さな後退、不和

キーフレーズ
- ささいなことで口論する
- 自分の立っている場所がわからなくなる感覚
- 競争にふける
- 難しい立場に立たされている、あるいは、迫害されているという感覚
- 自分を守ろうとするがあまりうまくいかない
- イライラする状況
- 他人の意見に悩まされる
- 些細な苛立ち

解釈

ワンドの 5 はある種の争闘が起きていることを物語っています。しかし、誰が勝者になるかを見極めるのは難しそうです。またワンドの 5 を引いたとき、あなたは何かと闘わなければならないと感じているかもしれません。それはあなたの心の内なる葛藤かもしれませんし、実際に外部の誰かとかもしれません。

"いまのあなた"のポジションに現れたとき、このカードは、あなたがいま世界を向こうに回していると感じていることを示唆しています。あなたのすることすべてが歓迎されず、悪い方向にばかり進むような気がしていませんか？ 友達に電話をしたら、休暇で遊びに出かけており、携帯電話も持っていない様子。歯磨きのチューブは切れ、トーストはバターを塗った面を下に床に滑り落ち、鍵は鍵穴に合わない。これらが、このカードが示す、人生における些細な苛立ちの例ですが、それが思いのほか大きなダメージを与える場合があります。あなたは、まるで誰かがあなたに意地悪をしているように感じているかもしれません。

このカードはまた、あなた自身もあなたに対して反抗していると感じることを意味しています。自分が欲しいと思っているもの、あるいは必要と思っているものが、あなたが本当に必要としているもの、本当に不足しているものと一致しない可能性があります。心の中で自分自身と闘うのを止め、優先順位を決め直す良い機会かもしれません。

また別の次元では、このカードが本当の戦いを表すことがあります。あなたは実は外部にライバルを持っているにもかかわらず、それを認めたくないと思っているかもしれません。その人は、同じ職場の人、恋人、あるいは、先発メンバーかもしれません。このカードを有効に生かす手掛かりは、協力から始めるということです。あなたと他人、そしてあなたとあなた自身の間の合意点を探すことから始め、人生における調和を見出す方法を学ぶことが大切です。

"妨害物"のポジションにこのカードが現れたとき、それはあなたが、競争によって這いあがろうと一生懸命になりすぎて、結局は落伍者になる恐れがあること、あるいはあなたが、自分は他人に迫害されていると被害妄想になって打ちだしたスケープゴート戦術が、真実の人間関係を築くのを妨げているかもしれないということを意味します。

小アルカナ

ワンドの6

キーワード
プライド、勝利、報奨、達成

キーフレーズ
- 行動を賞賛される
- 注目の的になる
- やり遂げたという満足感
- 自分の利益を守る
- 自分のやり方でやる
- 威張った態度を取る
- プライドが高すぎて真実が見えない
- 優越感を抱く

解 釈

　ワンドの 6 は、最も明快な、まぎれもない勝利を表します。しかし問題は、勝利を実感し、頂上を極めたと確信したその時に、自己驕慢の波が押し寄せてくるということです。それゆえこのカードが"いまのあなた"のポジションに出たとき、自分を見失わないように、そして威張った態度を取らないように自制することを心がける必要があります。

　このカードを引いたとき、謙虚になることが求められています。しかしそれは、あなたが賞賛に値しないということを意味するわけではありません。わたしたちの誰もが、自分を勝利者と感じる瞬間が必要です。しかしそのような認識を持ちながらも、興奮の中で、他人を思いやる気持ちを忘れることがないようにしましょう。"妨害物"のポジションでこのカードを引いたとき、あなたの増長する心が真実の道を見つめる目を曇らせているかもしれません。

　"未来"のカードとしてワンドの 6 は、成功や報奨が近づいてきつつあること、あるいは、優れた才能の持ち主があなたの周囲に現れ、あなたの世界をもっと良くする方向で力を貸してくれるということを示唆しています。

　もう一度、"驕る平家久しからず"ということわざを胸に刻んでおきましょう。あなたが自分の栄光に酔うことなく、しっかりと足元を見つめて進むなら、勝利は目前です。しかし勝利と敗北は紙一重ということを忘れないようにしましょう。自分だけが成功する権利があると思い込んだ瞬間に、敗北が忍び寄ってきます。

　また"未来の結果"としてこのカードは、あなたが、"自分の利益を守る"、あるいは"自分の力によって、勝利し、栄光を獲得し、賞賛を浴びる権利があることを証明する"ということの中にある本当の偉大な価値がすぐに理解できるようになるということを示しています。"もし君が勝利と敗北、この 2 つの虚像を同様に扱えるのなら…"（ラドヤード・キップリングの詩『if』の一節、ウィンブルドンのセンターコート入り口に掲げられている）、これがこのカードの意味することのまとめです。

ワンドの7

キーワード
果敢な抵抗、目的、
優位に立つ

キーフレーズ
- 意見を変えることを拒否する
- 自分の信念を守る
- 当たって砕けろ
- 自分自身を防御する
- "ノー"と言える自信
- 毅然としている
- 敵に向かっていく強さ
- 無意味な戦い
- 攻撃的な相互作用
- 意見の違うものとの争闘

解釈

ワンドの 7 を引いたとき、果敢な抵抗と自信が強く示唆されています。あなたはいま、自分の陣地に立ち、自分に必要なものや権利を強く主張しているかもしれません。これは受動的なカードではありません。批判に立ち向かい、反対者から自分自身を守らなければならないことを告げる能動的なカードです。

このカードが"いまのあなた"のポジションに出たとき、あなたは合意のために妥協する必要はありません。あなたは、"ノー"と言う権利を有しています。ワンドの 7 の図像は、見知らぬ敵の抵抗に遭っている勇士を表していますが、多くの場合、その見知らぬ敵はあなた自身の中に潜んでいます。それはわたしたちの心の中に棲む悪魔で、わたしたちが自分自身の信念や確信に基づいて行動するのを阻んでいます。その心の内なる悪魔とは、変化や重要な決断に怖気づいているときに生じる無意識の行動パターンです。それらは頭をもたげた、心の奥の恐怖心や懐疑心にすぎません。それがわたしたちを弱くし、攻撃されやすくしているのです。

ワンドの 7 は、それらの恐怖心と戦い、自分が真に欲しているものに正直になり、それに従って行動する勇者を表します。

ワンドの 7 が"妨害物"のポジションにあるとき、あなたが自分の良心と闘っていること、あるいは自分以外の人の信念や要求に抵抗するのが難しいと感じていることを示しています。

"未来"のポジションでは、あなたの計画に反対する人と闘うため、時間とエネルギーをすぐに投資しなければならなくなるということを示しています。しかしどんな防御もそうであるように、それが真に闘う価値のあるものかどうかを見極めなければなりません。あなたの選択や決断は、本当にそれほど重要なものですか？　それはあなたや相手の真価を賭けるに値する事柄ですか？　そしてあなたは自分の行動を正当化できる真の理由を有していますか？　このカードはあなたに、自分の信念を貫く勇気を持つようにと告げていますが、その信念の意味することをあなたが本当に知っていることが前提です。

ワンドの8

キーワード
先を急ぐ、行動、ニュース、選択

キーフレーズ
- 優先順位を決める
- 意志を固める
- 素早い行動を取る
- 重要なメッセージを受け取る
- 失われた環を発見する
- 速い成長
- 決定を再評価する
- すべてが未定
- 外的環境を調査する

解釈

　ワンドの8は、8本のワンド（棒）が宙に浮いている様子を描いています。このカードは確かに動きを表していますが、その動きは地についたものではなく、また的を射たものでもなさそうです。その動きは素早く、激しいものですが、具体的で、力強いものではなく、頭の中だけの観念的なもののようです。ワンドの8は、ある出来事に対する突然のひらめき、想念、反応によって惹起された、あなた自身の心のうちなる直観的な考え、行動を表しています。それはけっして静的なものではありません。

　このカードは、あなたのまわりの事物がすべて宙に浮き、保留状態となっていること、それゆえ優先順位をはっきりと定め、現在の意志を固めることが必要な時期が来ていることを示しています。

　このカードはまた、あなたがただ黙々と計画を前進させようと急いでいること、あるいは素早い行動を取ることが重要だということを示唆しています。このカードから教訓として受け取れることは、いまあなたが躊躇せず、具体的な行動を起こすなら、物事は思い通りに進むということです。

　ワンドの8が"妨害物"のポジションに出たとき、あなたが宙に浮いた状態になっており、次にどんな行動を起こせば良いのかがわからなくなっていること、そしていつも目標を動かしてばかりいると、結局は目標を達成することができなくなるということを示しています。地に足をつけ、考えを具体化する必要があります。

　"未来の結果"のポジションにあるとき、このカードは、伝達される仕方のせいで、見落としがちなニュースや新情報に準備しておくようにと告げています。ある重要な問題の真の解決に向けてあなたを導くかもしれない、あらゆる可能性に目を向け、心を開いておくことが必要です。一度にあまりに多くの考えが頭の中を飛び回り、あなたはそれに圧倒され、どれを選択して良いかわからなくなっているかもしれませんが、それらの考えを、決断をするための資源と考えましょう。

ワンドの9

キーワード
用意周到、準備万端、防御、剛毅、自覚

キーフレーズ
- 危険が迫っており
  注意すべきと感じている
- 万が一に備えて
  防御を固める
- 過去の痛みを思い出す
- 未来について悩む
- 自己形成を通じて
  強さを身につける
- すべてに備える
- 持続力と忍耐力
- 他人に対する疑念

解釈

　あなたがこれまで、どれほどつらい経験をしてきたにせよ、そして恋愛関係でどんなに悩み傷ついてきたにせよ、このカードはあなたに、前へ進む時期が来ていることを告げています。智慧を獲得し、自己研鑽を行うことによって、あなたは強い人間になっているにもかかわらず、また嫌な経験をするのではないかと注意深くなっています。わたしたちの誰もが、人生の旅の途中で、多くの傷を負い、嫌な時期を通過します。過去を悔やんだり、人生を呪ったり、復讐心を持って傷をなめたりせずに、ワンドの9に描かれた人物のように、次の人生に向かって準備を整えましょう。誰もが過ちを犯し、失敗し、そこから人生の教訓を学ぶのです。

　油断せず、自分の弱さを自覚して慎重になることは大切ですが、極度に自己防衛的となり、冷酷になるのは止めましょう。さもないと、あなた自身が破綻してしまいます。ワンドの9は、自分自身の強さと弱さを知るようにと語っています。あなた自身の陥穽と能力の両方を正しく自覚し、事実を直視し、どんな困難が待ち受けようと目的を達成するという強い信念を持つようにと告げています。

　"妨害物"のポジションにこのカードが現れたとき、あなたが自己防衛的な姿勢を取りすぎているため、誰もあなたに近づけないでいること、あるいは、あなたがあまりに感情的な重荷を背負いすぎているため、現在の恋愛関係が壊れかけていることが示唆されています。"未来"のカードとしてこのカードは、"ノー"という答えを出すのを止め、いまの行動を持続し、困難を切り抜けていく力を持っていることを証明するように、そして何よりも、アポロンの神託"汝自身を知れ"を胸に刻むようにと告げています。

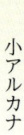

ワンドの10

キーワード
重荷、過重、悪戦苦闘

キーフレーズ
- 重すぎる責任を負う
- 気に入られようと しすぎる
- 何にでも手を出しすぎる
- 勉強ばかりしていると…
- 何でも自分を責める
- 常に代価が必要と考える
- 馬車馬みたいに 働くの止める
- 責任があると感じる
- 自分の作業負荷と闘う
- 閉ざされた思考

解釈

　レイアウトにこのカードが現れたとき、担ぎきれないほどの重荷を背負って坂道を上っていることが示されています。その重荷——多すぎる仕事、多すぎる義務、多すぎるいろいろ——を指を折って数え上げる前に、人生に対するあなたの考え方に問題がないかを考えてみましょう。あなたはあまりにも大きな責務を自分に課し、方向を見失い、当面の目標もわからなくなり、どこへ行こうとしているのかさえ見当がつかなくなっているのではありませんか？

　このカードはあなたに、重荷を軽くする時期が来ていることを告げています。日課を減らし、手持ちの仕事のいくらかを委譲し、あるいは中止し、自分の趣味や遊びにもっと時間を使うようにしてはどうですか？　わたしたちの多くが、恋愛関係にしがみつきすぎています。拒否されることを恐れ、恋愛関係を維持するために、自分に過大な責務を課し、相手を喜ばすために努力しすぎる傾向があります。このカードはあなたに、もっと自分自身を見つめ、他の視点から価値を見直すことの必要性を、そして、自分で自分に課した重荷を軽減させたとしても、それは自分を放棄したことにはならないということを教えています。

　あなたはいま、もっと自分自身の内面の旅に時間をかける必要があるのではないでしょうか？　心配はいりません。あなたがこれまでより多くの時間を自分自身に割いたからといって、パートナーや恋人、家族があなたのことを愛さなくなることなどありません。

　"未来"のポジションでは、このカードは、あなたが悪戦苦闘しなければならなくなることを示しています。そのため、重荷を軽くし、すべてを自分で背負うという高潔すぎる気持ちを捨て、他人に助けを求めましょう。生起した出来事の数々で、あなたは自分を責めているかもしれませんが、人生において責められるべき人などいないのです。ワンドの 10 はあなたに、罪の意識や過大な責任感、義務感を持つのを止め、人生を楽しむことにもっと時間を費やすようにと告げています。それもまた、仕事と同じぐらい価値のあることではないでしょうか？

　このカードの最も深いレベルの解釈は、わたしたちが自分に課した重荷こそが、あらゆる犠牲を払ってもやり遂げ、勝利するようにとわたしたちをせき立てているものの正体だということです。

ワンドのペイジ

キーワード
使者、新たな洞察、新鮮な考え、確信

キーフレーズ
- 新たな方向に勇気を持って進む
- 熱中していることを示す
- 創造性に富む
- 魅力的なファン
- チャンスをつかむ
- 子供のように元気がいい
- 快活なエネルギー

解釈

　ワンドのペイジを引いたあなたは、再出発し、あらゆる選択肢を見直し、眼前にあるものによって刺激を受ける時期にあるというメッセージを受け取っています。恋愛に関しても、新しい関係を持つチャンスが訪れています。たぶんその人は、年下のファン、または性的な魅力にあふれた人でしょう。あるいはその恋愛は、単なる愉快な遊び、ロマンチックなゲームかもしれません。

　恋愛関係に悩んでいるときにこのカードを引いたとき、恋愛関係を楽しく、心躍るものに保つための秘訣について、新たな考えがひらめくことが示されています。しかし、新しい人物の登場や、好奇心をくすぐられる申し出によって気をそらされ、当面の仕事が滞ることになるかもしれません。"妨害物"のポジションでは、このカードは、独創的な考えや個性的な人物に魅せられてしまい、以前信じていた人や事柄をすべて投げ捨てる衝動に駆られるかもしれないことを示しています。このカードが現れたときは、いま取り組んでいる仕事をすべて完璧に終わらせることを心がけましょう。さもなければ、後で修復しなければならなくなるような、だらしない結果が多く残ることになります。

　ワンドのペイジが"いまのあなた"のポジションに現れたとき、あなたは子供っぽい熱狂にとらわれ、長期的な仕事に取り組めなくなっているかもしれません。"未来の結果"としてこのカードは、あなたがいま新たな楽観主義の段階、熱情的な喜びの段階に入りつつあることを示しています。迷わずそこへ行って、十分に楽しみましょう。自信を持ち、刺激を受ければ受けるほど、あなたはより多くの成功を勝ち取ることができるでしょう。

　ワンドのペイジに描かれている人物は、常に最初に手を挙げる人で、何事も進んでやる意志を見せ、どんな深みへも飛び込んでいける人ですが、例の次に何が起こるかを気にせず、選択の結果も予測できない"愚者"とは違います。ワンドのペイジは、自信にあふれ、長期的に見て何が成功に導くかをよく理解しています。

　コート・カードはすべて、他の人に投影させることもあるあなた自身の性格的特徴を表しています。ピーターパンのような、快活な子供っぽい人が目の前に現れたとき、その人はあなたに、あなた自身も外に向けて表現すべき小悪魔的魅力を備えていることを思い起こさせるために登場したのです。

ワンドのナイト

キーワード
衝動、勇敢、性急、熱情

キーフレーズ
- 雄弁だが自慢したがる
- 根拠のない自信
- 可愛いが無神経
- 性的魅力はあるが好色すぎる
- 熱狂的だが空約束が多い
- 熟練しているが、真実を誇張する
- 愛されることは好きだが、所有されることは嫌い
- 出発は好きだが、到着することはそうでもない
- 冒険好きで勇気はあるが、落ち着きがなく、信頼できない

解 釈

　キーワードやキーフレーズからわかるように、ワンドのナイトは、エネルギーの極端さを表しています。これらの性質は、あなたの状況に応じて、肯定的にも否定的にもなります。たとえば、わたしたちの多くが、何事かを達成した人を賞賛しますが、自慢したがる人や、たわいのないうそをつく人は軽蔑します。しかし真実を多少誇張する必要のある時や、たわいのないうそが物事を進展させたり、当人を傷つけることなしにその人の役に立ったりすることがあります。すべてが、その人を取り巻く世界の質をどのようにとらえるのか、あるいはそれをどのように経験するのかという個人的な認識の問題です。

　とはいえ、ワンドのナイトはすべて、元気の良さ、冒険心、行動について語っています。"いまのあなた"のポジションにこのカードが出たとき、少し無鉄砲になり、人生に対して熱くなり、落ち着きがないと見られることを恐れず、何かに打ち込んでも良い時期にあるようです。あなたの大胆不敵さで周囲をあっと言わせ、何か新しいことに挑戦してみましょう。

　このカードはまた、あなたの人生に闖入してくる"銀色に輝く甲冑の騎士"を表すこともあります。その人は、あなたがどんな人であるかにはお構いなしに、自分を見せびらかし、自慢し、あるいは誘惑するためだけに現れます。このカードを"いまのあなた"や"未来の結果"で引いたとき、あなたが異性に対して強烈な肉体的魅力を発散していることが示されています。

　"妨害物"のポジションでは、このカードは、あなたが魅惑的な異性に身も心も奪われているが、その人はあなたのそばに留まる気がさらさらないこと、あるいは、あなたがある性的関係を結ぼうとしているが、その関係は始まると同時にすぐにしぼんでしまう性質のものだということを示しています。あるいはもっと酷く、相手を性的にまたは愛情によって強く支配したいというあなたの熱い思いが、逆に、あまり性質の良くない"恋人"に利用されているかもしれないということを示しています。

　恋愛関係とは別の問題でこのカードを引いたときは、あなたが物事を十分に考えていないこと、衝動的に、性急になりすぎて、物事の本質を見抜けていないことが示唆されています。"未来の結果"としてこのカードは、将来の大きな興奮する出来事——旅行、冒険、自由気ままな旅——に向けて準備をしておく必要があること、あるいは、自由奔放な人物があなたの人生に乱入する可能性を示しています。ワンドのナイトが象徴する奔放なエネルギーに身を任せ、それを楽しんでみてはどうですか？

ワンドのクイーン

キーワード
磁力がある、魅惑的、女性のリーダー、多産、楽観主義、自信と上昇気流

キーフレーズ
- 仕事に打ち込む
- 親切で気さく
- 全身全霊で取り組む
- カリスマ性があり創造的
- どこへ行こうとしているのかを理解している女性
- 性的成熟
- どんな困難にも挫けない
- まわりの空気を輝かせる
- けっして慌てない

解釈

　ワンドのクイーンは、自分が何を欲しているのか、そしてどこへ行こうとしているのかをよく知っています。彼女の足元に控える黒猫は、彼女が女性的なものすべてに関与し、他人からどう見られているかに惑わされることなく、自信を持って自由に自分を表現することができるということを表しています。

　このカードを引いたとき、燃えるようなカリスマ的人物、とりわけ獅子座の女性が示されています。"いまのあなた"のポジションにこのカードが現れたとき、あなたがいま上昇気流に乗り、表現すべき磁性的魅力を発揮し始めている段階にあることを示しています。望んでいたとおりに成熟し、魅惑的になったあなたを、自信を持って表現しましょう。新しい髪形に挑戦したり、上着を新調したり、あるいは経済的な、または仕事面でのチャンスを最大限活かしましょう。自分の進むべき方向を定め、自らの直観に従いましょう。

　このカードが"いまのあなた"のポジションに出たとき、あなたが新しい変化、人生の新たな段階を生みだそうと、熱心に、そして楽観主義的に取り組んでいることが示されています。あなたはいま、最大限の自信を持って物事を進めようとしていますか？　自分を魅力的だと感じていますか？　もしそうでないなら、すぐに何かを始めましょう。自分では気づいていないかもしれませんが、あなたはいま、活力と精気のオーラを放射しています。外に出て、思いっきりいまの自分の幸せを享受しましょう。

　"妨害物"のポジションでは、社交的な集まりや職場で、あなたが人気を得るのを邪魔する別の女性の存在が示唆されています。あるいは、あなたが自信を持ってあることに集中しすぎているため、自分が傷つきやすい側面を持っていることを忘れてしまっているかもしれないということが示されています。

　"未来"のカードとしては、あなたがまもなく、ここぞという時に強烈な印象を与えることができるということが示されています。ワンドのクイーンはまた、女性、男性を問わず、性的魅力にあふれた人物があなたの前に現れ、あなた自身もそのような性的魅力を備えていることをあなたに思い起こさせてくれる、ということも示しています。

ワンドのキング

キーワード
力強さ、剛胆さ、鼓舞する、活力、劇的

キーフレーズ
- 大成する
- 範を垂れる
- 頼もしいリーダー
- 勇気を鼓舞する指導者
- 演劇的、カリスマ的
- 模範になる人
- 深い洞察に基づき敢えてリスクを冒す
- 中心にいることが好き
- 控え目になったり恥ずかしがったりすることはない
- 大胆な確信

解釈

　ワンドのキングを引いたとき、エネルギーは充溢、震動し、何をするにせよ、躍動感とドラマ性で溢れています。この熱情的な王は、たいていの場合、絵図通り、カリスマ性と才能を持った権威ある男性を象徴します。

　"いまのあなた"のポジションにこのカードが出たとき、あなたが自分の過誤から多くのことを学び、限界も知り、新たな能力を獲得したことを示しています。あなたはいま、自分自身に対する洞察をもとに、驕慢や尊大な気持ちを持たず、まっすぐ未来へ向かって進むことができます。あなたは自分自身をより広い視野から眺めることができるようになっています。しかしそれは純粋に客観的なものというわけではありません。なぜなら、あなたはいま、まわりの世界に対して、そしてそこに住む人々すべてに対して、等身大以上に見せる風格を備えているからです。いまあなたは、自分自身に対する洞察と深い知識、そして自信に裏打ちされて、多少のリスクを冒しても良い時期に入っています。

　ワンドのキングの、人を鼓舞するエネルギーは、"さあ外に出て、実力を発揮しよう！"、"大胆不敵になり、雄姿を見せよう、いまがそのチャンスだ"、と言っています。"妨害物"のポジションでは、ワンドのキングは、誰か権威を持っている人があなたの前進を阻み、当面の目標を達成するには、権利の問題に決着をつけなければならないことを表します。"未来"のポジションでは、ワンドのキングは、あなたがすぐに自分の計画や目標を定めることができること、そしてあなたの人間的魅力が結果を達成することを可能にすること、さらには、あなたの革新的考えが支持され、あなたをある地位に押し上げることを示しています。

小アルカナ

カップのスート

　カップ（聖杯と呼ばれることもある）は、感情や心の状態、愛の力またはその不在について表します。カップはわたしたちに、お互いがどのようにつながっているか、あるいはわたしたちが、その小さな世界を超えてどのように外部世界とつながっているかを語ります。わたしたちはみな、この世界を、わたしたち自身の人格や精神状態、経験によって色付けされたレンズを通して眺めます。カップはわたしたちに、わたしたちが日常的にどのような仕方で外部世界と、そして自分自身の内面世界と関係を持っているかを思い起こさせます。このスートの良い所は、あなたに、愛、恋愛、性的関係、創造的表現力、これらの領域に生じる問題や選択についての明確な指針を与えてくれることにあります。

キーワード

人間的な感情、愛、友情、性の歓び、関係、直観

カップのスートの練習

カップのスートのカードを1枚1枚見ていく前に、大まかにこのスートの特徴をつかむために、次の練習をやってみましょう。

1. ワンドのスートの時と同じ要領で、コート・カードを表にし、下位のカードから、ペイジ、ナイト、クイーン、キングの順で正位置に並べていきます。

2. あなたの知っている人で、水のように感受性の強い人を思い浮かべ、どのカードと特徴が一致するかを考えてみます。

3. 次にあなた自身について考えてみましょう。あなたは自分を感情に流されやすいと思いますか？ あなたはそのような感情とうまく付き合っていけてますか？ その感情は、あなたを怒らせますか、うれしくさせますか、自分には無縁だと思っていますか、それともほっとした気持ちにさせますか？ あるいは感情について話すと白けた気持ちになるだけですか？ 感情的なエネルギーに対するあなた自身の反応を思い起こしてください。あなたはそれを楽しみますか、それとも打ち消しますか、あるいはそのようなエネルギーは、自分にとって必要がないと考えていますか？

4. カップのナンバー・カードのそれぞれの図像を眺めてください。ここで、その印象深いイメージをさらに深く理解しようと、各数字のキーワードを思い出す必要はありません。カップのナンバー・カードの多くは、何らかの特殊な方法で世界と"つながっている"人物を描いています。彼らは自分を取り巻く世界で起こっている出来事に対して、感情やリアクションを通して結ばれています。カップのナンバー・カードは、常に、恋愛関係を表すカードとして解釈してください。

小アルカナ

165

カップのエース

キーワード
愛、深い感情、新しい恋愛、親密な関係

キーフレーズ
- 新しい愛や目覚めの始まり
- 自分の感情を表現する
- 自分の感情と触れ合う
- 誰かまたは何かに夢中になる
- 新しい絆を結ぶ
- 感情の発達
- 深くつながりたいという願望

解釈

　カップのエースを引いたとき、愛や恋の始まりが予感されます。あなたは自分の感情が高揚していること、あるいはもっと具体的に、誰かまたは何かに夢中になり、頭からのめり込んでいく自分に気づくかもしれません。わたしたちは恋人に夢中になるのと同様に、ある考えに夢中になることがあります。あなたがすでにある考えやある人に惹きつけられているなら、その結び付きはより一層緊密になり、外に向かって表現したいという欲望がさらに大きくなっていくでしょう。

　このカードを引いたとき、いまのあなたの人生において、愛が不在か、それともあなたのために作用しているかを振り返ってみましょう。あなたはいま本当にあなた自身の感情と触れ合っていますか？ 他人に対して心を開き、共感し、友達や恋人、家族ともっと深く結び付くことが必要な時期が来ているのではないでしょうか？ あるいは逆に、あまりにも気安くすべてを分け与えていませんか？

　このカードが"妨害物"のポジションに現れたとき、あなたは現実から逃避して、感情を飛躍させているかもしれません。"いまのあなた"に現れたカップのエースは、恋愛関係において、精神的な関係をもっと重視することの必要性を示しています。このカードの図像を見たとき、誰もが強い神秘的な親和性を感じ、利己的欲望に固執するのではなく、創造主である神のエネルギーを自分の人生に注入する必要を感じます。このカードを眺め、何があなたの心にもたらされているのかをじっと感じてみましょう。あなたの眼前には、受け取りなさいと言わんばかりに、神からの贈り物、人との出会い、多くの機会が並べられていますが、それをつかみ取るためには、あなたが可能性に対して心を開いていることが必要であることを、このカードは教えています。

　"未来"のポジションでは、このカードは、真実を見るために瞳を開き、何があなたのものになるかを認識することが必要だと告げています。より親密な関係を築くために、自分自身の意識を探索するために、あるいはまた自分の精神的方向性を定めるために、カップのエースがあなたにもたらしてくれるものを拒否しないようにしましょう。両手を広げてあなたを待っているもう1つの贈り物は、誰かとの豊かな性的親和性かもしれませんし、選択に際してあなたを導くあなた自身の直観や深い所にある感情を信用するようにという教えかもしれません。

カップの2

キーワード
恋愛関係、つながり、
パートナーシップ、魅力

キーフレーズ
- 自分以外の人へ向かっていく
- 錬金術的化合
- 性的魅力
- 恋愛
- 絆を結ぶ
- 相互理解
- 調和と協力
- 許しと和解

解 釈

　カップの2は、大アルカナの"恋人"ととてもよく似ていますが、このカードはそのような元型的シンボリズムを持ってはいません。カップの2を引いたとき、恋愛関係がにわかにクローズアップされます。図像は見たとおり、2人の恋人が顔を見合わせ、カップを差し出しながら、お互いの感情を共有し、絆を深めようとしています。

　愛を求めている最中、あるいはすでに惹きつけられる人に出会っているとき、このカードは最も引きたいカードの1つでしょう。たぶん、この2人のように、磁石が引きつけ合うように結ばれたらいいなと思うからでしょう。すでに恋愛関係にある人の場合、このカードは、2人がいま共鳴状態にあること、あるいは"未来"のカードでは、すぐにそうなることを示唆しています。しかしこのような共鳴状態を達成するには、お互いを尊敬し合い、それぞれの異なったところを受容し合うことが大切です。過剰な期待を相手に押し付けないことが肝要です。

　カップの2はまた、結婚、心の結び付き、鉛を金に変える錬金術的化合のエネルギーを表すこともあります。しかしそれはあなたが、自分の力を相手に押し付けようとしないことが条件です。

　このカードが"未来"のポジションに現れたとき、誰かと力を合わせ、お互いを育み、癒し合う時期が到来していることが示されています。"妨害物"のポジションでは、このカードは、あなたが"2人の関係"に包まれすぎて、独り立ちできない状態にあること、あるいは自分自身の必要性や価値観に基づいて創造的になることができないでいることを示しています。またあなたの排他的なやり方が、お互いが独立した個人として成長するのを妨げているということも示しています。2人の結合力は非常に強力ですが、それが、2人が他の愛情の形態に触れることを阻んでいる可能性があります。というのも、2人のまわりには、"わたしたちには近づかないで"というオーラが漂っているからです。

　とはいえこのカードは、全般に肯定的なカードです。そして"未来"のカードとして現れたとき、あなたが誰かと強く惹かれ合うこと、あるいは異性と身も心も深く結ばれることが予想されます。くれぐれも、恋に恋することがないように、また永遠の恋という考えにとりつかれることがないように。

小アルカナ

169

カップの3

キーワード
友情、祝祭、チームワーク、豊穣

キーフレーズ
- 豊穣と癒し
- 社交的なつながりを楽しむ
- 友達を作る
- グループの一員になる
- 幸福感を共有する
- 連帯意識
- 他人を信頼する
- 祝いの儀式

解釈

2の後には3が来ます。わたしたちはいまや、わたしたちの感情を2人だけでなく、より多くの人と分かち合うべき時期にあります。このカードは、感情の幅を広げ、喜びや幸せを1人の人とではなく、多くの人と共有する可能性を表しています。そしてわたしたちの幸せや生きがいを倍加してくれる小さなグループへの参加を呼び掛けています。

このカードはすべて、ダンスに加わること、つまり連帯意識について語っています。新しい友達を作る必要であれ、チームの不可欠な一員になることであれ、あなたが人間的な同情、共感、連帯の輪の中に入ることを、このカードは歓迎しています。

わたしたちは誰もが、友達を必要としています。"いまのあなた"のポジションでこのカードを引いたとき、ネットワークや社交的な集いを通じて、あなたが安心感と幸福感を高めることができるということが示されています。

恋愛関係では、カップの3は、あなたの人間的成長を祝い、あなたの人間的豊かさと協調のセンスを人のために役立てるために、新しい活動を開始し、その方法を見つける良い時期が到来していることを示しています。もっとくつろいで、友達づきあいを楽しみ、夜を踊り明かしてみてはどうでしょうか？ 祝祭は必ずしも事が成就された後だけに限られるものではありません。祝祭を通じて、グループのみんなの精気に触れ、その輪に加わることによって、新たな想像力、新鮮な考えを汲みだすことができるかもしれません。

このカードはまた、グループや社交的な集いからの、あらゆる種類の支援を表します。人々の集団とあなた自身との関係をもう一度見直してみてください。あなたは1人でいるときに安らぎを感じますか？ 3人か4人だと不安になりますか？ また、群衆の中だと、危害を加えられそうな感じがしますか？ 群衆の外にいることが好きですか、それともイベントを企画するのが好きですか、傍からそれを眺めるのが好きですか、あるいはパーティーの人込みの中に紛れるのが好きですか？ このカードはあなたに、どのように集団と関係を持っているのか、そして集合的なレベルで、どのように人々とつながっていると感じているのかを自問するように求めています。

"妨害物"のポジションにこのカードが出たとき、あなたは、パーティーや優雅な社交界に時間を費やしすぎて、自分の優先順位に従って生活するための十分な個人的時間が持てなくなっているかもしれません。

カップの4

キーワード
疑念、ためらい、内省

キーフレーズ
- 自分自身との関係性の欠如
- 物事を自分本位に考える
- 引きこもりがちで自信がない
- 自分自身にしか興味がない
- 癒しのための黙考
- 自問自答
- 自分のことをあまり語りたがらない
- 目の前に出されているものに見向きもしない
- 傷つきやすく自己防衛的
- 自主性の欠如
- 虚無的で受動的

解釈

　カップの3の同士愛、温もり、友情の感覚は、いまや過ぎ去り、憂鬱な倦怠の時期が訪れたようです。図像にあるように、第4のカップが目の前に差し出されていますが、木陰にいる青年は見向きもしません。これは、わたしたちが自分の内に引きこもり、壁を築いてカーテンを閉め、現実世界から遠ざかり、感情や思考さえも停止させた時の状態を象徴しています。

　この時期、わたしたちは極端に内向的になっていますが、そんな時、なぜそうなったのかという原因をじっくり考えることができれば、この状況は逆にとても創造的なものになります。しかし問題は、わたしたちの多くがその時期を、悟りや、心理的内観、自己治癒の機会ととらえることができず、焦点が定まらず、ただ失ったもののことばかり考え、自分の悲しみだけを見つめ、自分自身としっかりした関係性を持つことができなくなっているということにあります。

　このカードを引いたとき、すべてを自己中心的に考えることを止め、自分だけが傷ついている、自分だけが責められるべき人間だ、愛されていないのは自分だけだ、といった考えを捨てましょう。いまあなたの人生は平凡で、面白味のないものに見えるかもしれません。またあなたはいま、足元をさらわれているような感覚に襲われ、何もすることができない、何も感じられない、自分以外の誰のことも考えることができない、と感じているかもしれません。その虚脱感は、あなたの心がいま行き詰っているということを意味します。それゆえ、いまこそ心を開き、目の前に差し出されているものを見る良い機会ととらえることが必要です。その努力をすればあなたはすぐに、自分の目標を見出し、それに集中し、良い感情が戻ってくるでしょう。

　しかし誰もあなたの代わりになってあげることはできません。内省する時間を取りましょう。しかも前向きにです。まず自分が欲しているものについて知ることが大事です。そのため、1つ1つ検証し、再評価していく必要があります。視野を広げることを恐れないで。"妨害物"のポジションにカップの4が出たとき、あなたがとても自己防衛的に、自己中心的になっているため、まわりの人からの誘いや提案を聞き入れることができなくなっていることが示唆されています。"未来"のポジションにこのカードが出たときは、かなり真剣な内省が必要だということ、しかし素直な気持ちと前向きな焦点を持っていれば、すぐに精神のバランスを回復することができるということが示されています。

カップの5

キーワード
喪失感、落胆、情緒的混乱、後悔

キーフレーズ
- 愛を奪われた感覚
- 何かを取り上げられた
- 悲しみと慟哭
- 取り逃がした機会を悔む
- 優先順位を変える
- ありのままを受け入れる
- 変化に対する心情的抵抗
- 過去を変えることができたらなあという空しい願い
- 情緒不安定

解 釈

　喪失感は、そう簡単に回復できるものではありません。このカードは悲観的なものを連想させますが、喪失には肯定的な側面もあります。リーディングでこのカードが出たときに抱く、"悪い札を引いたな"という感覚は、ここでもやはり、わたしたち自身の恐怖心や疑念の投影にすぎません。

　"死"のカードと同様に、このカードは、"過去のしがらみを捨て、1つのことを失うことを恐れるな、それはすぐに他のものによって代替される"ということを告げています。このカードはあなたに、変化を受け止め、流れに乗るようにと諭しています。とはいえ失ったものは、鍵のようなつまらないものかもしれませんし、もっと重要な、夢、機会、恋愛関係かもしれません。

　喪失感に付随して、悲嘆、拒絶、抑圧といった感情が起こっているかもしれません。"いまのあなた"のポジションでこのカードを引いたとき、あなたは、いま後悔していること、失ったもの、あるいは失いつつあるものをすぐに思い浮かべることができるでしょう。あなたはいま、時計の針を戻せたらなあと空しい願いを抱き、もしかしたら手に入れられたかもしれないものに未練を感じ、間違った選択をしたことを悔んでいるかもしれません。図像の人物は、喪失を象徴する、倒れた3つのカップばかりを眺めていますが、倒れていない2つのカップには気づいていないようです。その2つのカップは、実は、新しい洞察と新しい機会を意味しているのですが。

　"妨害物"のカードとしてカップの5が現れたとき、それは、あなたが喪失感にさいなまれすぎて、獲得できるものを見ることができないでいることを意味しています。わたしたちは二面性のある世界に生きているということを思い出しましょう。すべてが否定的に見える時にも、肯定の核は存在しています。わたしたちの知覚の中の"良い"面と"悪い"面のすべてを通してみるようにしましょう。陰陽の関係のように、喪失は獲得であり、両者は表裏一体の関係にあるのです。

　"未来"のカードとしてこのカードが現れたとき、あなたは自らの失敗を認め、しばらく悲しみに浸るのを自分に許してやりましょう。その代りすぐに立ち直り、あなた自身の人生の流れに戻っていきましょう。

カップの6

キーワード
無邪気、ノスタルジア、遊び心、子供らしさ

キーフレーズ
- 心の内なる子供を認める
- すべてに対して善意を持つ
- ノスタルジックな感情を抱く
- 感傷的な思い出
- 楽しい関係
- ナイーブで無邪気
- 共有と和解

解釈

　花でいっぱいのカップを、手渡し、受け取っている2人の子供は、心から楽しそうです。このカードは、あなたの心の内なる子供が活動し始め、表に出たがっていることを表します。子供の頃の楽しい思い出に浸り、大人になればどうしてもつきまとう恐れや自信喪失、虚栄心なしに遊んでいた幼い頃のことを思い出す良い時期かもしれません。

　この一見無邪気に見える状況は、もちろん、人によって多くの異なった意味で色付けされます。しかしこのカードを引いたとき、誰もが、ノスタルジックな思いに駆られ、楽しかった思い出がよみがえり、成人になるにつれて道に落としてきた遊び心を思い出すはずです。

　しかしこのカードを"妨害物"のポジションで引いたとき、あなたが過去の世界に浸りすぎ、子供っぽく、『自分の選択に責任を取る必要はない、すべてがうまくいく』と考えているのではないかということが示唆されています。"未来"のポジションにこのカードが出たとき、あなたは他人と善意を分かち合い、お互い好意を持って付き合うことができるということが示されています。

　このカードの主題は、すべて甘美で明るいものです。そして、いかにわたしたちが訳知り顔に、この世界は怒りや憎悪、暴力で満ちていると自分に言い聞かせたとしても、やはりこの世界には、お互いを許容する大らかで優しい心も満ちているということを思い起こさせます。カップの6は、まわりの人に善意を贈れば、それはあなた自身にも返ってくるということを伝えています。

　このカードがあなたにもたらす楽しい雰囲気を十分に楽しみましょう。そして恋愛関係は痛みを伴うこともあるけれども、多くの喜びをもたらすということを思い出しましょう。過去から引き継いだやり残している仕事があったとしても、いまだけはそれを忘れ、人生の充実感と真実の愛の交歓を心から楽しみましょう。

カップの7

キーワード
貪欲な考え、
自分を甘やかす、
多すぎる選択肢

キーフレーズ
- 整理できない感覚
- 自分が何ができるかについての空想的な考え
- 高い望み
- 人生に対する怠惰な態度
- 避けて通れないことを後回しにする
- 何でも手に入れられると考える
- 分け前を手に入れる
- 愛についての幻想
- 眼前にある多くの選択肢

解 釈

このカードは3つの大きく異なった意味を伝えています。第1は、あなたの前にはあまりにも多すぎる選択肢があり、どれを選んだら良いか頭の中が整理できていないということ、第2は、あなたが、自分が達成できることについてある種の幻想を抱きながら生活しているということ、そして第3が、あなたが節度を守らず極端に走っていること、言い換えれば、怠惰で、ふしだらな生活にふけっているということです。

"いまのあなた"でこのカードを引いたとき、上の3つの意味について真摯に内省してみましょう。あなたはある考えや選択に囚われてしまい、その結果がどうなるかまで考えが及ばなくなっているかもしれません。あるいはあなたは、自分の能力について文字通り夢を見すぎているかもしれません。また愛についても大きな幻想を抱いているかもしれません。あるいは、あなたがあまりにも多くのことを望みすぎて、自分自身に愛想を尽かしているのかもしれません。しかし逆に、あなたが1日中働きづめで、自己を厳しく律し、すべてを効率優先で考える人になっているのなら、いまは少しあなた自身を解放する時期が来ているかもしれません。自分自身の楽しみにふけり、自分に対する規制を緩め、くつろいだ生活を送ることを許しても良い時期かもしれません。

"妨害物"のポジションにこのカードが現れたとき、あなたの幻想や空想が、あなたが先に進むことを妨げているということ、あるいは、あなたの目の前に無数の選択肢があり、どれを選んで良いのかが自分ではわからなくなっていることが示唆されます。

"未来"のカードとして現れたときは、罠にはまらないように気をつける必要があるかもしれません。しかし肯定的なポジションでは、このカードは、数多くの選択肢を前にして、あなたが決断し、困難にめげず、自分の計画を進めることができることを示しています。このカードは、自分のしたことは自分で責任を取るということを教えています。恋愛関係の問題でこのカードが出たときは、誰かがあなたの眼前にさし出したさまざまな物を過大評価しないようにと告げています。

カップの8

キーワード
方向変換、変転

キーフレーズ
- 新しい価値観を持つ
- 異なった生き方を模索する
- 困難な状況に背を向ける
- 過去から遠ざかる
- 自己発見の旅
- 霊的、精神的真実の探索
- 再出発する時期にあることを悟る
- より良い事物へ移る

解 釈

　カップの 8 は、変化の時期が来たことを示しています。それは人生のある時期、あるサイクルの終わりを告げ、いま居る場所から立ち去り、新しい方向へ向かい、人生の優先順位を再評価しなければならないということを意味しています。

　"いまのあなた"のポジションにこのカードが現れたとき、あなたの人生に不均衡が生じていることが示されています。このカードの図像のカップを見てください。8 という数字は普通 4 と 4 の 2 つに分かれますが、ここでは 8 個のカップは、5 個と 3 個に分けて積まれています。これは、わたしたちがいかに、自分が調和のある状況、仕事、恋愛関係、場所に居ると思っていたとしても、そこには何らかの不均衡が存在しているということ、そしてわたしたちが目を前に向け、遠くを見つめ、他の選択肢を模索するならば、本来の"8"が持っているバランスを修復できるということ、つまり妨害を克服することができるということを示しています。

　人生には、常に変化するということ以外の永遠なる真実はありません。このカードは、万物は流転するということを思い起こさせます。人々は去っていき、わたしたちも人々から去っていきます。あなたが座っていた権力の座は誰か別の人に奪われ、あなたも別の人の権力の座を奪います。万物は常に変転する可能性を秘め、このカードはいまあなたがある変転の時期に来ていることを告げています。標識は定かではないかもしれませんが、現在生じている出来事や恐怖心の背後にある深い意味を探索するならば、あなたはあなた自身の個人的真実に基づく、よりバランスの取れた展望を見出すことができるでしょう。

　変化は有益であるということを認め、新しい道に一歩あゆみを進め、違う角を曲がりましょう。わたしたちの多くが、変化を嫌います。なぜならわたしたちはみな、慣れ親しんだ信頼しているものに囲まれているときに心が安らぎ、反対に、変化は大きな不安を呼び起こすからです。このカードはあなたに、いまの状況は不健康で非創造的だから、その恋愛関係から離れ、マンネリから脱し、新たな方向へ歩みを進めてはどうかと問題提起しています。

　"妨害物"のポジションにあるとき、このカードは、いまのあなたの困難な状況を創り出しているのは、変化を恐れるあなた自身の心であると告げています。"未来"のポジションでは、あなたがまもなく、新しい精神的、宗教的価値を見出すため、あるいは過去に囚われることを止めるため、人生の方向性を新たに定めなければならなくなるということを示唆しています。

カップの9

キーワード
念願成就、満足感、官能、愉悦

キーフレーズ
- 願いがかなう
- 性的満足感
- 人生の単純な喜びを享受する
- 成し遂げたことを誇りに思う
- 自己満足
- 心が満ち足りている
- 自分を甘やかす
- 自分の恵まれている点を数え上げる

解 釈

古くからこのカードは、"ウィッシュ・カード"と呼ばれてきました。あなたの念願はいますぐにでもかなうでしょう！ しかしその願いに付随する責任を自覚し、それが本当にあなたが望んでいたものなのかどうかをもう一度自問してみましょう。わたしたちは、ある物やある人を欲していると信じ込み、後になってあれは間違いだったと後悔することがたびたびあります。

しかし概してこのカードは、とても良い気分にさせてくれるカードです。それはあなたに、『自分の達成したことに誇りを持っても良い、いま実際に行っていることに満足しなさい、自分の"優れた手腕"にこっそりうぬぼれを感じてもかまわない』、と言っています。図像の男は、満足感に浸っています。彼はあたかも、『おい、俺のカップを見てみろよ。これだけ多くのカップを並べることなんてお前たちには到底できないだろう』と言っているみたいです。しかしこんな時こそ気をつけましょう。自分の達成したことにあまりに酔っていると、他人を遠ざけ、あなたに対する妬みを生みだします。妬みはやがて敵意や、歪んだ愛情、虚偽の恋愛関係、感情操作に変わり、あなたを窮地に追いやります。

"妨害物"のポジションにこのカードが現れたとき、いまあなたは自分の達成したことや、自分自身に満足感を抱いていますが、そのために他人の良さが見えなくなっていることが示唆されています。あるいは、あなたの念願の実現を妨げているのは、あなた自身の驕慢な心であると告げています。

"未来"のポジションでは、このカードは、あなたがまもなく、官能的喜び、性的満足感を得ることができ、クリームを手に入れた猫のようになることを示しています。あなたの夢を実現させる絶好のチャンスが到来しています。とはいえ、こんなことわざもあります。"とらぬ狸の皮算用"。

カップの10

キーワード
家族の幸せ、幸福、平和、調和、幸せが続くという約束、安息の地

キーフレーズ
- 世界と一体になった感覚
- 光明を見る
- 満ち足りた気分
- サイクルの完了
- 性的な契り
- 愛の理想郷
- 現状維持に戻す

解 釈

　カップの10は、あなたが探し求めていた幸せが手の届くところにあるということを示しています。それは思い描いていた家族、世界と一体になった感覚、恋愛関係における充実感などでしょう。いまあなたは自分の恵まれている点を数え上げ、幸せの感覚に浸っているかもしれません。しかしこんな時こそ、自己満足に陥らないように。

　カップの虹を夫婦が畏敬の念を込めて眺めているという、このどちらかと言えば感傷的な図像は、わたしたちの最も高い理想に語りかけてきます。わたしたちは幸せを求めてタロットカードを引き、いま起こっていること、そしてやがて起ることの意味を探ろうとしています。

　このカードを"いまのあなた"のポジションで引いたとき、エネルギーの流れが前向きになっています。それゆえ、それを最大限利用しましょう。平和と誓約の実現に向かって一生懸命努力し、いま傍にいる人を愛し、どんな困難にも立ち向かっていきましょう。あなたの心の内に、そしてあなたのまわりに調和の感覚があふれ、あなたの世界に降り注いでいます。幸福のドアの鍵はいまあなたの真ん前にあります。そしてあなたの最も身近にいる人、あなたが愛しいと思っている人々、恋人、家族、友人、みんながあなたを支えようとやってきています。

　"妨害物"のポジションにこのカードが現れたとき、あなたはただ自分の家族を通じてだけ愛や調和を見つけなければならないという強い思いに押されて、自分自身の個人的な価値観を放棄していることが示されています。あるいは、あなたが現実世界に背を向け、"その後2人は幸せに暮らしましたとさ"といった世界に浸りすぎて、前に進めなくなっていることを示しています。"未来"のポジションでは、このカードは、あなたがすぐに光明を見出し、感情的充足を得、人生の均衡を達成することを示しています。

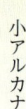

小アルカナ

カップのペイジ

キーワード
感受性、親密さ、
ロマンチックな感情

キーフレーズ
- 感情を表に出す
- 愛や恋愛を
  提供されている
- 自分の直観を信じる
- 年下の想像力豊かな
  恋人
- 創造的な考え
- 明るい軽薄なファン
- 夢想する
- 恋愛の始まり
- 自分の中の
  許す心に気づく

解釈

　他のスートのペイジと同じく、カップのペイジも、若々しいエネルギーを、それも最高にロマンチックで理想的な愛のエネルギーを表します。このカードは、あなたの人生に新しい恋人が登場することを暗示しています。その恋人は、若く、創造力豊かで、おそらく少し傷つきやすく、とても感受性が豊かでしょう。しかし、感受性が豊かなことは、破壊的なことにつながる恐れがあります。人は概して、自分の欲求や願望には敏感ですが、愛する対象の欲求や願望には無頓着です。気をつけましょう。

　たとえこのペイジが、わたしたちが日頃夢見る、明るく軽い出会いを表しているように見えたとしても、そのような洗練された宮廷風の恋愛には、代償がつきものです。恋愛の最初の頃の理想的な姿が薄れてゆき、あなたが誰かに投影した完璧な恋人という偶像の向こう側が見えるようになると、幻滅があなたの心を傷つけることがあります。

　とはいえこのカードは、最も肯定的な意味で、心が高揚し、感じやすくなっていることを示しています。この種の恋愛関係の相互作用は、高い所から低い所へと揺れていきます。最初は妄想から始まり、やがて憂鬱、感情的混乱、そして性的親密さへ。あなたがすでにそのような関係に入り込んでいるなら、このカードはあなたに、自分自身と相手の欲求にもっと敏感になるように、そしてもっと創造的な関係を築くようにと告げています。

　"妨害物"のポジションにこのカードが出たとき、現在の関係の中で、あなたが提供しなければならないものは何か、そしてあなたの恋人があなたに提供しなければならないものは何かを考えましょう。たぶんあなた方2人のうちのどちらかが自分自身の感情に敏感になりすぎて、お互い相手に対して鈍感になっているのではないでしょうか?

　"未来"のカードとしてこのカードが出たとき、恋愛、新しい征服、あるいは軽い性的付き合いが予想されます。そのような機会をとらえ、恋愛ごっこを楽しむゴーサインが出されています。ただしくれぐれも、仕掛けられた罠にはまらないようにご注意を。

カップのナイト

キーワード
理想化、感受性、
恋に恋する、愛への招待、
ロマンチックな感情の氾濫、
神経質

キーフレーズ
- 甲冑に身を包んだ騎士
- 感情的救済
- 誰かを救済しに駆けつける
- 感情を誇大表現する
- 憂鬱、しかしすぐに恍惚
- 美を愛するが不完全さは嫌い
- 想像力豊かだが非現実的
- ほとばしる感情、疑わしい意図

解 釈

あなたが、甲冑に身を包んだ騎士、あるいは、救助を求めている被害者のどちらであるにせよ、あなたの意図、善意、待ち望む気持ちが幻想でないかどうかを確かめる必要がありそうです。このカードは、わたしたちが自分の感情に正直でないときによく登場します。そこで、このカードが出たら、いまの恋愛関係におけるあなたの役割について、じっくり考えてみましょう。あなたは本当に救済されたいと思っていますか？ あるいは、あなたが救済したいと思っている人は、本当に救済を求めているのですか？

ナイトのカードが出たとき、常に真剣な自問自答が必要です。なぜなら、ナイトはそのスートのエネルギーを、極限の形で表現するからです。肯定的な側面では、"いまのあなた"や"未来"のポジションにこのカードが現れたとき、偉大な恋人である誰かが、感情を高ぶらせ、魅力を最大限発揮して、相手を喜ばそうとしていることが示されています。

否定的なポジションでは、カップのナイトは、ペイジよりもまだ激しく、誰かがその場の雰囲気や他人の意見に鋭敏になっていることを表します。その人は、物事を何でも"自分中心"にとらえ、他人の感情には鈍感で、人生に対して過激で、短絡的で、落ち着きがなく、メロドラマ的になっています。

このカードが"妨害物"のポジションに現れたとき、あなた自身のことを表しているかもしれません。いまエネルギーがあなたを助ける方向に作用しているのか、あるいは邪魔する方向に作用しているのかを知る方法を学びましょう。次のような質問を自分に投げかけてみてください。あなたは生身の人間にではなく、恋に恋していませんか？ あなたの感情は正常ですか、それとも釣り合いを失ってロマンチックな方に傾いていませんか？ あなたは口喧嘩や騒動に耐えられますか？ それとも、誰かが声を荒げたり、怒りを表に出したりすると、トイレに隠れたくなりますか？

また、騎士のエネルギーがあなたの人生から失われつつあるかどうかを考えてみてください。あなたはいま精神的救済を必要としていませんか、あなたの人生は静止して退屈ではないですか？ あなたのパートナーは毎晩ソファーに沈み込んではいませんか？ 心を開放し、もっと敏感になり、ロマンチックなゲームを楽しみ、空想的で変幻自在な情事に耽っても良い時期ではありませんか？ 純粋な恋愛ですって？ あなたは自分の意図を理想化してはいませんか？

小アルカナ

カップのクイーン

キーワード
思いやり、優しい心、
情感的覚醒、慈愛

キーフレーズ
- 無条件の愛
- 思いやりと理解
- 心の調和
- 人がどんなふうに
  感じるのかを理解できる
- 感情の地下水脈に気づく
- 忍耐と平静
- 敗残者に喜んで
  手を差し伸べる

解 釈

　カップのクイーンは、いまのあなたの人生において、また近い将来において、人の感情を理解することが最優先されなければならないことを告げています。とはいえ、あなたはすでに、他人がどう感じているかを知ることができ、他人の困難な状況に感情移入し、あなたの援助と愛情を寛大に、そして無条件に与えるために必要な心の資質を有しています。

　"いまのあなた"にこのクイーンが現れたとき、あなたは慈愛に満ちており、同じような心を持った人々や、あなたを尊敬し、あなたの優しさに触れたいと願っている人々をまわりに引きつけるでしょう。カップのクイーンはまた、男性女性を問わず、あなたの身のまわりに存在し、あなたが自分の感情に肯定的になれるように手助けしてくれる人を表しています。その人は、あなたが心を開いてくれるのを待っています。

　"妨害物"のポジションに現れたカップのクイーンは、あなたが誰かに対して非常に感情的になっており、そのため真実が見えなくなっているのではないかと、問いかけています。あるいはその反対に、誰かを助けよう、または愛そうとあなたが必死になりすぎて、自分自身の感情的欲求を抑えつけているのではないかと問いかけています。

　"未来"のカードとして現れたとき、カップのクイーンは、あなたがまもなく、いま抱いている怒りや苛立ちの気持ちを捨て、自分自身や他人に対して思いやりの心が持てるようになることを示しています。あるいは、このクイーンの優しい心を全身で表現しているような誰かが、あなたの人生の旅の次の段階で重要な標識になる可能性が示唆されています。その人を見逃すことがないように。その人はあなたを、より大きな自己認識と、他人に対する寛大さへと導いてくれるでしょう。

カップのキング

キーワード
安定性、叡智、駆け引き、寛大さ、支援

キーフレーズ
- 情緒的安定
- 人間の本質に気づく
- 賢人
- 自己の限界を受け入れる
- 常に危機に備える
- 直観ではなく、制御された心で行動する
- 状況を正確に評価する
- 均衡の取れた状況を創り出す

解釈

　キングのカップは、いまのあなたの人生において、智慧や精神的な成熟、あるいは導きが重要なエネルギーであることを表しています。それは「全面的に不利な状況で毅然としていられる人」(ラドヤード・キップリングの詩『if』の一節) というフレーズで表される精神的な安定で、現在起きていることに対して冷静に対処し、あなたの心のどんな混乱も見逃さないといった性質のエネルギーです。

　"いまのあなた"のポジションにこのカードがあるとき、それは、あなたが物事を適切に処理する能力を備えていること、つまり、事実を正確に見極め、寛容さと自己規律によって自分が求めている変化を着実に生みだすことができるということを表しています。あるいは、新しい安定化の力、おそらく権威を有する男性または女性が、あなたに力強い影響力を及ぼし、事態を好転させるということを表しています。その人は智慧と安心をもたらし、素晴らしい助言をあなたに与えてくれるでしょう。

　恋愛関係の問題でこのカードを引いたとき、あなたがすでに成熟した心を持ち、その関係を創造的なものに高めていくことができるということを示しています。あなたはゆったりとした心で、冷静さを保ち、自分の未来に確信を抱き、騒々しいまわりの世界に対して微笑みさえ浮かべているかもしれません。

　"妨害物"のポジションにこのカードが現れたとき、あなたは自分の感情を抑えすぎて、自分の真の願望や感情を外に向けて表すことができなくなっているということが示されています。あるいはある成熟した人物があなたに対して精神的圧迫を加え、あなたの心を支配していることを示しています。心を開き、自分の弱さと強さを正しく認識することから生まれる真の叡智を身につけ、それとともに強く生きていくしたたかさを身につける時期が来ています。

　"未来の結果"に現れたとき、このカードは、あなたが人間の本質について冷静に見つめる能力を身につけ、それによって誰かに適切なアドバイスができるようになること、そして恋愛関係の中でお互いが果たしている役割を冷静に評価し、それに応じて的確な決断をすることができるようになるということを示しています。あるいは、これらの性質をすべて体現しているような人物に出会い、その人が、あなたの直面している問題の解決に向けて大きな役割を果たすことが示唆されています。

ソードのスート

　風のエレメントと深いつながりを持つソードは、人生において決断を下すときの、論理的で分析的な態度を表します。とはいえ、このスートの図像は、そして伝統的にこのスートに付随する属性のどれもが、信じられないくらい荒涼としています。これは一体何を意味するのでしょうか？

　論理と因果性が、わたしたちの心の内なる葛藤を戦い抜く唯一の方法だというのは、1つの神話にすぎません。自分の感情のすべてを理由づけし、欲望をすべて理性的に処理することができるとしたら、わたしたちは問題のすべてを思い通りに解決することができるでしょう。しかしソードのスートは、わたしたちの理性的な精神は、逆に、わたしたちを道に迷わせ、真実から遠ざけることが多いということを示しています。

キーワード
思考、精神、情報、つながり、理想、自己表現

　わたしたちの誰もが、理想や信条、原理を持っていますがソードが"切り裂く"のは、まさにそのような幻想なのです。わたしたちは客観的な精神を持って、いま起こっていることを分析し、理性的に解釈しなければなりませんが、同時に、わたしたちの心の内なる声を聴き、心の内なる源泉を信じ、それと結合する術を学ばなければなりません。

　ソードは文字通り、"両刃の剣"です。それは、自己欺瞞や幻想、恐怖心こそが、対決しなければならない"悪魔"であると告げていますが、同時に、"論理性"や"合理性"は、"心の内なる叡智"と組み合わせて作用させなければならないと語っています。

ソードのスートの練習

　ソードのスートのカードを1枚1枚見ていく前に、大まかにこのスートの特徴をつかむために、次の練習をやってみましょう。

1. コート・カードを表にし、下位のカードから、ペイジ、ナイト、クイーン、キングの順で正位置に並べていきます。

2. それらコート・カードのさまざまな図像をゆっくり眺め、そこに登場する人物の性格を考えてみます。そして、それぞれのカードと特徴が一致するように思われる知人を思い浮かべてみます。たとえば、ソードのクイーンの肯定的な属性は、まっすぐ要点に向かうという点ですが、身のまわりに思い当たる人はいませんか？

3. 次にあなた自身について考えてみましょう。あなたは論理的ですか？ あなたは状況を客観的に分析しますか、それとも直観を使いますか？ ぼんやりとした図像があなたに警告しますか、それともあなたはすぐにそのような図像を消し去りますか、あるいはそれを理性的に解釈しようとしますか？

4. ソードのナンバー・カードを並べ、それぞれの図像を眺めてください。そのナンバー・カードの多くは、世界の中で"孤立している"人物を表しています。彼らは、自分のまわりで起こっていることに気がついていません。彼らはただ自分自身のことについて考えているだけです。それらのカードは、わたしたちの誰もが持つ、自分以外の世界からの"疎外感"、存在そのものの孤独を表しています。それゆえ、常にそれらのナンバー・カードを、物事の本質に到達するためのチャンスととらえましょう。

ソードのエース

キーワード
明晰、真実、客観性、素直さ、正義

キーフレーズ
- 幻想を断ち切る
- 前進する道を認識する
- 論理を使い事実を直視する
- 善悪の基準を確立する
- 現実を直視する
- 自分の動機を分析する
- 精神的鋭敏さ

解 釈

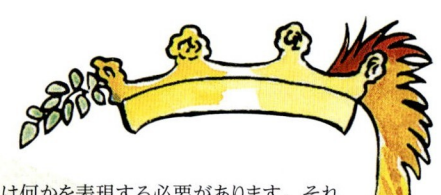

　ソードのエースが現れたとき、あなたは何かを表現する必要があります。それはある考え、人に知られたくないわが身の真実、自分に素直になれる場所、あるいは正義を求める声などでしょう。しかしそれが何であれ、あなたは最初それに気づいていないかもしれません。

　このカードはまた、論理性と断固とした態度を持って、新しい困難に立ち向かわなければならないことを示しています。自分自身を信じ、自分の動機や意図に疑いを持たず、いつでも行動を起こせるように準備しておきましょう。ただし、自分の限界を客観的に認識しておく必要があります。

　ソードのエースは、現実を直視し、過去の苦い思い出や幻滅を引きずらないように、そうしないと前へは進めない、と語っています。これは不屈と決意のカードです。しかしそれはまた、できる限り自分自身に素直になる必要があることを意味しています。まわりの空気を透明にし、疑念と混乱を振り払うことができれば、道ははっきりと見えてくるでしょう。前途には解決しなければならない問題が山積し、人生はけっして平坦ではないかもしれませんが、状況を分析し、動き始める時期が来ています。

　このカードが"妨害物"のポジションに現れたとき、頭脳が感情や本能的直観を完全に抑えつけている状況をあなたが許していることが示されています。あなたはいま、分析的になりすぎているため、よけいに真実が見えなくなっています。問題を、脳細胞だけでなく感覚に結び付ける必要があります。

　"未来"のカードとしてソードのエースが現れたとき、まもなくある困難がやってきますが、その困難を切り抜けると、人生に素晴らしい展望が切り開かれることが示されています。あなたの前に広がる機会は、あなたにより一層の努力を強いますが、それはあなたの新しい可能性と成功への道を切り拓きます。

小アルカナ

ソードの2

キーワード
拒絶、閉ざされた感情、抑圧された心

キーフレーズ
- 真実に対して盲目
- あるふりをしているが、心では別のことを考えている
- 冷たく人を寄せつけない
- 感情を否定する
- 自己防衛的態度
- 真実を無視する
- 他人を遠ざける
- バリアを築く
- 選択することを嫌がる

解　釈

　図像の女性は、自分のまわりにバリアを築き、目隠しをし、外から何も入ってこないように、そして外に何も見せないようにしています。彼女は自分の自己表現も、他人の自己表現も拒絶しています。

　ソードの 2 は、感情を持っていることを否定し、無関心を装い、心の真実に触れるのを避け、それを感じることを拒むときのわたしたちの態度を表しています。わたしたちはときどき、自分の感情を取り出し、箱に詰め、それがどこかに行ってしまうこと、あるいは心の地下室でゆっくりと枯れていき、それを処理するという面倒な仕事から逃れられることを望むことがあります。自分の感情を否定するとき、わたしたちはそれが存在していることさえ認めようとはしません。『それがどうしたっていうの、不幸せ？　わたしはけっして不幸せなんかではないわ、ねえ、楽しい話でもしましょうよ…』などと言ったりします。

　このカードはまた、感情を抑圧していることを表します。たとえば次のように自分に言い聞かせる時です。『怒りを表に出してはダメ。それはとても危険なこと。誰かを、そして私自身を傷つけることになる。』

　"いまのあなた"のポジションでソードの 2 を引いたとき、あなたは自分の感情に向き合うことを避け、状況の真実の姿を受け入れようとしていないかもしれません。自問してみてください。『いまわたしは何らかの感情を持っていますか？　わたしはそれを押し潰し、人に見せないようにしようとしていませんか？　わたしは傷つくのを怖がっていませんか？　心の中では、本当は怒っているくせに、外に向かっては冗談ばかり言っていませんか？　選択し、行動しなければならない状況に目をつむってはいませんか？』

　ソードの 2 が"妨害物"のポジションに出たとき、あなたが自分自身から切断されているだけでなく、他人からも切断されていることが示唆されています。あなたがいま学ぶ必要のあることは、心を開き、ガードを外し、跳ね橋を降ろし、真実に触れることを恐れないということです。

ソードの3

キーワード
傷心、不信、拒絶

キーフレーズ
- 問題の核心にたどりつく
- 感情に対する論理性の勝利
- 2人の愛人の間で引き裂かれる
- 心が傷ついている感覚
- 痛ましい真実を発見する
- 失意の感覚
- 他人はいつも自分を傷つけるという感覚
- 裏切られたという思い
- パートナーを失うかもしれないという恐れ
- 嫉妬深い妄想
- 誰かの心を傷つけたいと思う気持ち

解 釈

　ソードの3には様々な意味が込められていますが、他のソードのカードと同じく、以下の解釈を自分の現在置かれている状況に正直に当てはめてみてください。

　このカードの肯定的な面は、明晰な頭脳と開かれた心を持ち、自分の感情を素直に受け入れることができるなら、あなたは問題の核心に触れ、それを切開することができるということです。しかしそのためには、明確な自己認識が必要とされます。

　このカードは普通、より"ネガティブ"な方向に解釈される傾向があります。失恋したり、裏切られたりしたとき、わたしたちはとたんに、まわりの世界が不正に満ちた世界に思え、誰かを失う恐怖で胸が張り裂けそうになります。誰もがこんな経験をしているのですが、そのときわたしたちは、『自分だけがこんなひどい思いをし、傷つき、他の人はこんなに落ち込んだことがない』などと考え、最後に救ってくれるのは、やはりあの古き良き論理性と因果律だと考えがちです。しかし外科医のように冷徹に問題を切開するのではなく、問題を優しく見つめ直し、身近な人に話し、あなたがいま感じているような痛みは誰もが感じたことがあるということを知るようになれば、あなたはもっとよく自分自身と他人を理解できるようになるでしょう。

　このような極度に悲観的な感情は、多くの場合、実際に何らかの出来事に直面した時に生じるものですが、理由のはっきりしない不合理な恐怖心から生じることもあります。たとえば、嫉妬心が頭をもたげる時なんかにこのような感情が生まれます。嫉妬心は、わたしたちの心の奥深くにある、見捨てられたらどうしようという恐れに根ざしています。その一方で、恋人が自分を独占したいという素振りを見せず、嫉妬さえもしてくれないとき、本当は自分を愛していないんだと結論しがちです。

　どのポジションであれ、ソードの3を引いたときは、具体的なチェックを行うようにしましょう。あなたはわけもなくパートナーに嫉妬していませんか？　またパートナーは、あなたに嫉妬していませんか？　このカードを引いたときに、真っ先に思い浮かべたあなたの最も奥深い所にある恐怖心は何ですか？　それはもしかすると、見捨てられるかもしれない、独りぽっちになるかもしれないという恐怖心ではないですか？

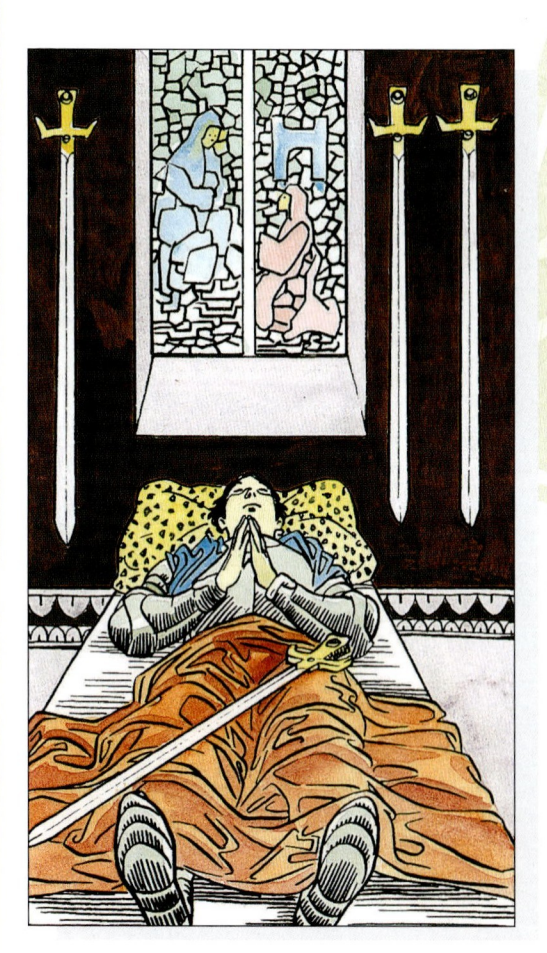

ソードの4

キーワード
休養、一時的退却、黙考、真実、心の内なる恐怖、過去からの感情的亡霊

キーフレーズ
- 独りになる時間を取る
- 自分だけの空間を見つける
- 心を穏やかにし落ち着く
- 一歩下がって、状況を冷静に分析する
- 未来に備える
- 目標を再度吟味する
- 減速する

解 釈

ソードの 4 が"いまのあなた"のポジションに出たとき、2 つの異なった解釈が可能です。1 つは、過去が、わたしたちが前に進むのを妨げている、ということです。わたしたちは、過去の失敗、痛み、落胆、裏切りなどによって生じた恐怖心や自己不信によって身動きできなくなり、麻痺状態に陥ることがあります。そんな時は、それらの恐怖心や懐疑心を、昼間の明るい光に照らして見ることが大切です。そうすれば、そのような負の感情はまもなく消えていきます。

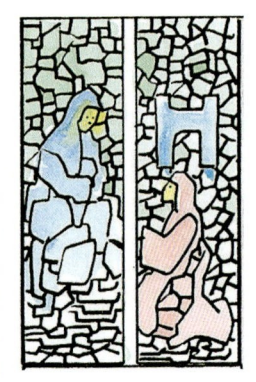

2 つめの解釈は、現在は誰かと対立するのを避けた方が良いということです。慌てて結論を出したり、力づくで問題を解決させたりしないで、一歩引きさがり、退却し、時間をかけて、現在直面している問題の本質をじっくり考えることが大切です。

その問題は、あなたが考えているほど重要ですか？ あなたは自分の願望を誇張したり、過大評価したりしていませんか？ 心の波を鎮め、穏やかな気持ちで自分自身と接するならば、あなたはすぐに問題の核心に触れることができるでしょう。

恋愛関係の問題でこのカードを引いたとき、お互いを少し引き離し、隙間を開けるようにすると、2 人の関係をもっと客観的に眺めることができるようになることが示唆されています。

ソードの 4 はまた、2 人の間の暗黙の了解についてもっと注意を払う時期が来ていることを示しています。わたしたちは 2 人の間にある問題を表面化させず、未解決の問題も、感情の行き違いもないといったふりをしていることがよくあります。しかし、時には、物事をはっきりと口に出して言うことも必要です。そうしないと、2 人の関係は凍りついた不毛の地になってしまいます。このカードを"妨害物"のポジションで引いたとき、そうならないように注意する必要があります。いまこそ建設的な話し合いが必要な時なのかもしれません。

未来のカードとしてこのカードが現れたときは、一歩下がり、休息し、平穏な時間を取り戻し、新しい出来事や経験に対して心の準備をする必要がありそうです。

ソードの5

キーワード
征服、打倒、空しい勝利、限界を受け入れる、利害の衝突

キーフレーズ
- 勝者が誰もいない状況
- 自分のことだけを考え、他人のことは無視する
- 闘争に勝つ
- 打ち負かされたという感覚
- 恥ずべき振る舞い
- 敵対心を抱く

解 釈

　ソードの5の意味については、タロット・サークルの間でも意見が分かれ、どちらかといえば混乱しているといった状態です。質問者を、前景の勝者ではなく、後方の2人のみじめな敗者の1人とみなし、このカードを退却のサインと受け止めるリーダーもいます。自分の限界を知り、敗北を認める必要を示唆していると受け止めるのが、このカードの一般的な解釈となっています。

　しかしわたしは、このカードはまた、不利な状況にもかかわらず、自分の恐怖心に打ち勝ち、正々堂々と戦って勝利するということも意味していると考えます。ここでもまた、すべてはあなたのいまの個人的なものの見方、それゆえ、あなたがこのカードに、否定的な意味と肯定的な意味のどちらを投影するかという点にかかっています。

　"いまのあなた"のポジションに出たとき、両方の解釈が可能です。しかしいずれにせよ、あなた自身の利害について再考する時期が来ているようです。『わたしは自分の利害を、自分以外の人に押し付けてはいないだろうか？』『みんなが間違っていることを証明することが、いま本当にそれほど重要なことなのだろうか？』と自問してみてください。

　あるいはこのカードは、自分のことを最優先に考える必要はあるが、同時に、空しい勝利に気づくことも大切だと告げていると考えることもできます。"征服"あるいは"敗北"に対していまのあなたがどのような気持ちにあるのかがこのカードに投影されるということを認めれば、このカードの解釈はそれほど難しくはありません。自分を遠ざかっていく敗者の方に投影させ、いつも勝利するとは限らないと受け取ることもできますし、勝者の方に投影させ、自分も時には敗北することがあると受け取ることも可能です。どちらも、自分の限界を受け入れることの大切さを告げています。

　しかしこのカードが"妨害物"のポジションに現れたとき、いまあなたの人生において、何らかの対立、敵対関係が生じていることが示されています。誰かがパワーゲームをしようとしており、そこに恥ずべき感情が漂っています。それはひょっとすると、あなた自身の感情かもしれません。

　"未来"のポジションでは、ソードの5は、あなたが敵意に直面し、勝敗を決しなければならないと思うようになること、そして、他人も自分と同様に、境界があり、限界があるということを知るようになるということを示しています。

小アルカナ

ソードの6

キーワード
新たな視点、回復、旅行

キーフレーズ
- トラブルから遠ざかる
- 困難を克服する
- より良い時期に向かう
- 精神的または
  肉体的旅行
- 過去を振り返らない
- 人生に対して前向きに
  取り組み始める

解釈

　いま人生の荒海の真っ只中にいると感じているとき、このカードは、特に"いまのあなた"のポジションに出たときは、あなたがもうすぐそこを抜けだし、静かな海に辿り着けることを示しています。完全に晴朗というわけではなく、前途に多少の不安があるかもしれませんが、あなたはいま、あなたの人生、あるいはいま生じている問題を、より客観的な立場から眺めることができるようになっています。居心地の悪い不安定な状況から逃れて、いまあなたは前方へ進もうとしています。

　このカードが"妨害物"のポジションに出たとき、あなたは無感動状態にあり、人生が流れていないように感じられ、自暴自棄になったり、あるいは虚無感に襲われたりしているかもしれません。しかしただ水面に頭を上げているだけでは、あるいは『あのときAではなくBを選んでさえいたら』と考えるだけでは、何事も変わりません。過去の苦痛や恐怖心から自由になり、真実は必ずしも1つではないということを受け入れる時期に来ています。

　ソードの6が"未来"のポジションに出たとき、あなたがまもなく混乱の荒海を漕ぎいで、静かな海に出ることが示されています。

　ソードの6はまた、人と会話したり、考えを交換したりすることがスムーズにいくということを意味しています。特に恋愛関係のスプレッドで出たときはそうです。あなたの中の2つの異なった考えを融合させること、そして、パートナーの行動様式を理解し、もっとよくパートナーを知ることが必要だと、このカードは告げています。考えを交換し合うことによって、あなたたちは、もっとよく相手を理解することができるようになります。ソードの6は、お互いをもっと意識し合い、協力し合うならば、どんな問題も解決することができるということを示しています。

小アルカナ

ソードの7

キーワード
不誠実、言い訳、隠密行為、詐欺

キーフレーズ
- 真実から逃れる
- 責任回避
- 秘密を自分の内に隠す
- 独りになることを望む
- 結果を潔く受け止めようとしない
- 作為的な行動
- 嘘をつきだます
- 自己欺瞞または他人を嘲笑う

解釈

　ソードの7を見たとき、このカードの真実から目をそらさないように！1人の男が、周囲を気にしながら、こっそりと剣を持ち逃げしようとしています。明らかに彼は、秘密のうちに何かをしようとしています。それはおそらく不正なことでしょう。

　このカードを"いまのあなた"のポジションで引いたとき、あなたは、真実に目を向けていない可能性があります。たぶんあなたは、自分がした行為の結果を受け止めたくないのでしょう。あるいは、仕事や恋愛関係、または何らかの約束ごとで、自分のやるべきことから逃れようとしているのかもしれません。

　あなたのまわりにも、あなたをだまし、罠にかけ、卑劣なことを考え、嘘をつく不誠実な人間がいるかもしれません。友人や愛人が2つの顔を使い分けているかもしれませんし、あなた自身が、自分のしたことではない事を自分の手柄にしているのかもしれません。あるいは、誰かがあなたの陰口をささやいているかもしれません。

　ソードの7はまた、こうも言っています。『後ろを見ろ、証拠は隠したか？　後ろからお前を指差して、非難しているものはいないか？』と。それは、あなたがしたことで、あなたが認めたくないことかもしれません。しかしそれはあなた以外の人のために、あるいはあなた自身のために、良かれと思ってしたことではありませんか？　それでも、あなたはそれを持ち逃げして隠そうとするのですか？

　あなたは、もしかすると、古い恋愛から逃れ、新しい恋愛に乗り換えたいと思っているのではないですか？　あなたがいま何をしようとしているにしても、あなたは、『これは善い行いだ』と自分自身に言い聞かせ、自分をだますことができますか？　ソードの理想である、論理性、明晰さを使って、真実に向き合い、空気を清浄にするように努めましょう。自分を他人から遠ざけ孤立させることは、時に耐えられないほどの重荷をあなたに負わせることがあります。このカードの盗人の、ひどく陰鬱な顔を見てください。彼は自分の行動の責任を取らなければなりません。

　"妨害物"のポジションに現れたとき、ソードの7は、あなたが真実を見ないことによって自分自身を窮地に追い込んでいることを示しています。

ソードの8

キーワード
自己規制、自虐的行為、孤立、傷つきやすさ

キーフレーズ
- 塀に囲まれている感覚
- 自由な選択ができないという感覚
- 罠にかけられ、状況に縛られている
- 救助を待っている
- 考えがまとまらず、方向が定まらない
- 無力感、被害妄想
- 感情の渦の中でもがく
- 幻想に縛られる

解 釈

ソードの8のキーフレーズの多くが、"感情"に関するものであることに気づいてください。しかしわたしたちを"感情"に縛りつけているものは、わたしたち自身のものの見方、考え方、精神性、思考であり、それがあの非常に内面的なジレンマや問題を生み出しているのです。このカードの女性は、実は少し努力しさえすれば、楽に自分を解放することができる状況にあります。しかし彼女は、自分を抑制し、抜け出す機会を自分自身で潰してしまっているようです。おそらく、彼女にとっては、そうする方が楽だからでしょう。

"妨害物"のポジションにソードの8が現れたとき、体をくねらせてロープを外し、幻覚の剣をくぐり抜けることが大変に思えること、そして、それよりも、誰かが自分を助けに来てくれるという希望を持ちながら、自分の傷つきやすさに酔っている方が楽に思えるということを示しています。

しかしこのカードは、自虐的な感情からあなたを救ってくれる人が現れるに違いないと他人に頼るよりは、自分自身意識を集中し、明晰さを取り戻すことが大切だと告げています。残念ながら、誰も、わたしたちをわたしたち自身の問題から救ってやることはできません。解決は難しいかもしれませんが、答えはわたしたち自身の中にあります。あなたが可能性に対して目を開けば、犠牲者の役を演じる必要もなくなります。

ソードの8はまた、あなたが"実際の"出来事、おそらく相互依存関係や退屈な仕事、失業、金欠などに縛られていることを示唆しています。それらはわたしたちにとって非常に"切実"な問題であり、あなたはそれに捕らわれ、混乱し、身動きが取れなくなっていると感じているかもしれません。

このカードを"いまのあなた"のポジションで引いたとき、何らかの現実的な出来事によって、そしてあなたがその中で方向感覚を失ってしまったことによって、身動きできなくなっていることが示されています。しかし心配は無用です。レイアウト中の別のカードが、現状の泥沼から抜け出す手掛かりをあなたに与えてくれるはずです。あなたには選択する力があり、客観的に思考し、冷静に分析していけば、脱出する道は必ずあるはずです。いままで縛られていた固定観念や考え方を振りほどきさえすれば、あなたはいまの困難な状況から抜け出すことができます。

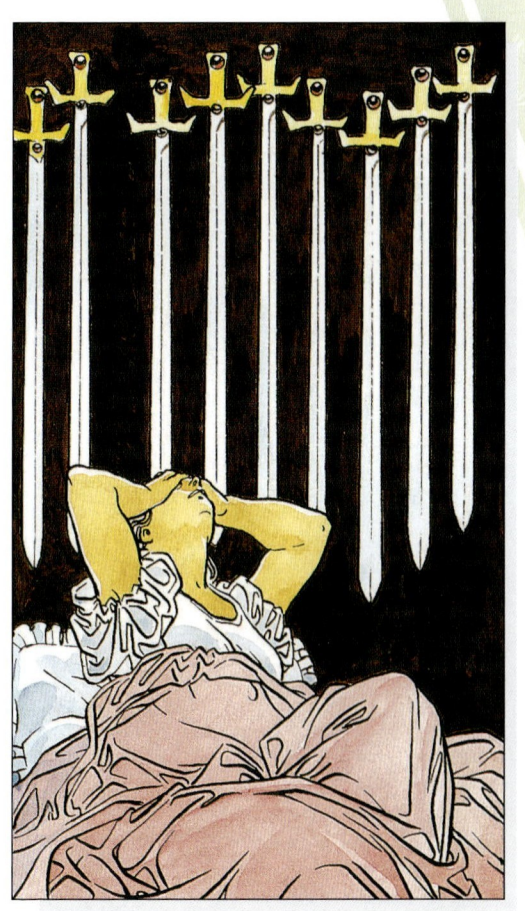

ソードの9

キーワード
罪、悩み、
感情に打ちのめされる

キーフレーズ
- さまざまな考えで
  押し潰されそうになる
- 過ちを犯してしまった
  のではないかという感覚
- 『ああしていさえ
  すればなあ』と悔やむ
- 後悔する
- 眠れない夜
- 悲しみに取りつかれる
- 傷つきやすいと感じる

解釈

　ソードのカードの中でも、最も暗澹とした気分にさせる 1 枚です。しかしこのカードは、暗闇が最も濃くなるのは夜明け前であるという肯定的なメッセージを伝えています。絶望や恐怖、苦悩の漆黒の闇からでさえ、起き上がり、曙光を望むことができます。わたしたちの誰もが、思考が乱れ、自分や他人を責め、過去の行為を悔み、疑念に囚われ、悶々として眠れない夜を過ごした経験を持っています。

　"いまのあなた"のポジションでこのカードを引いたとき、なぜそれほど悩んでいるのか、なぜ何かに対して罪を感じているのか、あるいはただ単に、なぜ自分を不幸と感じるのかについて、論理的に考えてみる時期が来ています。このカードはまた、そのようなつきまとって離れない暗い考えの原因を探るために、自分自身の心の奥底に沈潜していく必要があることを示しています。ときどき私たちは、『何かが間違っているが、それが何だかわからない』といった感覚に襲われることがあります。ソードの 9 は、それを突き止めるようにと、あなたを覚醒させています。

　9 は行動に関する数字です。あなたがいま難しい恋愛関係に悩んでいるとき、このカードは、自分の本当の意図や感情を言葉に表すことが難しいと感じているのは、あなた自身がその問題に覆いを被せているからだと告げています。またこのカードは、誰かに対する感情や行為を、あなたが恥ずかしいと感じていることを示しています。

　このカードを"妨害物"のポジションで引いたとき、どのような幻想があなたを身動きできなくさせているかを深く考えてみましょう。あなたはいま、どうしても解決できない問題のため、あるいは、あなた以外の人の思惑を気にするあまり、計画を前に進めることができない状態にあるのではないですか？　自分には弱点、アキレス腱があるということを素直に認め、自分の過誤や嫌な感情とうまく付き合いながら、建設的に前に進んでいく時期が来ています。

　ソードの 9 は、つまるところ、自分自身のゴールをもう一度確認しなさい、なぜなら少しの歪みが、後になって大きな差異になるからだ、ということをわたしたちに思い起こさせようとしています。

ソードの10

キーワード
悟り、岐路、殉死

キーフレーズ
- 誇張された自己憐憫
- 人生が自分に逆らっているという感覚
- 犠牲者の役を演じる
- 幻想を切り裂く

解 釈

　レイアウトの中で、どちらかといえば警告のカードと受け止められがちなソードの 10 は、実は見かけほど悪いカードではありません。デッキの中でも屈指の劇的で不気味なカードであることから、ソードの 10 に関してはさまざまな解釈があります。しかし 10 のカードがすべてそうであるように、このカードもまた、あるサイクルの終わりと新しいサイクルの始まりを告げています。とはいえ、新しい旅に出かける前に、まず自分の古い行動パターンから自由になり、感情の重荷を振り払い、"過去のあなた"にさよならを告げる必要があります。あなたの人生の身辺整理をする時期が来ています。

　このような意味で、ソードの 10 は"悟り"を表しています。たとえあなたがいま何らかの"幻想から目が覚め"、脱力感を感じていたとしても、それを恥じたりせず、過去の幻想をありのままに受け入れる時期が来ています。このように考えることで新たな自己覚醒が生まれます。いまこそあなたは前を向き、過去を捨て去るべきです。

　"いまのあなた"のポジションにあるとき、このカードは、もうこれ以上事態は悪くならないという岐路にあなたが到達したことを示しています。あなたはいま、すべてがあなたに逆らっているように思え、『人生は何て不公平なんだ』と落ち込み、自分の運命を呪っているかもしれません。しかし唯一の抜け道は浮上することであり、外に出ることだということを発見するのは、最も深い所まで潜っていった時であることがよくあります。

　"妨害物"のポジションにこのカードが現れたとき、あなたが考えるほど状況は悪くないにもかかわらず、あなたが問題を大げさに誇張して考えていること、あるいは、誰かに何らかの影響を及ぼすため、あなたが犠牲者または殉死者の役を演じているということが示されています。恋愛関係の問題においては、思わず出た本心からの言葉が、あなたの恋人に、あなたが苦しまなければならなかったことの数々を思い出させるかもしれません。『わたしがあなたのために捨ててきたものを見て！』『いいえ、放っておいて。誰の援助も必要ないわ。わたしは自分一人でやれる。』など。このような真実の叫びの前では、見せかけの犠牲や殉死は、ひとしく、そらぞらしいものとなるでしょう。

　"未来"のカードとしてこのカードが現れたとき、気持ちを切り替え、新しい自分に向かう用意をし、世界とその偶然性に向けて少し微笑む時が来たことを告げています。あなたが本当に苦しんでいるのなら、このカードは、その苦しみが消え、事態が好転することを告げています。

ソードのペイジ

キーワード
警戒、行動を起こす
準備が整う、論理と理由、
精神的機敏さ

キーフレーズ
- 経験に基づく知恵
- 自分の計画を伝える
- 真実を探究する
- 若々しい考え
- 初々しい素直さ
- 気持ちの若い人
- 魅力的な恋人

解釈

"いまのあなた"のポジションでソードのペイジを引いたとき、あなたは、やってくる試練に立ち向かう心構えができています。その試練は、あなたが待ち望んでいたものではないかもしれませんが、あなたはすでに警戒態勢に入り、状況の新たな展開に備えています。あなたは、自分の考えを人に伝えることができ、先見の明と論理性を持って、どんな試練や困難も最高の方法で切り抜けることができます。

あなたは、自分が精神的勇気を持っていることを証明するために、自ら試練を創り出す必要があります。あなたの必要や欲求に正直になり、事実を直視しましょう。このカードを見たとき、自分が困難を恐れていないかどうか、それを歓迎しているかどうかを自分に問いかけてみましょう。あなたはソードのペイジが好きですか？ 起ち上がり、自分が正直で誠実であることを示す準備はできていますか？ あるいは、背中を見せて逃げ出しますか？

試練はさまざまな形でやってきます。ソードの試練は、あなたの心を刺激する問題、課題、任務についてのものであり、特に、恋愛関係においてあなたの意志を試すようなものです。"警戒（vigilance）"という言葉は、ラテン語の"目覚めておく"を表す言葉からきています。ソードのペイジはあなたに、目を見開いて真実を見つめること、恐怖心に負けないこと、剣の肯定的な力を利用することの必要性を告げています。その肯定的な力とは、学ぼうとする前向きな気持ち、人との交流、前方を見るための客観的な思考などです。

このカードが"妨害物"のポジションに出たとき、何でもわかっていると自分をだますのは止めなさいと告げています。時には、自分自身に疑問を投げかけ、試練を与えることも必要です。

ソードのナイト

キーワード
自信、迅速、単純、猛烈、博識、批判的あるいは無分別、軽挙、無鉄砲あるいは無礼、力強い知性

キーフレーズ
- 状況を分析する
- 感情にまかせて切り裂く

解釈

　他のナイトと同様に、われらがソードの騎士も、このスートのエネルギーを極端な形で表しています。レイアウトの中でこのカードが出てきたとき、このナイトのエネルギーが、あなた自身のものなのか、それともあなたの知っている誰か別の人のものなのかに注意を払う必要があります。

　"いまのあなた"のポジションにこのカードが出たとき、あなたのエネルギーを、現状を分析するために前向きに使いましょう。ただし、注意深く考えずに結論を出して、前のめりになることがないように。あなたは物事を早く処理したいとあせっているかもしれません。あるいは感受性が鈍くなっているかもしれません。あるいはもっと単純に、あなたがとても知的で影響力があるため、まわりのみんなを自分と同じように見たり考えたりするように説得できると思い込んでいるかもしれません。

　このナイトの浅はかな思い込みは、あなた以外の人のエネルギーを表している場合もあります。パートナーがどこか遠くへ行ってしまい、心情的に離れていくと感じられるかもしれません。その人は何も考えずに、新しい事業に首を突っ込もうとしているのかもしれません。あるいは新しい友達または恋人が、冷や冷やして見ていられないことをしようとしており、あなたのダメだという声に耳を貸さず、目標に向かって猪突猛進しているかもしれません。

　あるいはまったく反対に、ソードのナイトが、あなたはもっと自信を持つ必要があること、いま考えていることで誰かを怒らせるのではないかと心配したり批判を恐れたりせず、言いたいことをはっきりと口にする必要があることを告げている場合もあります。どのスートにも共通しますが、ナイトのカードを引いたときは、あなたの現状や問題を、レイアウト全体と結び付けて考えることが重要です。ソードのナイトが表している極端なエネルギーが、いまのあなたの人生にどのように表れているのかを率直に考えてみましょう。

　"妨害物"のポジションに現れたとき、あなたは理性で心を抑えつけようとしているかもしれません。あるいはまわりの誰かが非常に威圧感があり、見下すような視線であなたを見ているので、あなたが自分の要求を口に出せないでいる、ということを示している場合があります。

ソードのクイーン

キーワード
ナンセンスなことを許さない、明敏、気取りのなさ、率直、現実的、単刀直入

キーフレーズ
- 要点を突く
- ざっくばらんで開放的
- 誠実で機転がきく
- 溌剌とした知性
- 強い個性
- 抑圧された感情
- 性急に判断を下したがる人

解 釈

　この女王は、どうすれば問題を解決することができるかを素早く判断する能力でこの地位まで上りつめた人です。彼女の脳は回転が速く、鋭敏で、しかも遠くまで見通すことができ、何を達成すべきか、何を避けるべきかを現実的に判断することができます。

　このカードを"いまのあなた"で引いたとき、まっすぐに物事の本質を突くという彼女の肯定的な属性を、そのまま自分に当てはめてもいいでしょう。あなたの知識と、状況を判断する明敏な洞察力が、あなたに良い結果をもたらすでしょう。

　しかしすべてのソードのカードと同じく、このクイーンも否定的な側面を持っています。たとえば、ざっくばらんで開放的なこと、人生のあらゆる場面で即座に判断を下せるということは良いことですが、それはまた、自分の本当の感情的欲求を抑えているということを意味することがあります。あるいは、あなたの期待が高すぎて、まわりのすべてのことが、そしてまわりにいる人の誰もが、欠点だらけに見えているかもしれません。あなたが本当に客観的な立場から、状況、人、経験を評価しているかどうか、自分自身に問い直してみてください。

　このカードはまた、上に列挙したような肯定的および否定的な属性を兼ね備えた人物が、あなたのまわりに存在していることを示す場合があります。たぶんその人は、明敏で、知識も豊富で、機転がきき、人生の諸局面でてきぱきと判断を下すことができる人でしょう。しかしそのような人の存在は、あなたの人生にとってどのような意味がありますか？　その人のようになりたいと、あなたを前向きな気持ちにさせますか？　論理的な側面を現実感覚でうまく調和させることができれば、自分はもっと前へ進み、もっと高く上れるに違いないと実感させますか？　それとも、自分の知性に自信を持っているような外見は、おそらく内面の傷つきやすさを隠すためのものであり、それを無視してはいけないということを思い起こさせますか？

ソードのキング

キーワード
明敏、単刀直入、公正、断定的、分析的

キーフレーズ
- 積極的に状況を把握しようとする
- 人生を客観的に概観する
- 高い規範を持つ
- 公平な審判
- 家父長制的な価値観
- 能力があり分別がある
- 知的熟練者

解 釈

このキングは、自信に充ち溢れているように見えます。彼は鎧のように知識と知性を身につけています。彼はまた、自己を厳しく律してもいます。ソードのキングは、精神力で問題を解決し、情緒的混乱を切開し、思考力で他人を打ち負かすこのスートのエネルギーを最高度に力強く表現しています。

このカードを"いまのあなた"で引いたとき、あなたは、身の回りの出来事を威厳のある方法で処理することができます。あなたは霧の先を見通し、問題の核心に触れ、思考の力でどんな抗争も解決することができます。キングは活動的なエネルギーを表します。それゆえあなたは、あなたの知恵を他人と比べ、挑戦を受けることができます。ただし、あなたの考えが健全であり、問題を熱心に研究し、偏りのない見地から真実を伝えることができるということが前提です。

ソードのキングはまた、このような属性を体現した人があなたのまわりに現れ、あなた自身の内にあるこのような属性を活性化させる触媒として働くことを意味することがあります。女性的な属性が高く評価される風潮の中で、このような家父長制的な価値観を批判することは容易です。わたしたちは直観を信じ、五感で感じ、流れに身をまかせる必要があります。またわたしたちは、知性の刃を振り回し、みさかいもなくまわりの人の考え方を批判し、誰も応えられないような高い規範を押しつける人に対して怒りを覚えます。しかしソードのキングはあなたに、いまのあなたの人生において、知的で論理的な思考は、感情と同じくらい重要であることを思い起こさせます。あなたがどれほど豊かな感受性の持ち主であったとしても、状況を分節化し、分析する能力を、感受性と統合する能力を身につけましょう。

"妨害物"のポジションにあるとき、ソードのキングは、あなたが自分の能力を過信していること、そして、自分の信念と他人に対する不寛容で、自分自身の感情的欲求を押し殺していることを示唆しています。あるいはあなたのまわりに、自分の考えに過度に自信を持った人が現れ、あなたが知的に委縮してしまっていること、または、その人があなたを支配するために、承認または非承認の強大な権力を行使していることを示しています。

ペンタクルのスート

ディスクまたはコインと呼ばれることもあるペンタクルは、地球とつながりがあり、地のエレメントに対応する黄道十二宮天体と同様に、人の内面的資源とわたしたちの存在の実相について表します。このスートは、才能または才能の欠如、実生活の諸相、何が安心感を生むか、何が信頼できるか、あるいは他人や自分に何をしてあげれるか、などについて示しています。またペンタクルは、いまのわたしたちを定義し形作っている、さまざまな事物について語ります。

それはわたしたちの仕事や同僚、技能、創造的才能などについてでしょうし、またわたしたちの精神的な武器庫――どれほど安全と感じられるか、何が目的意識を与えるか、何が社会的文脈や恋愛関係の中でわたしたちを定義するか――についてでしょう。わたしたちには皮膚、骨、筋肉があり、それらがわたしたちの肉体を構成しています。しかしわたしたちはまた、精神的、霊的実在を有しています。"触知しうる"ということはまた、わたしたちが内面世界から外的環境を見るときの方法に関係しています。わたしたちは自分たちの人生をどれほど現実的に見つめているでしょうか？ あなたは富を求めていますか、それとも自然との豊かなつながりを求めていますか？

このスートを、ただ単に、物質、金銭、成功に関するものだと言うことは簡単ですが、すべてのコインには表裏があります。ここで問題となるのは、いわゆる現実に対して、わたしたち自身がどのような感覚を持っているかという点です。

キーワード
物質、感覚、現実性、触知性

ペンタクルのスートの練習

ペンタクルのスートのカードを1枚1枚見ていく前に、大まかにこのスートの特徴をつかむために、次の練習をやってみましょう。

1 コート・カードを表にし、下位のカードから、ペイジ、ナイト、クイーン、キングの順で正位置に並べていきます。

2 彼らに似ている人物に心当たりがありませんか？　たとえば、ペンタクルのクイーンの肯定的な属性は、養育能力に優れ、現実的であるという点ですが、あなたはこのタイプの人にあったとき、どのようにふるまいますか？　あるいは、このスートのナイトの否定的側面である、柔軟性のなさ、リスクを負うことに対するためらいについて、あなたはどう思いますか？　それはあなた自身の一面を表していますか？　あなたはこのような性格を容易に自分の中に見出すことができますか、それとも難しいですか？

3 次に、ナンバー・カードをエースから順に並べてみましょう。それぞれのイメージについて、そしてそれにあなたがどう反応するかについて考えてみます。次にあなた自身について考えてみましょう。あなたは創造性がありますか？　あなたは仕組みや組織が好きですか？　あなたの人生はゆっくりくつろげるものですか、それとも何かにせかされているように感じますか？　ナンバー・カードの多くは、何らかの事をしながら世界と"相互作用"している人物を表しています。ペンタクルのスートは、わたしたち自身と外的環境、それゆえ、わたしたちの境界線の向こう側との"つながりの感覚"を表しています。

ペンタクルのエース

キーワード
努力に対する報酬、繁栄、豊かさ、現実主義

キーフレーズ
- 実績
- 目に見える成果
- 必要なものを手に入れる力
- 状況を信頼する
- 心機一転
- 仕切り直す
- 地に足をつける

解 釈

ペンタクルのエースの物質主義的エネルギーは、いまこそ成功の種をまき、計画を推し進め、有利に作用しているものを最大限活用するようにと促しています。いまは、虹を追いかけるときではなく、しっかりした構想を練り、最後までそれをやり遂げ、成果を出す時期です。

このカードが"いまのあなた"などの現在を表すポジションに現れたとき、目に見える成果に焦点を合わせ、実践的な知識と技術を総動員し、あなた自身とあなたの未来に投資しましょう。このカードは、すべてのエースカードがそうであるように、新しい始まりを表します。この場合は特に、現実的な、あなたを中心とした、個人としてのあなたにとって信頼のできる始まりを表します。いまは、良い結果を出すために、動く時です。

"妨害物"のポジションでは、ペンタクルのエースは、あなたが物質的な利益や金銭的な見返りばかりに目を奪われ、自分自身の心の奥深くにある欲求に気づいていないということを示しています。多くの人が、安心感を得るための唯一の方法は、物質主義的な安心のための柵を自分のまわりに張り巡らすことであると考えます。なぜならそれによって、わたしたちみんなの中を流れる人間的な傷つきやすさの感覚をブロックすることができると考えるからです。

"未来"のカードとしてこのカードは、意図していることが何であれ、あなたがまもなくそれを成功に導く資源のすべてを手に入れることができることを示しています。現にある物を受け入れ、外面的および内面的幸せの感覚を満喫しましょう。しかし火遊びをする時期ではありません。それはあなたの手を汚してしまいます。あなたがこの再生産式エネルギーの流れに入り込むことができれば、あなたは自分が豊かであると感じ、精神的および情緒的成長を体験することができるでしょう。

ペンタクルの2

キーワード
バランス感覚、器用さ、柔軟性、曲芸

キーフレーズ
- 実務的な事を処理する敏捷性
- 恋愛関係で求められていることに応じる
- 同時に多くのことを処理することができる
- 一度に多くの問題に対処する
- 自分の能力に自信を持つ
- 人生を楽しむ
- 選択肢をうまく操る
- 喜んで流れに身を任せる
- 変化を理解する

解釈

　図像の気楽な曲芸師は、人生には無限の可能性——取捨選択、新しい発展、シナリオの変更など——があることを伝えています。そして頭を柔軟にしておくこと、変化に対して心を開いておくことがいかに大切かを告げています。このカードはまた、どんな妨害や問題でも乗り越えて行けるように、すべての選択肢をうまく操る心の準備をしておくようにと告げています。喜びを見出し、人生に対して少し微笑みかけましょう。そして変わらない古い世界に対処する新しい方法を探しましょう。あなたは、外的環境にうまく適応しながら、自分の当面の目標を達成する効果的なやり方を創り出すことができます。

　"いまのあなた"のポジションに出たとき、このカードは、あなたが自分の才能と技術に自信を持ち始め、自分を信頼する時期が来たことを告げています。変化にいら立つのを止め、恋愛関係においても、職場生活においても、バランスをうまく取っていけるように常に気を配りましょう。

　"妨害物"のポジションにこのカードが出たとき、あなたが一度にあまりに多くのことを操作しようとしていること、それゆえ、少しペースダウンする必要があることを示しています。あなたの心や体をあまり刺激しすぎないように。あなたの精神的バランスシートを均衡させるためには、誰かの助けが必要となるかもしれません。あなたと誰かの間で行われている心理的ゲームの"収支"をトントンにするためには、2人の関係のあり方を新しく変える必要があるかもしれません。

　"未来"のポジションでは、このカードは、前方に溌剌とした楽しい時間が広がっており、人生をもっと柔軟に楽しむように、変化の流れを察知する心の幅を広げるようにと告げています。

ペンタクルの3

キーワード
技能、協力、チームワーク、計画

キーフレーズ
- 専門家としての成長
- 物質的利益
- 自分自身を証明する
- 優れた戦略
- 自分の才能に気づく
- 他人と協力する
- チーム精神
- 技能を認める
- 細部にこだわる
- 他人の意見に頼りすぎる

解 釈

　表面的にはこのカードは、計画とチームワークによる偉大な成功を表しているように見えます。まわりの人を信頼しないで一体何ができるでしょうか？　慎重な計画と、それを支持してくれる優秀な同僚と友人なしに、どうして傑作を作ることができるでしょうか？

　特別な"金貨"であるこのペンタクルの肯定的側面は、あなたの努力とまわりの人の努力を合体させれば、成功は間違いないということを示しています。良い計画を立てること、そしてそれを指示通りに進めることが、前方へ進むための最善の道であることが証明されるでしょう。焦点となっているのは、あなたの技能、適性、専門家としての成長です。

　このカードはまた、全面的に情熱を感じている仕事や計画に、あなたが取り組むことができるかどうかは、あなた次第であることを意味しています。そこにはあいまいさも、二面性もありません。あなたは車輪のスポークの1本になるのではなく、すべてを取り仕切ることができます。あなたはもはや、単なる1本のスポークでは満足できなくなっています。

　"妨害物"のポジションでは、このカードは、あなたが計画の細部にこだわりすぎて、木を見て森を見ない状態に陥っていることを示しています。あるいはあなたが、他人の意見に惑わされて、自分自身の道を進めなくなっていることを示しています。行動すべてにわたって他人の支持を取り付けること、"チームワーク精神"、これらは見た目ほどすべてを決するものではありません。たぶんあなたは、もう少し個人主義的になる必要がありそうです。"未来"のカードとしては、このカードは、あなたが成功にとって都合の良い環境や計画を創り出すことができることを示しています。あなたが達成しようとしているものを誇りに思い、自分自身の才能や技術を少しぐらい得意がってもかまわないでしょう。

ペンタクルの4

キーワード
ケチ、所有欲が強い、支配したがる、頑固、澱んだ

キーフレーズ
- てこでも動かない
- 自分のやり方が唯一正しいと思い込む
- 視野を狭める
- 金銭や物で他人を支配する
- それは俺のものだ!
- 変化を拒む
- ケチで欲得ずく
- 狭量、せこい

解釈

　この絵の人物をひと眼見ただけで、誰もが、タロット・パックの中で一番"ケチ"な人間だと感じることでしょう。ペンタクルの4は、ある意味、物質主義的世界を最悪の形で表現しています。わたしたちの誰もが、自分の持っているものに対して所有欲を持っています。わたしたちは財布のひもを握っていますし、全然聞かないCDでも手放そうとしません。また、所有したい、それによって主導権を握りたいという自我によって、実に巧妙に他人を支配しています。さらにわたしたちは、「これは俺のもので、お前のものではない」と言って、自分の支配区域を定義しながら他人とつながっています。

　ペンタクルの4が"いまのあなた"のポジションに出てきたとき、あなたが、自分の非力さを知っているがゆえに、なんとしても状況を支配したいと考えていることが示されています。あなたはお金や所有に関して、あなたのやり方が唯一正しいやり方と考えているかもしれません。あるいは、誰かを支配してやるという獰猛な決意を固めているかもしれません。

　とはいえ、ペンタクルの4にも肯定的な側面はあります。制御できない外的環境にあなたが巻き込まれたとき、または恋愛関係が混乱したり、しぼんでいったりしているとき、あるいは金銭的に行き詰ったとき、仕組みを作り、組織的に考え、現実的な計画を立てることが大切なことを教えています。

　"妨害物"のポジションにあるとき、このカードは、あなたの人生において、あなた以外のケチで、しみったれた人物の存在を示しています（あなた自身の投影である場合もあることを忘れないように）。その人物が、あなたが発展するために必要な変化を起こすことを拒んでいるかもしれません。その人は所有欲を通じてあなたを支配しようとしているかもしれませんし、金銭的必要を通じてあなたを操作しようと策謀しているかもしれません。"未来の結果"のカードとしては、恋愛関係における支配・被支配の問題に注意を払う必要があること、そして、所有欲は変化に対する怯え、感情的不安の裏返しであることを知っておく必要があることを示しています。

ペンタクルの5

キーワード
欠乏、被害者意識、苦難、拒絶

キーフレーズ
- 精神的分離
- 魂の探索
- 精神的に病んでいる
- 自分は無価値だという感覚
- 孤立感、疎外感
- 自分の欲求を無視する
- 自分の人生で何かが失われつつあるという感覚

解 釈

　ペンタクルの5を引いたとき、そこには常に、ある種の"欠乏感"が感じられます。表面的には、何らかの物質的な保障の欠如に感じられるかもしれませんが、もっと深い所では、それ以外のものが働いています。それは精神的窮乏、すなわち、精神的なつながりであれ、人生の意味であれ、心から何かが失われつつある感覚といえるでしょう。

　このカードは、わたしたちが精神的に行き詰っているとき、あるいは、恋愛関係で被害者になっているときにしばしば現れます。相互依存関係の中では、困窮した物乞い的人間でいる方が、居心地良く、力が与えられると感じるときがあります。このカードはまた、あなたが孤独であり、愛に飢えており、そのくせ誰かの愛を受けるには自分は無価値であると感じ、自分自身を肉体的精神的にネグレクトしていることを示しています。

　このカードの肯定的側面は、いま何かが失われつつあると感じているならば、外に出て、それが何かを確かめるようにと告げています。おそらくあなたは、精神的な支柱、より多くの愛、物質的な依存からの脱却、自立を求めているのでしょう。このカードは、瓶に葡萄酒がまだ半分も残っていると感じるよりも、半分も空になったと感じる人の精神状態、つまり、拒絶や棄却を経験した悲観主義者の考えを表しています。寒さの中に放り出されていると感じることは、暖かさを求めて中に入る時期が来たことを意味しています。しかしその戸口をノックするのはあなた自身です。

　もしあなたが助けを求めるのを怖がっているのなら、なぜそうなのかを自問してみましょう。あなたは自尊心が高すぎはしませんか、古い傷をさらけ出すのを怖がっていませんか、あるいは物質的な利益と引き換えに、自分の感情を押し殺していませんか？

　"妨害物"のポジションにあるとき、このカードは、あなたがあまりにも厚く精神的欠乏感で覆われているため、前方が見えなくなっていることを示しています。被害者で居続けることによって手にする代価は、常に誰かがあなたを助けに来たがっているという歪んだ期待感かもしれませんが、あなたは本当にどんな種類の救済を望んでいるのですか？　あなた自身があなたを救済した方が良いのではありませんか？　このカードはまた、雇ってもらいたいと思っている雇用者、出版社、あるいは恋人から拒絶されるのではないだろうかという恐怖（根拠のあるものであれ、ないものであれ）を意味することがあります。

ペンタクルの6

キーワード
寛大さ、快諾、贈与、熟慮

キーフレーズ
- 損失と利益
- ギブ・アンド・テイク
- 力の移行
- 持てる者と持たざる者
- 支配それとも従属？
- 支持を求める

解釈

　カードの図像は、すべてが調和で満たされているようです。親切な慈善事業家が、余った金貨を1人の物乞いに恵んでおり、その傍には、もう1人の物乞いが期待しながら手を広げています。ここには人生の真実が現れています。手に入れる人もいれば、そうでない人もいます。わたしたちは、すべての人に対して寛大であることはできません。この名士風の男性は、裁きの天秤を手にしていますが、それは彼が、誰が受け取るべきで、誰がそうでないかを決定する力を有していることを意味します。その一方で彼は、寛大さと引き換えに、支持を集めています。これは権力を行使する無意識的な（あるいは意識的な）手段と言えるのではないでしょうか？

　"いまのあなた"のポジションでこのカードを引いたときは、常に、あなたのいま行っている親切（それがどのような形態であれ）、贈与的な行いが、権力欲から出たものでないかどうかを自問してみてください。あるいは、あなたがいま、方程式の中で、与える側にいるのか、受け取る側にいるのかを自問してみてください。あなたはいま誰かからの贈り物を受け取っていますか？　あなたはいまその人の意志に従属していませんか？　あなたは自分の実績によって何かを受け取っていますか、それとも欲しているものを十分には得られていませんか？　彼らはあなたの愛をお金で買おうとしていませんか？　誰が権力を行使しようとしていますか？

　ペンタクルの6は、非常に多くの意味を含んでいるカードです。そのため、レイアウト中の他のカードとの関連の中で、この特殊なペンタクルの、表と裏のどちらの面が関係しているかを決めるようにしましょう。ペンタクルの6の全体的印象は、逆説的です。上が下になり、黒が白になります。与えることと受け取ることは、同じ事柄の両面です。また愛情と憎悪は、相互に排斥し合うものではありません。同様に、利益は損失に変わり、贈り物は歓迎されず、犠牲者や殉死者の役を演じているものが、その弱さを通じて全能者になることもあり得ます。

　どんなレイアウトでもこのカードは、あなたの現在の動機、欲求、表面的な要求を少し深く掘り下げるようにと促しています。わたしたちの誰もが、利益を得、成就し、豊かになりたいと願っています。

　このカードは、これらの事柄に関してわたしたちが被せている幻想のベールを剥ぎ、利益の中には、それと同量のわたしたち自身からの損失があるということ、同様に、わたしたちが失ったと思っているものの中に、同量の利益があるということを見るようにと告げています。"妨害物"のポジションでは、このカードが上の事柄のすべてを意味することもあります。

ペンタクルの7

キーワード
見積もり、労働の果実、査定

キーフレーズ
- 次は何、そして、どこ？
- 自分の進歩を確認する
- 自分の位置を確認する
- 的確な判断に自信を持つ
- 新しい戦略を練る
- 次の動きの準備をする
- 努力の成果に満足する
- つらい労働の途中の一休み

解 釈

どうやらこの庭師は、いまのところよくやっているように見えます。庭の植物に注いだ労働は、いま報われ、彼は自分の能力に少し自負を感じています。彼は一定の収穫をあげました。『さあ、次は何をしよう?』

ペンタクルの 7 が "いまのあなた" のポジションに現れたとき、あなたの進歩の具体的なチェックをする時が来たことを示しています。あなたがこの期間してきたことを考えてみましょう。あなたは何を達成しましたか、自分の労働の成果に満足していますか? あなたはいままで仕事に没頭し、集中していたため、おそらくその成果を評価することを忘れていたことでしょう。いまこそ、労働の成果を査定するときです。

ここで一休みし、いまの辛い仕事に、これ以上の時間と労力を投資する必要があるかどうかを熟慮しましょう。一歩下がって再考し、新しい戦略を練るか、これまでとは全く違った方向に目を向けるかする時期が来ているかもしれません。人は、新しい方向を見つけなければならないという強迫観念から逃れるため、現在の成果にしがみつく場合がよくあります。傑作を描くときや彫刻をするときもそうですが、道具を置く時機を見計らうことが最も難しいことです。手を加えすぎて、すべてを台無しにすることがよくあります。わたしたちは、よく理解している愛すべきやり方を踏襲するときに幸せを感じるあまり、新しい出発を意味する完成を恐れることがあります。誰でも、慣れ親しんでいるものにしがみついておく方が楽だからです。

このカードもまた、あなたがいま岐路に立っていることを示しています。あなたがどこに行こうとしているのか、そのためにはいまどの道を選ぶべきかを、しっかり見定めることが大切です。過去の成果に安住する方が居心地よく、安心できます。しかしあなたはいま、新しい変化の可能性に心を開く時期に入っています。収穫はすべて、再出発を意味します。あなたは再び畑を耕し、種をまき、人生の新たな側面を開拓しなければなりません。このカードが "妨害物" のポジションに出たときは、現在の仕事を最後までやり抜くように、手持無沙汰でその辺をうろつきまわるのは止めなさいと告げています。

小アルカナ

ペンタクルの8

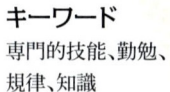

キーワード
専門的技能、勤勉、規律、知識

キーフレーズ
- 仕事に専心する
- 忍耐を要する仕事
- 支払いのために努力する
- 念入りな骨の折れる仕事
- 反復する退屈な環境
- 新しい技術を習得するための訓練
- 知識の幅を広げる

解 釈

　わたしたちは働き、核心を突き、細部に神経を注ぎます。とはいえ、たまにそうでない時もあります。レイアウト中にこのカードが出たときは、いまは仕事に没頭すべき時であることが示されています。それが何であれ、いまの仕事をやり遂げるためにあなたのエネルギーを集中しましょう。それは必ずしも、この男性が行っているような、金貨を鑿で彫るといった実務的な仕事だけを意味するわけではありません。恋愛関係に積極的に介入し、事実を確認し、行間を読み、すべての時間をいまの任務に費やすことを意味します。このカードは、全身全霊で取り組むべきこと、そしてあなたが仕事、信仰、恋愛関係、あるいは問題に真剣に尽力すればするほど、良い結果が得られることを告げています。

　別の解釈では、ペンタクルの8は、あなたが専門的な技能において一定のレベルに達し、物事が少し単調すぎるように感じ始めているということを示します。あなたは頂上を極めたと感じていますが、その達成感を持って、さらに別のこと、新しい事業や新しい恋愛関係に取り組む必要があります。ペンタクルの8は、次の成長の段階へ進むためには、現状の日常的な反復的仕事を変える必要があることを示しています。慣れ親しんだ古い作業に埋没しないためには、何らかの方法であなたの人生に新風を送り込む必要があります。

　"未来の結果"のポジションにこのカードが現れたとき、世界に対するあなたの視野を拡大する時期が来たことを示しています。新しい技能を身につけ、新技術を学び、知識の拡大に努めましょう。"妨害物"のポジションでは、このカードは、あなたが専門的仕事に没入しすぎて、恋愛関係や自分自身の人格的発展を犠牲にしていることを示しています。自己認識の分野での修復と再生が必要なようです。

ペンタクルの9

キーワード
達成、洗練、独立、自信

キーフレーズ
- 才能に恵まれている
- 状況を支配していることを知っている
- 金銭的あるいは物質的保障
- 人生の洗練された喜びを味わう
- 内面的安心感
- 自分らしく振舞う
- 自制心

解釈

　ペンタクルの9は、使命が果たされたことを表しています。あなたは自分自身に満足し、自分の成功に酔い、自分のやり方が正しかったと得心しています。仕事や恋愛に費やした努力が実り、あなたは大きな自信を獲得し、独立を謳歌しています。

　ペンタクルに囲まれたこの美しい女性の心は、自信と安らぎに満ちています。彼女は、頭巾を被せたハヤブサを手にしていますが、その頭巾は自分自身の感情を制御する能力を表し、わたしたちが無意識的な疑念や恐怖心に支配されていないことを意味します。ハヤブサは遠くまで滑空し、獲物を捕らえ、その後必ず止まり木に戻って来るように訓練することができます。それと同じように、あなたも自分が望むように自由に羽ばたくことができますが、必ず地上に舞い戻り、自分の行動に責任を取る必要があります。

　このカードはまた、あなたの現在の最も重要な義務は、自分自身に素直であるということを示しています。このカードを引いたとき、自分自身に投げかけるべき質問は、次のようなものです。自由を満喫していますか？　独立を謳歌していますか？　自分の達成したことを認めていますか？　あるいは反対に、自立していることが怖くはありませんか、自分の努力の成果として見せるものなど何もないと思っていませんか？

　ペンタクルの9が"妨害物"のポジションに現れたとき、あなたがあまりにも自信に満ち、心配事などまったくないように見えることから、逆にまわりの人があなたに近づきにくくなっていることを示しています。あるいはあなたが自分の意図していたことをすべて達成できたと確信するあまり、次に何をしたらよいのかわからなくなっていることを示します。このカードはまた、性的な満足、すべての感覚的享楽、恋人との濃密な時間を享受する時期が来たことを示しています。

小アルカナ

ペンタクルの10

キーワード
満ち足りた生活、富裕、格式、安全、伝統的価値観

キーフレーズ
- 規則にこだわる
- 継続と不変を望む
- 幸せな家庭生活を享受する
- 物質的に保障されている
- 豊かさを求める
- 精神的あるいは霊的豊かさ
- 世俗的成功

解釈

　このカードは古くから、物質的な豊かさと家庭生活の安らぎを表すものと解釈されてきました。しかし、それだけではない複雑な影も感じられます。金銭的な保障、富、豊かさ、格式、これらの言葉はすべて、最も外面的な世界での成功を表しています。多くのお金を持っているとき、わたしたちの表情にはある種の成功の笑みが現れています。堅実な家庭生活を送っているとき、わたしたちは"善人"のように見えます。規則に従っているとき、わたしたちは他人を脅かすことはありません。まさにこの絵のような生活を手に入れることができます。

　このカードを引いたとき、あなたが成功と繁栄の道を歩んでいることが示されています。あるいは、より大きな富にあこがれ、慣習的な流儀に従えば一定の地位が与えられることを知っているため、規則に従うことに幸せを感じていることを示しています。官僚的な権力の回廊では、過激で予測不能なことは歓迎されません。

　より多くの富を望むことは少しも悪いことではありません。ただし、その願望の根底に、しっかりした動機を持っておくことが大切です。それがあなたにとって何を意味するかを自覚しているなら、堅実で安定した家庭生活を送ることに少しの問題もありません。

　"妨害物"のポジションでは、このカードはしばしば、あなたが本当は間違った理由で、富や慣習や家庭的安心の防護柵に頼っているということを示しています。実はあなたの内面は非常に傷つきやすく、変化に怯えており、お金があればあるほど、あるいは高い地位に昇れば昇るほど、渇きや飢えを感じないで済むと考えていることを示しています。わたしたちの誰もが、自分自身の個人的構築物に頼りながら、人生の継続性を望んでいます。しかし人生において唯一確かなことは、それが常に変化するということです。

　このカードはあなたに、長く続く安全はまさに人間誰しもが持つ望みであり、もちろんそれは、偉大なる成功、金銭的報酬、子宝に恵まれるための前提となるものですが、同時に人生は予測できないものであることを思い出させます。このカードの"めでたし、めでたし"というシンボリズムは、タロットカードにつきものの、あの逆説的なシンボルのもう1つの形態です。あなたの伝統的な価値観を認め、それがあなたの旅のやり方なら、慣習的な方法に従うのも良いでしょう。しかし自分自身をごまかすことがないように。

ペンタクルのペイジ

キーワード
実践的な方法、現実的な目標、集中的努力、焦点と進歩、新しい計画

キーフレーズ
- 行動を開始する
- チャンスの芽を探す
- 自分の限界を知る
- 豊かになりたいと思う
- 金銭に関する使者
- 勤勉な労働者

解 釈

　ペンタクルのペイジは、あなたが実務的になり、現実的な目標に向かって前進し、新しい計画を実行するときが来たことを告げています。これまでに成し遂げてきたことを見るのもそれほど簡単なことではありませんが、今後さらに何ができるかを見るために将来を見つめることは、それ以上に難しいことです。外には、チャンスの芽が出ています。しかしそれを手に入れるためには、まずそれを見つけなければなりません。職場における昇進のような具体的な目標であろうと、恋愛関係をより強固にするといった精神的な目標であろうと、このカードは、『さあ、取りかかろう』という気分を表しています。

　ペイジはあなたが知っている誰かを表すこともあります。その人は信頼のおける働き手、こまめな友人、夢を現実に変える方法を知っている賢人などでしょう。その人はあなたに有益な情報を持ってくるかもしれませんし、あなたが表現できず、自分でも認識していない、あなた自身の才能を目覚めさせてくれる人かもしれません。

　自分の限界を知っているかどうか、さらに遠くへ行くことができるかどうか、誰かまたは何かを変えようとして働きかけるとき、あなたのやり方は効果的かどうか、などを自問してみてください。あなたは計画立案、その進展、焦点、そしてその結果と一体感を感じることができますか？　あるいはあなたは口を濁し、"今日やるべき事を明日に延ばす"タイプの人間ですか？

　ペンタクルのペイジは、どのスプレッドに出ても、このような問題を投げかけます。その時は、彼の肯定的影響力を最大限生かし、理想に向かって一歩ずつ前へ進むこと、綿密な計画を立て、それを堅実に実行することに喜びを見出しましょう。彼はまた、信頼できるチームプレイヤー、やり繰り上手な会計係、よく練られた考えを持つ友達としてあなたの人生に登場することがあります。このカードが"妨害物"のポジションに現れたときは、あなたが怖いほど自分自身の目標に集中していること、しかしあなたが、あなたの目標と実務的な成功を最優先にしているため、他人の要求に対して無感覚になり、それを無視していることを示しています。

ペンタクルのナイト

キーワード
仕事熱心、責任感、忍耐、現実的

キーフレーズ
- 伝統主義者
- 決然としているあるいは教条主義的
- 現実的あるいは憂鬱
- ひたむきあるいは柔軟性のなさ
- 仕事をやり遂げる
- 慎重あるいはチャンスをつかむのを恐れる
- 熱情なき努力
- 忠誠心
- 恋愛に関して引っ込み思案な人

解釈

　このカードを引いたとき、ナイトの表わすエネルギーの両極端とつながりを持つ可能性があることを確認しておきましょう。現在のあなたにとって、どちらの側が関係しているかを判断し、もしあなたが現在、熱心に仕事に取り組み、辛さに耐えているのなら、あなたは同時にナイトの否定的な側面——冒険を望まず、新しいことや変化に気が進まない——も表現しているかもしれないということを素直に認めましょう。

　ペンタクルのナイトは、あなたが仕事に真剣に取り組み、やり遂げる能力があることを表していますが、同時に、その仕事に感情を入れ込むのを避けているということも示しています。そのような仕事には、金銭的なやり繰りから、恋愛関係で創造的になることまで、あらゆることが含まれています。仕事に感情や情熱を注入していないとき、わたしたちは自分自身の信念の源泉から切り離されています。このカードはあなたに、あなたが人生をさらに良くしたいと望むなら、休眠状態にある失われた情熱、原理、信念を蘇らせる時期が来たことを告げています。

　ペンタクルのナイトが"いまのあなた"のポジションに現れたとき、あなたがまっすぐ前を向き、時間と労力を仕事に注ぎ込む用意があること、しかし感情的にはどこか冷めていたいと思っていることを表します。恋愛関係の問題を抱えているときにこのカードが現れたとき、あなたが当面はその関係に巻き込まれるのを避けたいと思っていること、しかし内心ではそうなりたいと欲していることを表します。

　"妨害物"のポジションにあるペンタクルのナイトは、あなたが重苦しく悲観的な気分になっており、外的環境や内面的問題をすっきりさせるために、少しばかり元気を出す必要があることを示しています。一方、"未来"のポジションに現れたときは、注意深く、慎重に、現実的に物事を見ることには計り知れない価値があるが、変化を恐れてチャンスをつかみ損なうことがないようにと、このナイトは忠告しています。可能性を押しつぶすことのないように、それをしっかりと受け止めなさい、そうすれば自分自身の力で成功を勝ち取ることができると告げています。

ペンタクルのクイーン

キーワード
頼りになる、養育的、温かい心、気持ち良い、寛大、大地母神

キーフレーズ
- 人生を現実的に眺める
- 事実に即した態度
- 信頼でき、誠実
- 安心感、家庭を愛する
- まわりの人を助けたいと本心から思う
- 動物や子供が好き
- 創造的で才能に恵まれている

タロット占いの実践

解 釈

　ペンタクルのクイーンはわたしたちを、安心と外的世界とのつながりの感覚の領域のさらに奥深くへと連れて行きます。彼女は万人のためにそこに控え、常に受け入れ、頼りになり、家庭を愛し、一族のためにはどんなことでも喜んで手を貸し、すべてを優しく包み込みます。あなたは彼女を崇敬しますか、羨ましいと感じますか、それとも、憎みますか？

　この大地母神の元型があなたの内面にどのような感情を呼び起こしているかを内観してみてください。あなたは完全に彼女と一体化できますか？　あなたは彼女の誠実さ、温かい心、気取らない生活様式を尊敬しますか？　または、彼女の、どんな問題にも自然で思いやりのある心で対処する態度を羨ましいと思いますか？　あるいは彼女が、どんな人でも自分の居心地の良い家に招き入れるやり方を憎たらしいと感じますか？　それともあなたはどんな感情も湧いてこないほど、免疫が出来上がっていますか？

　あなたがどのような反応をしようと、ペンタクルのクイーンはあなたの一部を表していることを覚えておいてください。彼女によって象徴されるエネルギーは、誰か別の人──たぶん社交的集まりの新人、新しい家族、新しいパートナー（男性であれ、女性であれ、ペンタクルのクイーンは、あなたの内面の、土、養育の性質を表します）──を通じて、あなたの人生に現れるかもしれません。

　このクイーンが誰を表そうと、彼女はあなたを指差してこう言っています。『あなたの内面を見なさい、そしてあなたの養育的側面を見なさい。』あなたは自分の面倒をちゃんと見ていますか？　あなたはまわりの人を気遣っていますか？　あなたは信頼できる友人や愛人として存在し続けることができますか？　それとも、彼らの秘密をすぐに洩らしますか？　あなたは自分自身の創造的才能を伸ばそうとしていますか、それともそれを放棄しようとしていますか？　このクイーンが"妨害物"のポジションに出たとき、あなたが自分自身の感情や精神的欲求を押し殺して、他人を養育しようとしていることが示されています。

ペンタクルのキング

キーワード
信頼できる、手腕、
物質主義的、
進取の気性に富む、
支援してくれる

キーフレーズ
- カリスマ性
- ビジネス・リーダー
- 金銭面での助言者
- 実務的で安定している
- 毅然として揺るぎない
- 金儲けの才能
- 有能、意味のない
  ことを嫌う
- 責任感のある態度

解 釈

　幸せな王の像がここにあります。彼は何事かを成し遂げ、頂点に立ち、憂いや煩悶もなく、常に人の上に立つ超越的力を有しています。ペンタクルのキングは、進取の気性に富んだ、信頼できる人物を表しています。何が自分たちにとって、そして他人にとっても最善かをよく認識し、どのように処理し回転させれば良いかを知り、物事がどう進むかを直観的に悟り、ジブラルタルの岩のように確かな方角を指し示す人です。本当にこの王は、もし実在するなら、会ってみたい王です。しかし実はあなたの傍にすでに存在しているかもしれません。その人はあなたが知っている人、あるいはあなたと共に働いている人で、あなたの内面に隠れているこのような性質に刺激を与えている人でしょう。

　ペンタクルのキングは、あなたが人生の成功の時期にあること、そして物事を進める決断を下す時期にあることを示しています。あなたがいま行っていることを十分楽しみましょう。そして、その成果に後ろめたい気持ちを持つ必要はまったくありません。あるいは、この王のエネルギーがいまのあなたには欠けており、それを外に向けて表現する必要があることを知らせているのかもしれません。

　"妨害物"のポジションでは、このカードは、あなたが仕事面や金銭的な問題で追いつめられており、恋愛関係が傷ついていることを示しています。あるいは誰かがあなたに、処理できる限度を超えて、あなたに仕事を押し付けているかもしれません。"未来の結果"のポジションでは、ペンタクルの王はあなたにこう告げています。『努力の報酬を遠慮なく受け取り、愛を打ち明け（あるいはお金に対する愛をかなえ）、黄金を求めて進み、技術の頂上を目指しなさい』と。このカードはあなたに、エネルギー、自信、すべての状況を取り仕切るカリスマ性をもたらすでしょう。

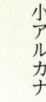

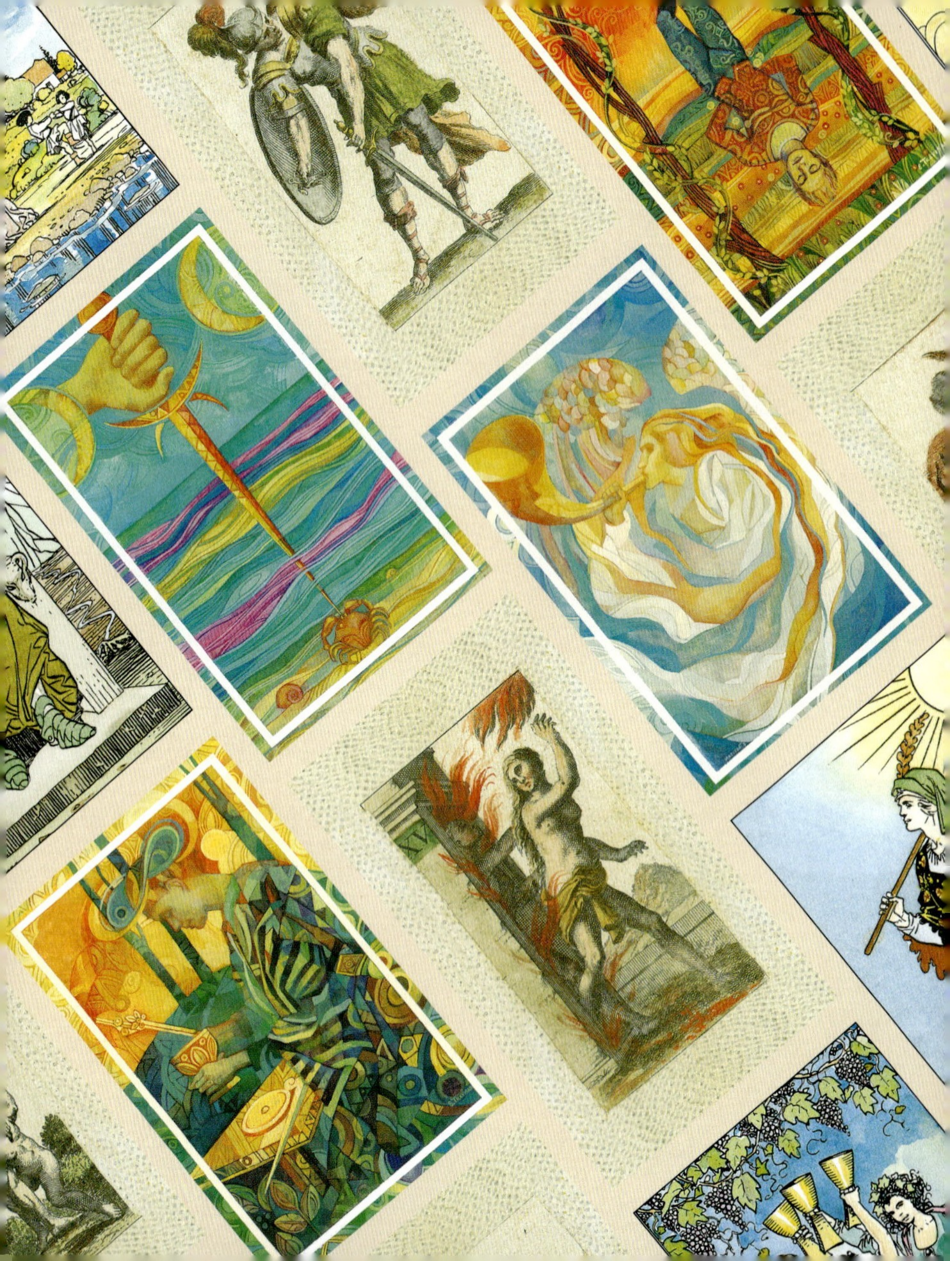

今日の
スプレッド

今日のスプレッドの使い方

　これから紹介するスプレッドは、比較的短時間に、自然にタロット・リーディングが習得できるように作られています。"今日のスプレッド"の数々は、簡単な問題を解決し、日課のように自己発見を続けていくための、初心者から経験豊富なタロット・リーダーまで誰もが使うことのできるスプレッドです。カードのキーワードがポジションごとに変わるように、レイアウトの形は状況に合わせて変更することができます。

　簡単なスプレッドを通じて、同じカードにいつも同じ解釈を当てはめるといった教条主義的なやり方から脱却し、自分独自の解釈を発展させていく能力を身につけることができます。小説でも、同じ段落を何度も何度も繰り返し読み、次のページに進まないなら、誰もがいつか飽きてしまいます。これらのスプレッドは、単純に、"過去"、"現在"、"未来"のスプレッドとして使うこともできますが、質問の内容に合わせて特別に関係づけることもできます。

　スプレッドを解釈するときの基本は、それがカードを選んでいるときのあなた自身を映し出しているということを忘れないことです。自分に対して客観的であればあるほど、良い結果が生まれます。最初に、カードを眺めながら、1つの物語を作りましょう。次に、あなたの頭の中で起こっていることを形に表すため、その物語を口に出して言ってみましょう。あなたが何らかの質問の答えを求めているときは、答えは必ずしも個々のカードの中にあるわけではなく、レイアウト全体が意味するものの中にあるということを忘れないように。

　"今日のスプレッド"の目的は、個々のカードについてより深く知り、さらに複雑なスプレッドへ移っていくための基礎を形作ることです。これらのスプレッドを通じてあなたは、自分は鏡に映った自分を見ているのだということをより深く理解し、どのカードがあなたに自己分析の契機をもたらしているのかを判断することができるようになります。少ないカードを使うレイアウトを繰り返すことにとって、1枚のカードがより多くの内容を"語り"かけてくるようになります。そしてある時、あなたの頭に閃光がひらめき、突然その意味するものが"わかる"ようになります。また、解釈するのが怖いカードがあるかもしれません。その時は、なぜそのカードがあなたの心理のボタンを押すのかを自問してみましょう。毎日これらのスプレッドをリーディングすることによって、あなたは自分自身について、あなた自身想像もしなかったような多くのことを学ぶことができ、カードを知ることにさらに大きな喜びを感じるようになるでしょう。

> 練習によって、あなたはより深く
> カードと同調できるようになる。

今日のスプレッド

スプレッドを始める前に

　スプレッドのレイアウトとその解釈には、規則のようなものはまったくありませんが、以下の手引きに従うことによって、実際にリーディングを始めるための環境づくりと心の準備をすることができます。構造と実体は、ペンタクルのスートの世界です。そして解釈は、ソードとワンドの組み合わせによって生まれ、カップは、その解釈に対するわたしたちの反応を表します。

ステップ・バイ・ステップ・ガイド

1　集中力を高め、直観の流れを自然なものにするために、心の落ち着く静かな場所で行います。

2　ローソクに明かりをともし、お香をたき、気分を和らげ、集中力を高めます。静かな音楽を流しても良いでしょう。

3　お気に入りの儀式を行います。

4　質問とその結果、あるいは思いついたことを書き留めるための、タロット日記を手元においておきます。

5　カードを手にする前に、質問や問題を日記に書き留めます。

特にタロットを初めて使う人は、タロット日記をつけることが重要。

重要

どのスプレッドにも、やり方をより良く理解してもらうために、リーディング例を示しています。また、すべてのスプレッドに、各カードの解釈の章で述べたような、"いまのあなた"や"妨害物"、"未来の結果"のポジションがあるわけではありません。ポジションについての特別な記述がないスプレッドの場合は、カードの中心的な意味で解釈してください。

6　推奨する方法（p.54〜55参照）の1つを使って、カードをシャッフルします。次に3回繰り返します。

7　質問がある場合は、シャッフルしている間中、その質問に心を集中させます。

8　選んだレイアウトに合わせ、順を追って、該当する数のカードを選びます。カードを選ぶ瞬間は、あなたとタロットカードが融合する瞬間です。質問や問題があるときは、カードを引いている間中、その問題に意識を集中させ、頭の中で質問を繰り返します。

9　スプレッドの図に合わせて、順番とポジションを確かめながら、カードを裏返しにしたまま、最後まで一度にレイアウトを完成させます。

10　すべてのカードをレイアウトどおりに並べ終えたら、一度に1枚ずつカードを表にし、逆位置にある場合は、正位置に戻します。

11　カードを1枚1枚ゆっくり見ていきます。本書の解釈と、あなた自身の感覚、直観とを比べてみます。そしてそのカードがあなたにとって何を意味するかをしっかりと決定してから、次のカードに進みます。経験を積んでいくにつれ、カードの意味を組み合わせ、レイアウト全体を1個のまとまりとしてリーディングできるようになります。

12　各スプレッドのキーワードと付随するアドバイスに従いながら進めます。

毎日の練習

　これから紹介する2つのスプレッドは、カードをより良く知るために毎日行いたいスプレッドです。その日どのようなことが待ち受けているかを見るために1枚のカードを引くのとは違い、この2つのスプレッドは、あなた自身のインプットを必要とします。つまり、あなた自身への質問を通じて、カードの意味を直接的に体験することができます。

今日のカードのスプレッド

1 今日のカード(これからの1日の重要な側面を示します)。
2 もう1枚加えます(注意すべき内面的問題を示します)。
3 気をつけるべきこと(起きる可能性のある感情、欲求、反応)。

リーディング例

1 **剛毅**　自分の行動に責任を持つ日です。心の強さを思いやりの心と結びつけることが、恋愛関係をはじめ、さまざまなことに対処するときに重要なことです。自分自身に向けて投げかける質問は、『あなたはあなたの心の真実とどのように触れ合っていますか?』

2 **ペンタクルの8**　勤勉に仕事に専心し、細部に注意を払いなさい、と告げています。これをあなたは叱責と受け取りますか、それとも納得しますか?

3 **カップの7**　甘い考え、あるいは自分はすべてを知っていると自分自身に嘘をつくこと。このカードは、夢見がちで、考えが散漫な人を表します。その人はあなたを憂鬱な気分にさせますか、あるいはその人の流れに合わせますか?

今日の気分のスプレッド

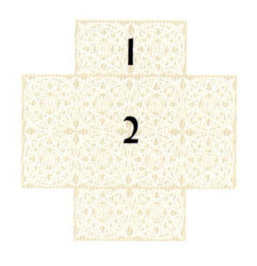

1 今日のあなたの気分
2 邪魔するもの
3 前向きの結果

リーディング例

1 **ワンドの4** 今日のあなたの気分は、活力に満ちあふれ、自由で、落ち着いています。そんな気分ではないと打ち消しますか、それともその通りだと歓迎しますか？

2 **皇帝** 今日のあなたの気分を邪魔するものは、権威ある人物あるいは主導権を握りたいというあなた自身の欲求かもしれません。今日1日、責務をどこかに置いておき、しっかり楽しみますか？ あるいは、あなた以外の人が、あなたがしたいと望むことを止めさせようとしていますか？

3 **ソードのキング** 混乱を切開し、状況を分析することができる日です。今日のあなたは理性的ですか？

わたしの最大の強みと最大の弱点

　これから紹介する2つのスプレッドは、1つずつ別個に考えることもできますし、2つ並べて、解釈を組み合わせることもできます。あなたの最大の強みと最大の弱点が、1枚のコインの両面を表す場合もあることに気づきましょう。これらの性質は、あなたの人生の中でどのように作用していますか?

わたしの最大の強みのスプレッド

1 わたしの現在の強み
2 それをどのように利用するか
3 それが導く道
4 これから発展させるべき強さ

リーディング例

1 **ペンタクルのペイジ**　現実的な態度。わたしはそのことをどれほどよく知っているだろう?
2 **ソードの3**　わたしの心の傷を癒しなさい。わたしが傷を持っていることを正直に認めなさい。
3 **運命の車輪**　交差点、岐路。どれほどうまく変化に対応できているか、あるいはいないかを自問してみましょう。
4 **吊るされた男**　流れと共に進む。一瞬一瞬を大切に生きる。

わたしの最大の弱点のスプレッド

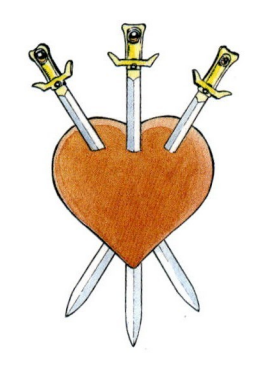

1 わたしの現在の弱点
2 それを克服するのを助けてくれるもの
3 新しい方向

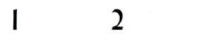

リーディング例
1 ワンドの7　信条や物の見方を変えることを拒む
2 星　人生を楽観的に考える、新鮮な考え方、夢を信じる
3 ソードのエース　自分自身に素直になり、古臭くなった幻想を切り裂く

わたしの現在の優先事項

　これから紹介する2つのレイアウトは、心にいつも留めておかなければならない事柄に関するものです。最初のレイアウトは5枚のカードからなり、1枚目のカードが現在の優先事項を表し、残りのカードが、その優先事項にかかわる妨害物と、前に進むためにその妨害物にどう対処するかを示す関連カードです。一般に優先事項には、次ページに示したもの以外に、恋愛問題、仕事、自己開発に関係するものがありますが、必要に応じてさらに付け加えることもできます。

わたしの主な優先事項のスプレッド
1 主な優先事項
2 それを邪魔するもの
3 わたしが変えることのできる事柄
4 わたしが受け入れなければならない事柄
5 物事はどのように進展していくか

リーディング例
1 **カップの6**　わたしの現在の優先事項は、私自身に対して、また他の人たちに対して、寛大に、親切になり、善良な意図を持つことです。
2 **悪魔**　わたしは物質主義に取りつかれ、物事を悲観的に考えがちです。
3 **ペンタクルの2**　いろいろな考えを受け入れ、柔軟に対応し、適応力を身につける。
4 **ソードのクイーン**　どう行動するかについてのわたし自身の隠された動機。
5 **カップの9**　わたしは望んでいる結果を必ず得ることができます。

その他の優先事項のスプレッド

1 愛
2 仕事
3 自己開発

リーディング例

1 **隠者** どのような種類の愛がいまのわたしに必要なのかをもっと真剣に考える必要があります。
2 **ワンドの3** 何か新しいこと、別のことに挑戦してみる時期。
3 **ペンタクルの10** わたしの現在の幸せにとって、経済的安定が最重要です。

わたしの秘密

　これら2つのスプレッドは、あなたの現在の秘密を明らかにします。このスプレッドはたびたび行ってもかまいません。なぜなら、わたしたちの気分、感情、欲求は常に変化しているからです。人の感情は常に変化しているということが怖くて受け入れられないために、前に進めないということがよくあります。

わたしの秘密のスプレッド1

1 わたしの秘密の願望
2 わたしを動かしているもの
3 わたしを落ち込ませるもの
4 わたしが達成できること

リーディング例
1 戦車　わたしは本気で自分の人生を自分でコントロールしたいと思っています。
2 ペンタクルの8　一生懸命働き、仕事に全身全霊を捧げる。
3 ワンドの8　物事があまりにも早く動くこと、あるいは宙に浮いていること。
4 星　わたしの考えをみんなと共有し、行動へと鼓舞してもらうこと。

わたしの秘密のスプレッド2

1 わたしの秘密の愛
2 わたしの秘密の憎しみ
3 わたしの秘密の課題

リーディング例

1 **塔**　わたしはひそかに衝撃的な恋愛がしたいと思っています。あるいは、わたしの周囲に混沌を生じさせたいと思っています。
2 **ワンドの6**　わたしは自分の持ち物を見せびらかすような人をひそかに憎んでいます。
3 **奇術師**　わたしの秘密の課題とは、なぜこのように考えるのか、その動機を知ることです。

最も好きなカード、最も嫌いなカード

このスプレッドは、これまでのスプレッドとは少し違います。というのは、まず最初にパックの中から、いま自分が最も気に入っているカードと最も嫌いなカードを、素直な心で1枚ずつ選び出す必要があるからです。カードを1枚1枚じっくり見ていき、何枚か候補があがったら、それをパックから抜き出し、その中から最終的にそれぞれ1枚に絞っていきます。何回も行っているうちに、自分の一番好きなカードと一番嫌いなカードが、状況に応じて変化しているのに気づくはずです。

ステップ・バイ・ステップ・ガイド

1 最初の2枚のカードを、次ページで示したポジションに並べます。残りのカードをシャッフルします。その中から無作為に1枚抜き出し、それをポジション3におきます。

2 最初に、最も好きなカードと最も嫌いなカードについての解釈を読みます。それぞれのカードがいまの自分にとってどんな意味を持つのかを、しばらく考えます。なぜそのカードが好きで、なぜそのカードが嫌いなのですか?

3 あなたが嫌悪するカードが特に重要な意味を持っています。あなたはそのカードが表す感情や元型的エネルギーを自分の心から排除しようとしていませんか? あなたはそれらの感情やエネルギーを誰か別の人に投影していませんか?

4 あなたの最も好きなカードが表す元型的性質が、いまのあなたの恋人、理想、長期的な大望に投影されています。あなたはその性質を自分自身に体現させるために具体的に動き出していますか、それとも、ただ夢想しているだけですか?

5 最後に3枚目のカードを表にし、上の2枚のカードについて、いま学ぶ必要のあることを発見します。

最も好きなカードと最も嫌いなカードのスプレッド

1 最も好きなカード
2 最も嫌いなカード
3 学ぶ必要のあること

リーディング例
1 **ペンタクルのクイーン** わたしの最も好きなカードは、わたしがそうありたいと願っているものを表します。ここでは、みんなから信頼される誠実な人です。
2 **月** 月は、他人を信頼することができないわたしの心を表しています。
3 **剛毅** わたしは自分自身についての認識を深め、自分の行動に責任を持ち、他人と自分自身を信頼することを学ぶ必要があります。

過去の問題、現在の妨害物、将来の展望

　このレイアウトは、過去、現在、未来のポジションを使い、時の経過の中でさまざまに織り上げられる人生の諸相についての一断面を表します。わたしたちはいつも、未来がどのような可能性を含んでいるのかを知りたがります。なぜなら、それを知れば、自分の人生を自分が支配することが確実になるように感じられるからです。しかしそれに劣らず、過去がどうであったかも重要なことです。なぜなら、過去はすでに終わったことですが、現在のわたしたちの一部を支配しているからです。わたしたちは未来のことを考えるのとほぼ同じ時間だけ、過去のことを考えています。過去のもつれをほどきましょう。そうすれば未来にどう立ち向かえば良いのかが見えてきて、それを自分のものにすることができます。

現在、過去、未来のスプレッド

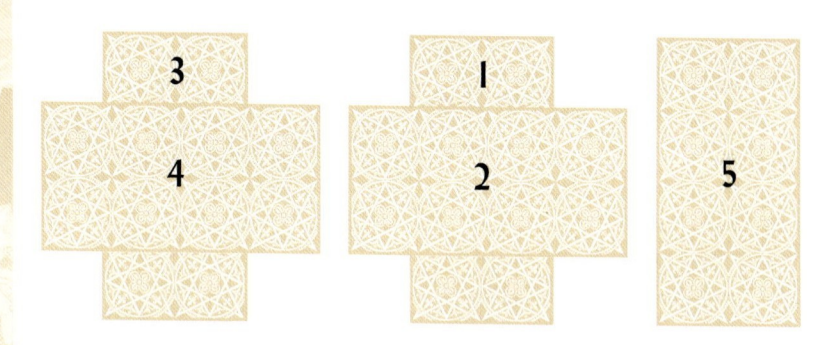

1 いまのあなた
2 現在の妨害物
3 まだ解決されていない過去の問題
4 過去の妨害物
5 これからの道

リーディング例

1 **女教皇** 本当はわたしは、わたしの感情を誰かにさらけ出したいと思っています。
2 **ソードのキング** しかしわたしはいつも、誰かから非難されたり、落ち込まされたりするのを怖がり、自分の感情を素直に表せば、きっと傷つくに違いないと恐れています。
3 **カップの2** わたしはいつも物事をあまりにも個人的に考えすぎて、すぐに傷ついたり、自己防衛的になったりします。
4 **ペンタクルの2** わたしはいつも、あまりにも多くの事柄にかかわりすぎ、自分がどんな人間なのか、あるいは本当に欲しているものは何なのかを真剣に考えたことがありません。
5 **ペンタクルの9** わたしはもっと精神的に自立する必要があります。そうすればわたしが本当に感じていることを、誰かに告げるのを恐れなくなります。

すべてを変える

　もう1つの"未来／過去型"のスプレッドですが、今度のスプレッドは、未来に向かって動き出すために、過去の何を清算しなければならないかを中心にしたものです。このスプレッドは、あなたが過去に縛られ、恋愛関係の心の傷や、誰かまたは何かから拒否された感覚から立ち直れないと考えているときに有効なスプレッドです。つまり、過去の自分に"さよなら"を言い、新しい自分を歓迎するためのスプレッドです。

何を解決する必要があるかのスプレッド

1 もはや重要でないこと
2 すでに達成されたもの
3 わたしを前へ運んでくれるもの
4 受け入れなければならない変化

リーディング例

1. **恋人**　もはや重要でないことは、すでに終わってしまった恋愛です。
2. **ソードの5**　すでに達成されたものは、わたしが自分の限界を受け止めているということです。
3. **太陽**　わたしを前へ運んでくれるものは、わたしが、前方にはより多くの幸せが待っているということを知っているということです。
4. **カップのクイーン**　受け入れなければならない変化は、他人に対して心を開き、もっと思いやりのある人間になることです。

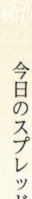

今日のスプレッド

いまのわたし、そしてどこに行こうとしているのか?

　このスプレッドは、他人を見るときよりももう少し深く掘り下げて自分自身について探索するためのもので、7枚のカードのレイアウトを使います。

いまのわたし、そしてどこに、のスプレッド

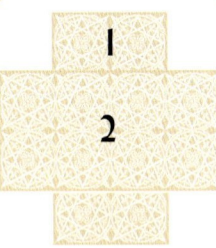

1 これがいまのわたしです
2 自分自身について知らないこと
3 手放す必要のあるもの
4 開発する必要のあるもの
5 わたしがなりたいと思っているもの
6 現在追及しているもの
7 それはわたしをどこへ導くか

リーディング例

1 **ペンタクルの8** わたしはいま一生懸命働き、自分のすることに集中しています。
2 **審判** いまわたしが自分自身について知らないことは、古い価値観を捨て去り、新しい価値観を獲得することができるということ。わたしは選択をし、自分の行動に責任を持つことができます。
3 **カップのペイジ** わたしが放棄する必要のあることは、他人を喜ばすことに熱心になりすぎるわたしの態度です。
4 **ソードのキング** 開発する必要のあるものは、事態をより深く洞察する力です。
5 **隠者** わたしがなりたいと思っていることは、より自省的になりより深く自己と同調することです。
6 **ワンドのエース** わたしが現在追及しているものは、自分自身をもっと信頼し、自分の見方や理想に従うことです。
7 **ペンタクルの3** それによって私は新しいつながりを見出し、チームの一員となって、成功に導く力を持っていることを証明することができます。

今日のスプレッド

275

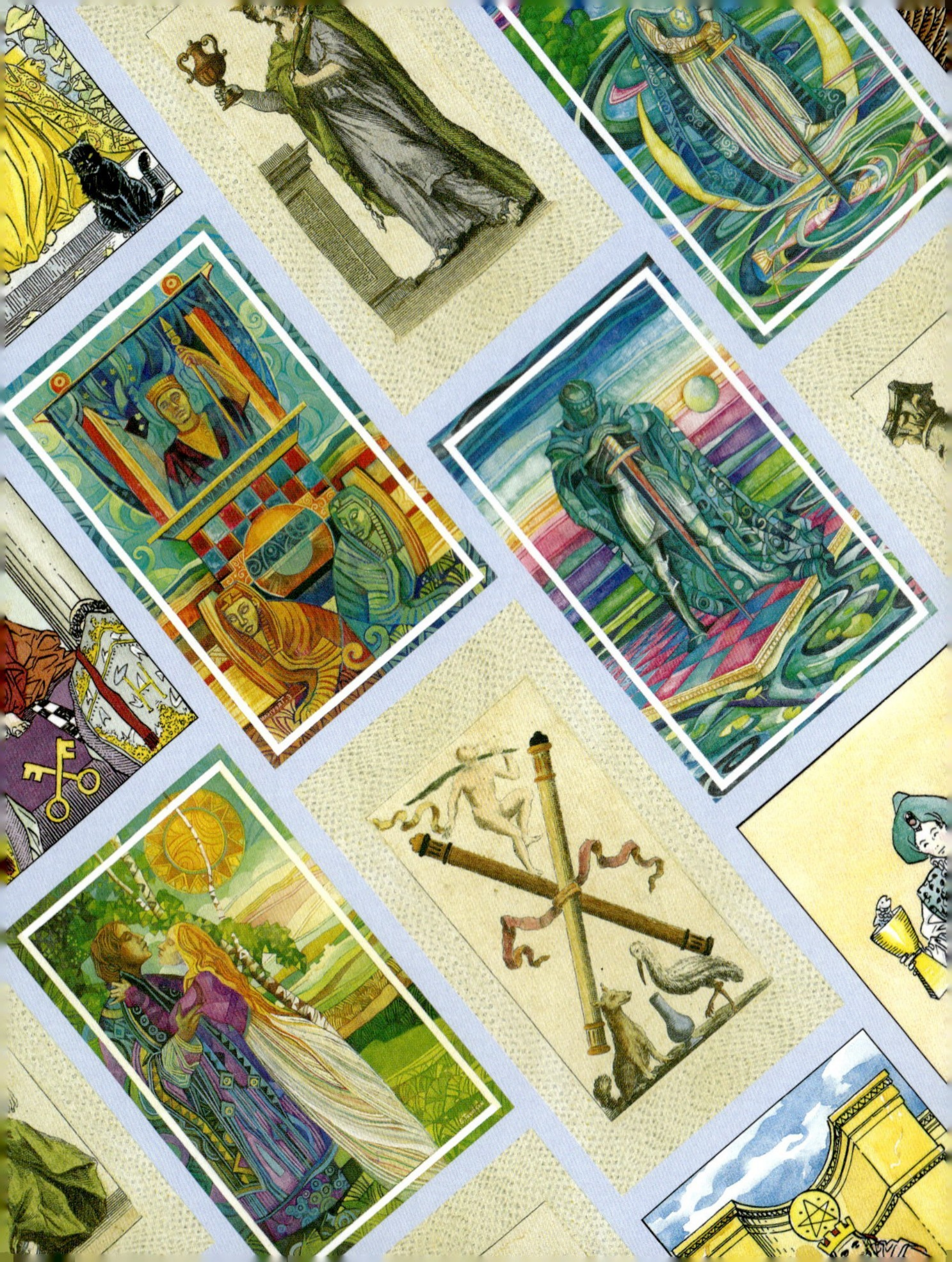

恋愛関係スプレッド

恋愛関係スプレッドの使い方

　わたしたちの誰もが、恋愛関係がどれほどもつれやすいものかを知っています。そして、いままさに恋に落ち、恋愛の神秘に完全に夢中になっているときであれ、あるいは裏切られ、傷ついているときであれ、あるいはまた、現在の恋愛関係に少し飽きてきたときであれ、いま起こりつつあることを客観的に眺めるためにタロットに目を向けたくなる時が必ずでてきます。理由はどうであれ、タロットに相談することは良いことです。タロットは、あなたを鏡のように映し出すのとまったく同様に、あなたの恋愛関係を映し出します。

　この章で紹介するスプレッドには、あなた1人で行うものと、恋人やパートナーといっしょでも行えるものがあります。自分1人で行う場合は、"相手"の領域に出たカードについては特に、極めて慎重に、そして素直な気持ちで見るように心がけてください。なぜなら、誰でも、"相手"のカードを自分に有利に解釈しようとする傾向があるからです。そこにいないパートナーのカードを解釈する際には、常に、あなたがあなたの恋人に感じたり、考えたり、したり"して欲しい"と思っていることを投影させる危険がつきまといます。しかし、あなたが全般

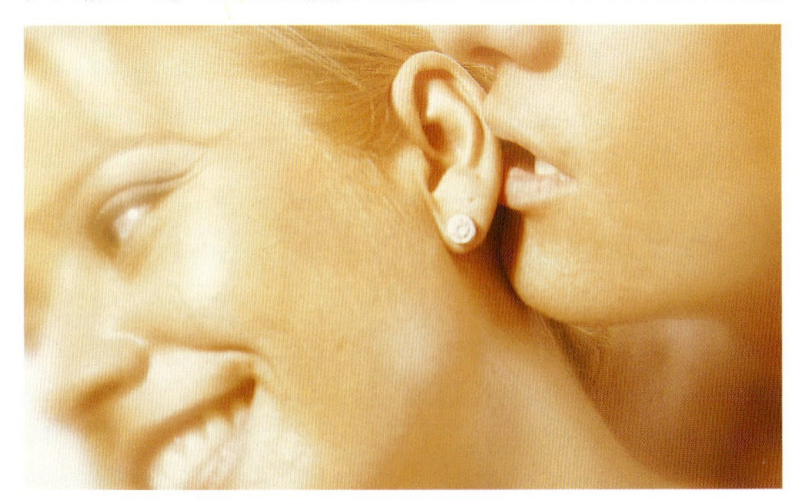

2人の誕生日の数字を足し合わせると、
2人の特別なカードが浮かび上がる。

的に正直で、客観的でありさえすれば、いまから紹介する恋愛関係スプレッドを使うことによって、2人の恋愛関係についての深い洞察を得ることができます。

パートナーといっしょにスプレッドをリーディングするとき

　パートナーといっしょにリーディングするときは、どちらがパートナーAで、どちらがパートナーBになるかを、あらかじめ決めておく必要があります。スプレッドの図を見ればわかるように、パートナーAとパートナーBで、ポジションが大きく異なる場合があります。

　対面して床に座り、2人ともがカードに触れた状態にするために、交代でシャッフルを行います。カードを引くときは、交互にどちらの側からもカードを引くことができるように、2人の間に裏面を上にして、カードを長く1列に並べておきます。少しずつ重ね合わせながら、カードが途中で途切れることがないように連続して並べておくことが大切です。恋愛関係そのもの（言い換えると2人の結合したエネルギー）を1枚のカードで表すスプレッドの場合は、どちらがその特別なカードを引くかを前もって決めておきます。

恋愛関係カード

　2人の誕生日を使って、現在の2人の関係を表す大アルカナ・カードを見つけだすことができます。そのカードは、あなたとあなたのパートナーの間の、問題点、傾向、相互作用を表します。リーディングの途中にそのカードが出たときは、そのポジションの根底にある動力学をさらに強めることができます。"愚者"は通常、数字の0を表しますが、この場合は、22を表すと考える必要があります——どんな数字を足し合わせても0にはなりえないからです。

　恋愛関係カードの出し方は、まず2人の誕生日の数字を合算し、次にそこで出た数字の各位の数字を足し合わせます。そうすると、必ず22以下の数字になります。たとえば：

1952年5月26日と1950年3月28日とすると、
26+5+1952+28+3+1950=3964
3+9+6+4=22

　"愚者"に22という数字が与えられていますから、この場合2人の恋愛関係を表す大アルカナ・カードは、"愚者"ということになります。

現在の恋愛関係

　このスプレッド（1人でも2人でも可）は、どんな時でも、あなたとあなたのパートナーを心の迷宮へといざない、2人の恋愛関係の諸相を理解し、その強さと弱さを認識するのに役立ちます。恋愛のエネルギーはけっして静的なものではありません。このスプレッドは、そのエネルギーがいまどのように動き、どこへ向かいつつあるのかを示します。

　このスプレッドは、他のスプレッドとは少し違い、あなた自身ではなく、あなたの恋愛関係を映し出すもので、あなた方2人の間の動力学と相互作用を表します。それぞれのカードは、あなたやあなたのパートナー1人1人についてではなく、恋愛関係そのものの動力学を表します。恋愛関係を第3者として取り扱い、あなた方自身を、その傍観者の立場に置くことが大切です。

注意：このスプレッドでは、より深い解釈のため、大アルカナ・カードだけを使用します。

恋愛関係とその性質のスプレッド

1 そのエネルギー
2 その心の交流
3 その強さ
4 その弱さ
5 その現実
6 その情熱
7 未来の鍵

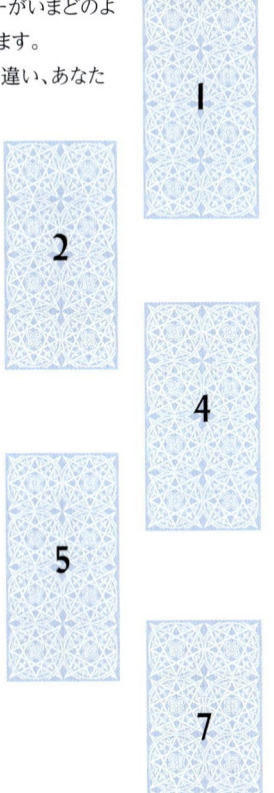

リーディング例

1 **節制**　2 人の間は仲むつまじく、調和がとれています。
2 **星**　2 人の間には、理想的で、しかも前向きな対話が行われています。
3 **太陽**　創造的な陽気さが 2 人の恋愛関係の成功の秘訣です。
4 **戦車**　2 人の間には、隠れた権力闘争があるように見えます。誰が誰を出し抜こうとしているのでしょうか？
5 **女教皇**　外部者には、2 人の恋愛関係のまわりには、神秘的な雰囲気が漂っているように見えます。
6 **世界**　冒険的で、外向的です。
7 **恋人**　お互いに誠実であること、すべてにおいて相談しながら決定することが、この恋愛関係を生き生きとしたものにします。

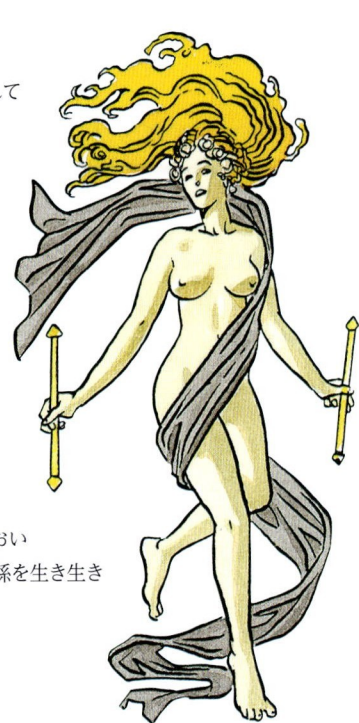

恋愛関係スプレッド

愛のテスト

　このスプレッド(1人で行います)は、恋愛関係が始まったばかりの時も、長く続いている時も、あるいはあなたがまだシングルの時も使うことができます。このスプレッドによって、あなたにとって恋愛が何を意味するのか、あるいはあなたが本当に恋愛関係に入りたいと思っているのかどうか、そして、どうすれば恋愛関係をうまく進展させることができるのか、あるいはどうすればぴったりくる人を見つけられるかを探る手がかりをつかむことができます。

愛の目的地のスプレッド

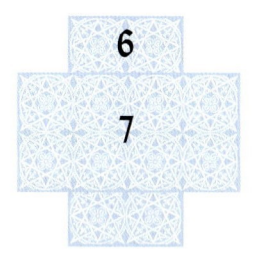

1 わたしの愛の目的地
2 わたしが与えることができるもの
3 わたしに不足しているもの
4 パートナーの内にあって欲しくないもの
5 パートナーに望むもの
6 問題の核心
7 成功させるためにわたしにできること

リーディング例

1 **隠者** わたしの愛の目的地は、親密な恋愛関係を通じて、わたしの内面の真実を発見することです。
2 **ワンドの4** 大らかさと"生きる喜び"をわたしは与えることができます。
3 **カップの10** 家族や何かに所属するという感覚がわたしには欠けています。
4 **ソードの7** パートナーには不誠実な行いをして欲しくありません。
5 **ワンドのペイジ** パートナーには創造性と冒険心が欲しいと思っています。
6 **吊るされた男** わたしはありのままのわたしを受け入れなければなりませんし、愛されるためにわたしの欲求を犠牲にすることは望みません。

   1   2   3   4   5   6   7

7 **奇術師** 恋愛関係を成功させるために、わたしはもっと自己認識を図り、自分の動機、意思をより深く知るようにします。

恋愛関係スプレッド

283

お互いをどう見ているか

このスプレッドは、あなた1人でも、パートナーといっしょでも行うことができるもので、お互いが相手を、そして恋愛関係そのものをどう見ているかについての真実を示します。1人で行う時は、あなたの意思、恐れ、願望をパートナーに投影することがないように注意しましょう。時には、あなたの代わりに、客観的な立場にいる友人にリーディングしてもらうのも有効かもしれません。　注意：誰がAで誰がBかを前もって決めておきましょう。

お互いをどう見ているかのスプレッド

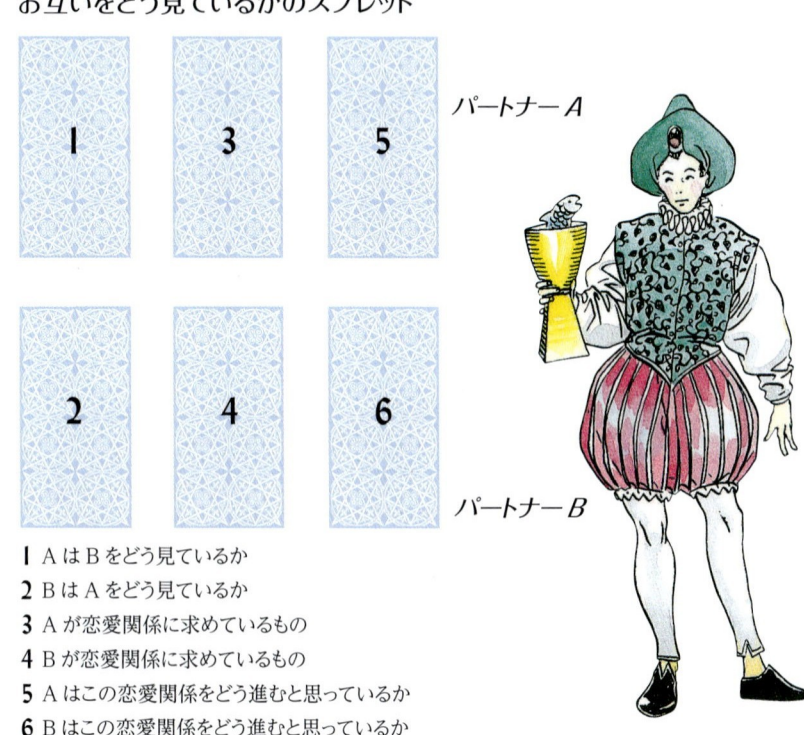

パートナー A

パートナー B

1 AはBをどう見ているか
2 BはAをどう見ているか
3 Aが恋愛関係に求めているもの
4 Bが恋愛関係に求めているもの
5 Aはこの恋愛関係をどう進むと思っているか
6 Bはこの恋愛関係をどう進むと思っているか

リーディング例

1. **ワンドのクイーン**　AはBのことを、エネルギッシュで、外向的で、情熱的と見ています。
2. **審判**　BはAを、決断力があり、誠実で、状況判断が的確な人と見ています。
3. **カップのペイジ**　Aはこの恋愛関係に、心の交流、良好な社会生活、結ばれているという実感を求めています。
4. **ソードの6**　Bはこの恋愛関係に、過去の心の重荷からの解放、新しい出発を求めています。
5. **ペンタクルの4**　Aは、2人が前へ進む努力をしない限り、この恋愛関係は膠着状態に陥ると感じています。
6. **教皇**　Bは、この恋愛関係は普通の、本当にありふれた形で進むと思っています。

　明らかに、AとBは、2人の未来について話し合う必要があります。というのは、Aは2人の恋愛関係が退屈で、面白味のないものになることを危惧していますが、Bはそれを問題とは思っていません。

　恋愛関係スプレッドを行うと、このような不一致が生じることはめずらしくありません。むしろそれは、前向きな創造的対話の契機となり、より深くに潜んでいる問題の相互理解へとつながります。

わたしたちはここからどこへ向かっているのか?

このスプレッドも、前のスプレッドと同じく、1人でも、パートナーといっしょでも行うことができるもので、あなたの恋愛関係の現状と、これからどこへ向かうかを知る手がかりを与えてくれます。

わたしたちはどこへ向かっているのか、のスプレッド

1 わたしたちはいまどこにいるのか
2 わたしたちの間に問題を起こすもの
3 わたしたちが大切にするのを忘れていること
4 わたしたちが表現する必要のあるもの
5 わたしたちの選択
6 わたしたちはここからどこへ向かおうとしているのか

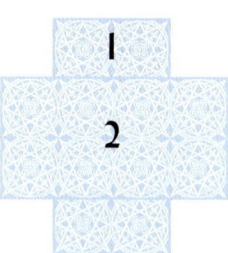

リーディング例

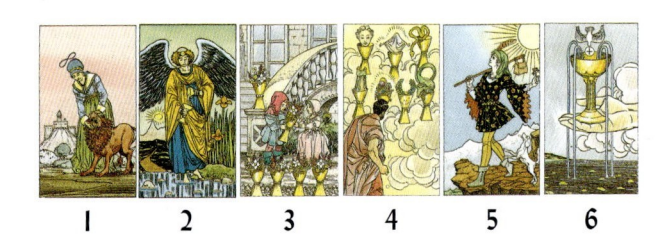

1. **剛毅** 現在わたしたちはお互いの欠点を認め合い、互いにあまり干渉しないようにしています。
2. **節制** 2人があまりに協調しすぎていること。いつも折衷案を見出そうとしていることが問題の原因となっています。それは少し退屈で、面白味に欠けてはいませんか？
3. **カップの6** わたしたちは遊び方を忘れてしまっているようです。
4. **カップの7** もう少しわがままになって、自分の夢や欲求を口に出しましょう。人生をもっと楽に考えてもいいのでは？
5. **愚者** わたしたちの選択は、地平線やネットワークを広げ、もっと自由に行動し、心を開放することです。
6. **カップのエース** ここから再びわたしたちは恋に落ちることができ、より親密になり、ロマンスの花を咲かせることができます。

見てわかる通り、表面上は2人は円満で、お互いあまり干渉していないようです。これ以上何を望む必要があるでしょうか？ しかしどんな恋愛関係にも、常に"問題"や"欠陥"、あるいは"必要"があります。このスプレッドを使うことによって、2人の関係をもっと深く掘り下げ、どうすれば前進できるか、どうすれば静的な関係ではなく、生き生きとした動的な関係になれるかを知る手がかりを得ることができます。

セックス相性診断

　これは1人でしても、パートナーといっしょでも、楽しいスプレッドです。2人で行う場合は、誰が"あなた"で、誰が"わたし"かを前もって決めておきます。とはいえ、"わたしはあなたを感じさせる"とか、"あなたはわたしを感じさせる"といった表現は、極めて個人的な判断であることを踏まえておいてください。わたしたちはよく、「あなたはわたしを夢見心地にし、最高の気分に、若々しくしてくれる」などと言ったりしますが、これは実は、わたしの内面の"夢見る心"や"若さ"や、わたしの中のいろいろなものの引き金を引いてくれる何かが、あなたの中にあるということを意味しています。このスプレッドでは、コート・カードとエース、大アルカナだけを使います。

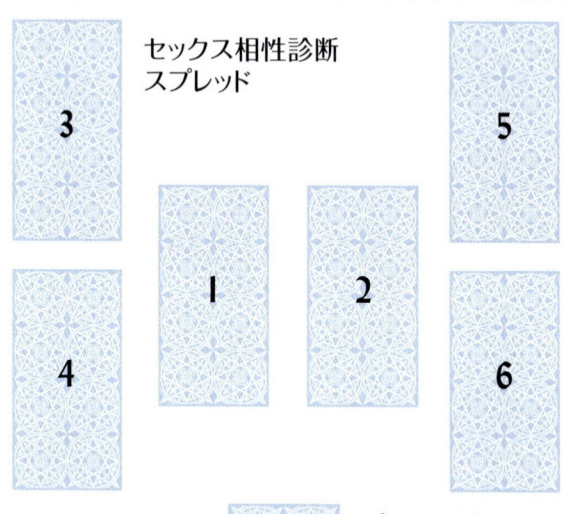

セックス相性診断スプレッド

1 いまのわたしのセックス・スタイル
2 いまのあなたのセックス・スタイル
3 わたしがあなたに夢中なのは、あなたが…
4 あなたがわたしに夢中なのは、わたしが…
5 あなたはわたしを…気持ちにさせてくれる。
6 わたしはあなたを…気持ちにさせる。
7 わたしたちのセックスの錬金術は…

1	2	3	4	5	6	7

リーディング例

1 **ソードのクイーン** わたしのセックス・スタイルは、大胆で、刺激的です。
2 **ソードのナイト** あなたのセックス・スタイルは、魅惑的で、表現力豊かです。
3 **ペンタクルのクイーン** わたしがあなたに夢中なのは、あなたが美しさと真実を体現しているから。
4 **皇帝** あなたがわたしに夢中なのは、わたしが性の力を体現しているから。
5 **ワンドのエース** あなたはわたしを、まるで急いで物を手に入れたがっているような、焦る気持ちにさせてくれる。
6 **ソードのキング** わたしはあなたに、自分自身の性感を確かめさせるように、しっかりした明確な快感を与える。
7 **ワンドのナイト** わたしたちのセックスの錬金術は、大胆で、奔放です。

あなたとわたし

　このスプレッドは、前のスプレッドと同じく、1人でも2人でもできますが、これまでのスプレッドと少し違う点があります。それは6枚目までは無作為に引きますが、7枚目はそうではないということです。7枚目のカードは、それまでに引いた6枚のカードを総合して決定します。つまり、7枚目のカードは、2人のエネルギーを融合させたものを表します。7枚目のカードの見つけ方は簡単です。6枚のカードの数値を足し合わせた数値に該当する大アルカナ・カードになります。

感情、願望、後悔のスプレッド

1　わたしのいまの感情は…
2　わたしのいまの願望は…
3　わたしの後悔は…
4　あなたのいまの感情は…
5　あなたのいまの願望は…
6　あなたの後悔は…
7　わたしたちの未来は…

リーディング例

1 ワンドのクイーン　わたしのいまの感情は、とてもドラマチックです。
2 恋人　わたしのいまの願望は、情熱的になりたいということです。
3 ソードの 5　わたしの後悔は、これまであまりにも自己中心的であったことです。
4 月　あなたのいまの感情は、戸惑っています。
5 正義　あなたのいまの願望は、誠実さと真実を見つけだしたいというものです。
6 ソードの 10　あなたの後悔は、いつも殉教者の役割を演じてきたことです。
7 戦車　わたしたちの未来は、真実を正視し、自分たち自身の独自の道を創造することです。

　ここでは各カードの解釈の基本的な例を示しただけです。ここで示したように一語で表現するのではなく、解釈の幅をいっぱいに広げて、自分なりの形で表現してみてください。

　7 枚目のカードの見つけ方を以下にこの例で示します。恋人は 6 です。ソードの 10 はそのまま 10 です。キングは 1、クイーンは 2、ナイトは 3、ペイジは 4 として計算します。こうして、6 枚目までの数字を足し合わせると、2+6+5+18+11+10=52=7 となります（"愚者"は通常 0 を表しますが、ここでは 22 とします。なぜなら、どんな数字を足し合わせても 0 にはならないからです）。こうして 7 の"戦車"のカードが、あなたがた 2 人の特別な未来のカードとなります。

傷ついた感情

　これは1人で行うスプレッドで、"アウチ！"と呼ばれます。というのは、このスプレッドは、心の傷に関するものだからです。このスプレッドの目的は、何かお互いを傷つけ合うような出来事が起きたとき、お互いの何が相手を傷つけたのかを深く探ることです。心を傷つけられたとき、わたしたちはすぐに自己防衛メカニズムのスイッチを入れがちです。しかしそんな時このスプレッドを使うと、自分自身をより冷静に眺め、2人の関係がどこへ進もうとしているのかをはっきりと見ることができます。

愛、傷、自己防衛のスプレッド

1 わたしはどのようにあなたを愛しているか
2 わたしはどのようにあなたを傷つけているか
3 わたしはどのように自分を守ろうとしているか
4 あなたはどのようにわたしを愛しているか
5 あなたはどのようにわたしを傷つけているか
6 あなたはどのように自分を守ろうとしているか
7 いまのわたし
8 いまのあなた
9 わたしたちはどこへ行こうとしているか

リーディング例

1. **ソードのナイト** わたしは、疑いもなく、心からあなたを愛しています。
2. **カップの 10** しかしわたしは、あなたよりも私の家族を大切にしているように見え、あなたを傷つけてしまいます。
3. **ワンドの 7** わたしはそれ以外の立脚点に立つことを拒み、自分を守ろうとしています。
4. **ソードの 9** あなたはどこか不安で、後ろめたさがあるような感じでわたしを愛しています。
5. **恋人** あなたは浮気をしてわたしを深く傷つけています。
6. **カップの 3** あなたは、みんなが自分の友達で、排他的な恋愛関係なんか信じられないと言って自分を守ろうとしています。
7. **運命の車輪** いまわたしは人生の岐路に立っています。
8. **塔** あなたは自尊心を傷つけられているように感じています。
9. **ソードのエース** わたしたちは真実に向き合い、自分たちの行動や言葉に責任を持つ必要があります。

恋愛関係スプレッド

2人の真実のスプレッド

このスプレッドは、1人でも、パートナーといっしょでも行うことができますが、他の恋愛関係スプレッドよりも2、3歩深く真実に入り込むことができます。このスプレッドをパートナーといっしょに、客観的に、本当に誠実な気持ちで取り組むと、とても大きな成果が得られ、お互いをさらに深く理解できるようになります。

真実のスプレッド

パートナーA

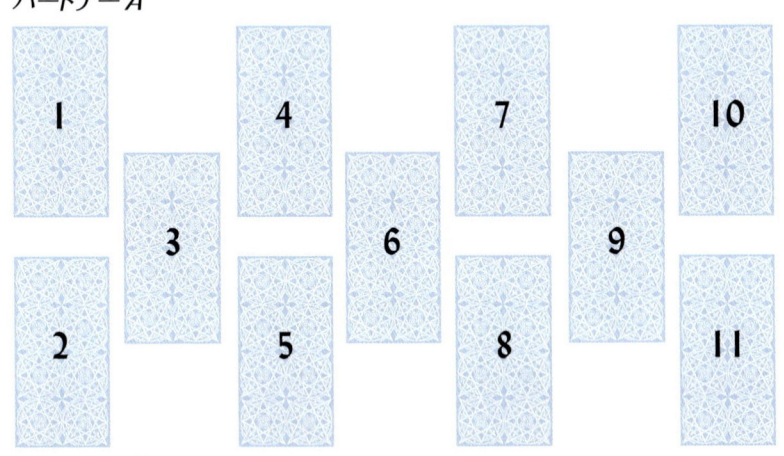

パートナーB

1 いまのわたし
2 いまのあなた
3 わたしたちの共通の目標、願望
4 わたしは本当にそれを欲しているか？
5 あなたは本当にそれを欲しているか？
6 いまのわたしたちの幻想
7 それを修正するためにわたしにできること
8 それを修正するためにあなたにできること
9 わたしたちの隠れた、口には出さない決まりごと
10 わたしがあなたに投影しているもの
11 あなたがわたしに投影しているもの

リーディング例

　以下のリーディング例は、このスプレッドの真価を十分に伝えていません。なぜなら、ここで重要なことは、それぞれの質問項目に関連して行うあなたの解釈だからです。

1 **ソードのキング**　わたしの心はいまとても明快で、頭脳は分析的です。
2 **ペンタクルの8**　あなたは目の前の仕事に夢中になっています。
3 **ソードの4**　わたしたちの現在の共通の目標は、生活をもっと楽にすることです。
4 **カップの4**　はい、わたしは本当にそれを望んでいます。わたしは少しゆっくりしたいと思っています。
5 **悪魔**　あなたが本当にそれを欲しているかどうか、わたしにはわかりません。でもわたしはいま本当に物質主義にとらわれており、それをすべて捨て去って別の暮らし方を求めることなどできません。
6 **愚者**　わたしたちの現在の幻想は、非現実的な、とっぴな夢を追いかけていることです。
7 **カップの2**　もっと深くあなたに結び付くことによって、わたしはそれを修正する力になれます。
8 **正義**　あなたは自分の選択にもっと責任を持つことによって、それを修正する力になれます。
9 **ソードの3**　わたしたちの隠れた、口には出さない決まりごとは、2人とも傷つくのを恐れて、真実を直視するのを避けているということです。
10 **カップの10**　わたしはあなたに、家庭中心の価値観を投影しています。
11 **ワンドのナイト**　あなたは、あなたの誇張された才能をわたしに投影しています。

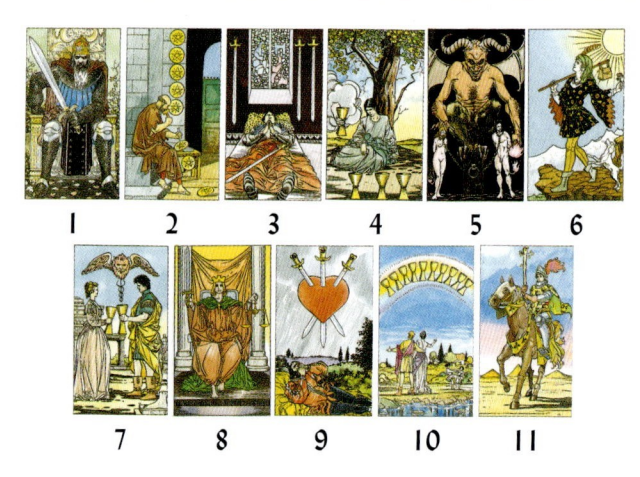

鏡像

1人でも2人でもできる、もう1つの啓示のスプレッドです。あなたが本当に正直な気持ちを持って取り組むなら、このスプレッドは、お互いが恋愛関係に対して持っているそれぞれの考え方をより大切に思うことができるようになります。1人で行う場合は、あくまでも客観的に、パートナーBの答えを出してください。

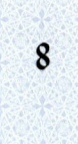

鏡像スプレッド

1 わたしは何、または自分をどう見ているか
2 あなたは何、または自分をどう見ているか
3 これがいまのわたしの感情
4 これがいまのあなたの感情
5 いまあなたが感じているとわたしが思うこと
6 いまわたしが感じているとあなたが思うこと
7 起こってほしいとわたしが思っていること
8 起こってほしいとあなたが思っていること
9 結論

パートナーA　　　　パートナーB

リーディング例

1 **ワンドのペイジ**　わたしは、自分は創造性があり、自信に満ちていると思っています。
2 **星**　あなたは自分を、霊感的で、理想主義的だと思っています。
3 **女帝**　わたしは、生き生きとした母性的な感情を持っています。
4 **ソードの5**　あなたは、みんな自分の下を去っていくといった感情を持っています。
5 **ワンドのナイト**　あなたが自分のことをセクシーで魅力的だと思っていると、わたしは考えます。
6 **戦車**　わたしが自分のことを負けず嫌いで自信家だと思っていると、あなたは考えています。
7 **カップの8**　わたしはもっとよい状態に移行したいと思っています。
8 **ワンドの6**　あなたは成功したいと思っています。
9 **ソードのクイーン**　2人で物事の核心にたどりつき、そこから解決を図るべきだというのが結論です。

秘 密

わたしたちは、自分自身に対しても自分の本当の気持ちを隠していることがよくあります。この1人で行うレイアウトによって、あなたは、あなた自身のために、そしてあなたのパートナーのために、あなたの本当の心の内を探索することができます。

秘密のスプレッド

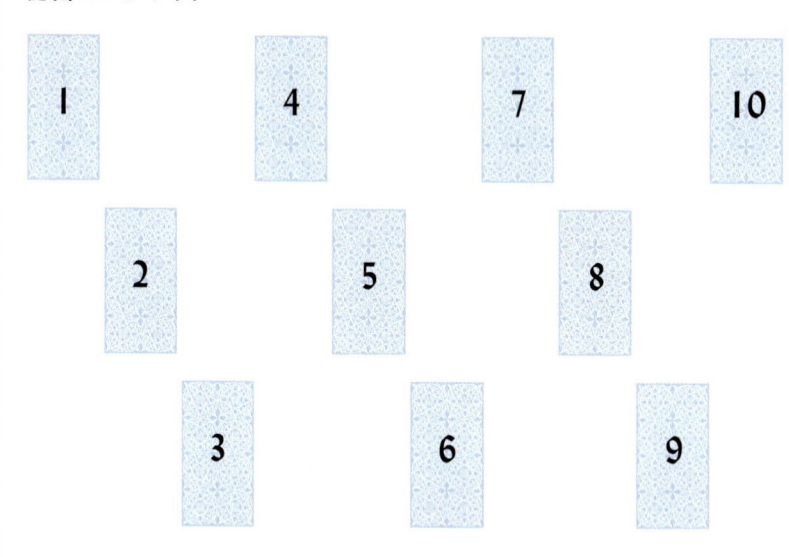

1 わたしの知らなかったわたしの願望
2 わたしの知らなかったわたしの恐れ
3 わたしの知らなかったわたしの武器
4 わたしの知らなかったわたしの感情
   （あなたに対する）
5 わたしの知らなかったわたしの愛情
   （あなたに対する）
6 わたしの知らなかったわたしの憎しみ
   （あなたへの）
7 わたしの知らなかったわたしの夢
   （2人にとっての）
8 わたしの知らなかったわたしの力
9 わたしの知らなかったわたしの弱さ
10 わたしの最大の秘密

リーディング例

1 **女教皇**　わたしの知らなかったわたしの願望は、この恋愛関係をゆっくりと受け止め、ほんの少し謎めいた、とらえにくい人間になることです。
2 **ワンドの8**　わたしの知らなかったわたしの恐れは、すべてが速く動きすぎることです。
3 **死**　わたしの知らなかったわたしの武器は、起こらなければならない変化を受け止めることができるということです。
4 **カップの3**　わたしの知らなかったあなたに対するわたしの感情は、わたしが熱狂的だということです。わたしは永遠に、2人で踊り、歌い、遊びたいと思っているのです。
5 **月**　わたしの知らなかったあなたに対するわたしの愛情は、恐怖心でいっぱいです。わたしはいつも、あなたが私を欺いているのではないかと不安です。
6 **節制**　わたしの知らなかったあなたに対するわたしの憎しみは、あなたがとても常識的で、妥協的なところです。
7 **カップの9**　わたしの知らなかったわたしの夢は、2人の愛が永遠に続くことです。
8 **ワンドの6**　わたしの知らなかったわたしの力は、人眼を引くようなことができるということです。
9 **ソードのクイーン**　わたしの知らなかったわたしの弱さは、わたしがわたしの感情を抑えつけているということです。
10 **恋人**　いまのわたしの最大の秘密は、長く続く約束をわたしが欲しがっているということです。

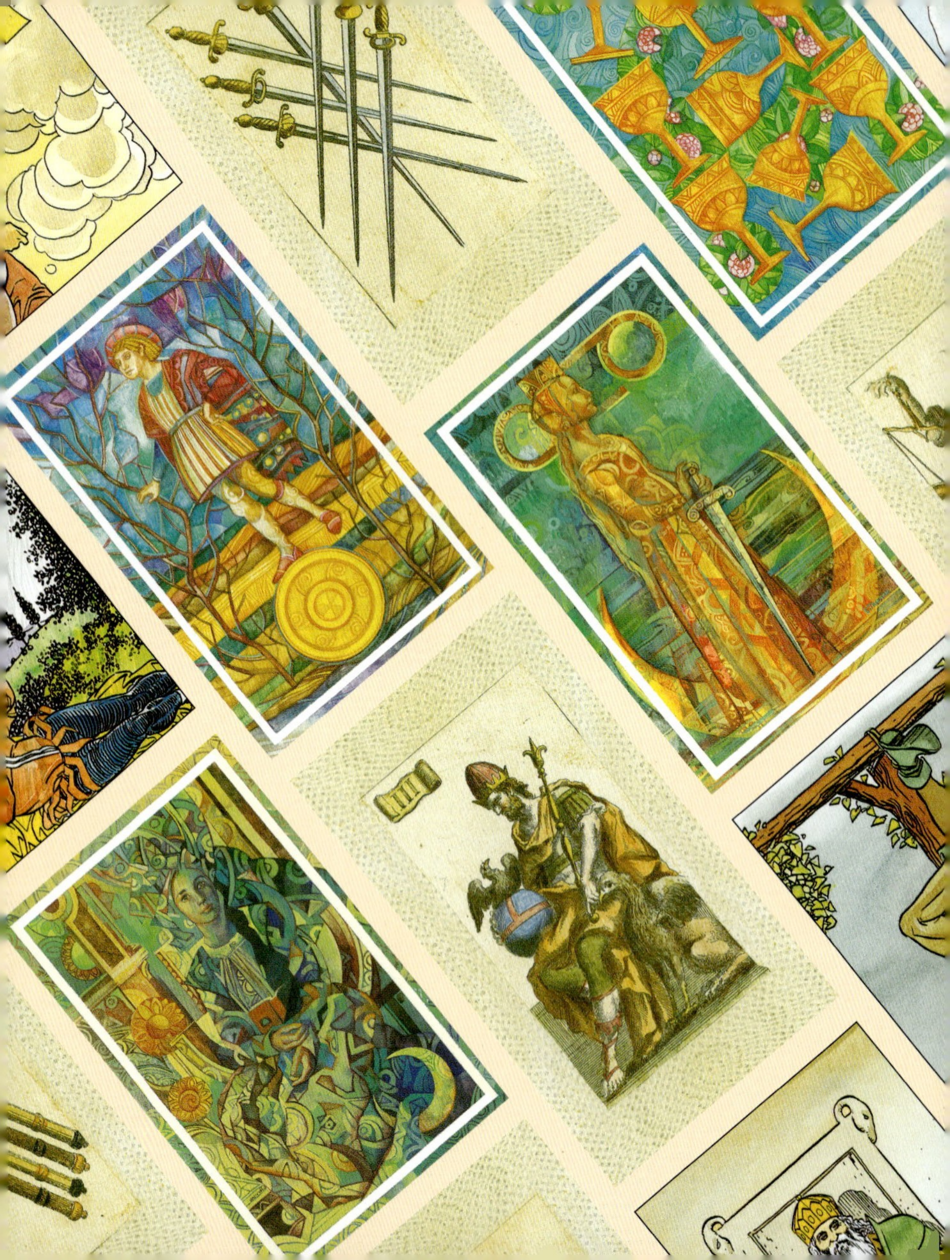

啓示の
スプレッド

啓示のスプレッドの使い方

　これから紹介するスプレッドは、あなたの内面世界をさらに深く洞察するためのものです。テーマは、"今日のスプレッド"の中で取り扱ったものの続きですが、これから先は、単なる"練習"ではなく、もっと鋭く"自己実現"に焦点を絞っていきます。これからのスプレッドは、あなた自身について、あなたの内面世界について、より多くのことを啓示し、何があなたを突き動かしているのか、あなたが本当に欲しているものは何なのかを明らかにしていきます。そのことによってあなたは、人生の選択と、内面的成長に対して、自分自身でしっかりと責任を負うことができるようになります。

　"今日のスプレッド"や"恋愛関係スプレッド"と同じく、このスプレッドにおいても、解釈の要点は、カードはそれを引いているその瞬間のあなたを映し出す鏡だということです。

　さまざまな考えを結合させたり、カードをあなた自身やいまの自分の問題と関連付けて解釈することが難しいと感じたら、それらのカードで1つの物語を作り、それを口に出して言い、頭の中にある考えを形にするように仕向けます。答えは多くの場合、1枚のカードの中にではなく、全体のレイアウトの中にあります。ここでもいままでのスプレッドと同じく、図のとおりに順番に、カードを裏返して並べていきます。逆位置のカードがあったら正位置にもどし、ゆっくりとリーディングしていきます。

自分の内面を深く知れば知るほど、
外的世界の幸せをつかむことができる。

スプレッドを終えたら、
自分の考えや感情を書き残しておく。

重要

　解釈の手引きになるように、すべてのスプレッドにリーディング例を示していますが、紙面が限られているため、あまり詳細には述べていません。また個々のカードの解説で述べていた、"いまのあなた"や"妨害物"、"未来の結果"のポジションも、必ずしもすべてのスプレッドに出てくるわけではありません。特別なポジションを持たないスプレッドの場合は、カードの中心的な意味を使って解釈するか、カードを包むテーマを発展させ、それをスプレッド全体の解釈の中に織り込むようにしてください。

　これらのスプレッドの形を使って、さらにあなた独自のスプレッドを開発し、特殊な質問に関連したリーディングの技を磨くこともできます。

わたしはいま自分の人生をどうしようとしているのか?

　これは、何か行き詰っているなと感じたり、どこに向かえば良いかがわからなくなったときに、前方への道を指し示し、人生に対する確信を得させてくれる勇気の湧くスプレッドです。このスプレッドによって、思い描いている未来に対する過去の影響を明らかにし、それによって前に進む道が見出せるようになります。

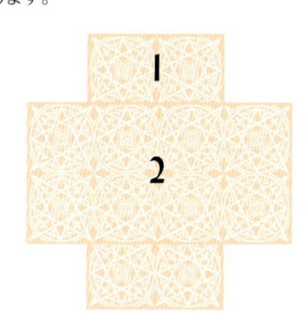

わたしはいま何をしているのかのスプレッド

1　いまのわたし
2　わたしがいま恐れているもの
3　過去の影響——有利な
4　過去の影響——不利な
5　わたしが自分に約束すること
6　その結果として実現できること

リーディング例

1. **ペンタクルの5**　わたしはいま拒絶され、寒さの中に閉め出されているように感じています。
2. **塔**　わたしはいま、事態が急変したり、予期しない展開をしたりすることを恐れています。なぜならわたしには状況を収拾する力がないように思えるからです。
3. **ワンドのキング**　最近生じたわたしに有利な出来事は、カリスマ的な人物の登場、あるいは、わたし自身がもっと勇気を持ち、力強くなれるという実感です。
4. **ソードの9**　最近生じたわたしに不利な出来事は、自分自身に正直でありたいと思うことに対して罪の意識を感じることです。
5. **ペンタクルの6**　しかしわたしは、今後もあらゆる面で自分がいまどこにいるのかを正確に知っておくことを約束します。わたしは、わたし自身を与えすぎていないだろうか、わたしはあまりにも多くのことを受け取っていないだろうか、あるいは他人に対して多くのものを期待しすぎていないだろうか？　これがいつもわたしが考えておかなければならないことです。
6. **世界**　それにより、わたしは完全性についてのより高い感覚を経験し、自分の目標を認識し始めるようになります。

問題、助言、そして答え

3枚のカードを使ったこの非常にシンプルなスプレッドは、あなたが内面的な問題を抱え、次に何をすればよいのかがわからなくなったときに使うものです。何を修復すべきかについて、あなたは強い自覚を持っているかもしれません。壊れた恋愛関係、行き詰った仕事、旅に出たいという止むことのない願望、誓約を交わすことの不安などです。1枚目のカードは、顕在化した問題の背後に潜む根源的問題に焦点を当てます。2枚目のカードは、そのような状況を切り拓く助言を与えます。問題は、病気でいえば症状のようなものと考えることができます。あなたはその症状の根底に潜む原因を探し出し、それを治癒しなければなりません。

問題、助言、そして答えのスプレッド

1 いまのわたしの問題の根底にあるもの
2 それにどう対処するか
3 解決法

リーディング例

リズは、友達がみんな退屈な人間に思えてきたことに悩んでいます。

1 **ソードの5** わたしが友達を退屈に感じる、その根底には、わたしが自分のことしか考えていず、自分を孤立させ、自分の興味を狭く限定しているという問題が横たわっています。わたしは他人に意見を求めたり、他人がわたしに近づいてくる機会を作ったりする時間を持とうとしていません。

2 **カップの5** この問題に対する対処法は、物事は変化するということを受け入れ、それが自分にとってどんなに"安全"に思えようとも、過去の行動様式を捨て去ることです。

3 **カップのキング** わたしの解決法は、より寛大になり、思いやりの心を持つこと、そして他人に対して目を開き、新しい考えを学ぶことです。そうすれば退屈しないはずです。わたしが退屈な気分になるのは、友達が退屈なのではなく、わたし自身が退屈な人間であるからということを知る必要がありそうです。

見せかけの態度、内面の真実

　このスプレッドは、外部世界に向けたあなたの見せかけの態度と、あなたの内面の真実の乖離を明らかにするものです。前者は、あなたの心の奥深くにある感情や意思とは必ずしも一致しません。なぜでしょうか？　多くの人が、心の奥底にある願望を実際に行為や言葉として表に出したら、人々から愛されなくなるかもしれないという恐怖心を持っているからです。そろそろ自分が欲しているものにもっと正直になり、自分自身の足で立ち上がる時期が来ているのではないでしょうか？　内面の真実の上に交差しているカードは、邪魔するものの本質（あなた自身から出たものの場合も、誰か別の人から出たものの場合もあります）、あるいはあなたの内面的意思に逆らうものを表します。

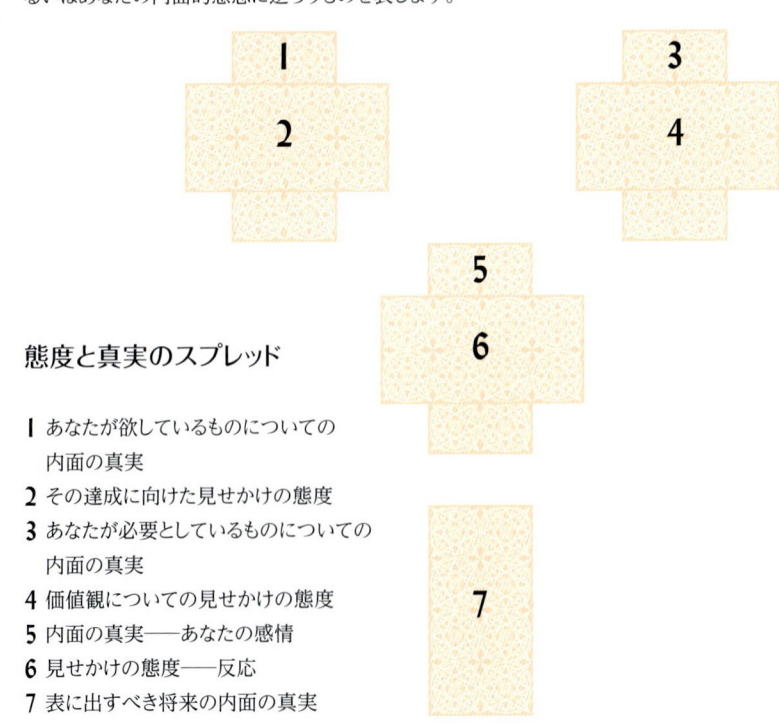

態度と真実のスプレッド

1 あなたが欲しているものについての内面の真実
2 その達成に向けた見せかけの態度
3 あなたが必要としているものについての内面の真実
4 価値観についての見せかけの態度
5 内面の真実──あなたの感情
6 見せかけの態度──反応
7 表に出すべき将来の内面の真実

リーディング例

1 **奇術師** あなたの心の奥深くに潜む願望は、誰も想像することができないようなことをして、みんなを驚かすことです。
2 **カップのナイト** しかしその達成に向けたあなたの見せかけの態度は、非現実的で、しばしば途方もないほど空想的に見え、誰も、あなたの言うことを信じたり、信頼したりしていません。
3 **剛毅** あなたが本当に必要としているものは、忍耐強さと、自分で決断する力です。
4 **カップの9** しかしあなたは、人格的な統合よりも、物質的な成果に価値を置いているように見せかけています。
5 **ソードの3** 心の奥深くでは、あなたは信じられないほどの孤独感を感じています。まるで、心の牢獄に閉じ込められているようです。
6 **ワンドの3** しかしあなたは、手本を示し、リーダーシップを取ることができる能力で、自分の感情を上手に覆い隠しています。
7 **ソードの7** 表に出すべき内面の真実は、事実に正面から向き合い、真実から逃れるのを止めなければならないということです。自分自身を欺いてはいけません。

1　2　3　4　5　6　7

現在の課題、未来の結果

このスプレッドは、これからの人生の中で解決していく必要があるかもしれない現在の課題を探索するものです。

課題と結果のスプレッド

1 現在の内面的課題
2 現在の恋愛関係の課題
3 わたしの前進を阻んでいるもの
4 わたしを突き動かしているもの
5 助けが得られる場所
6 これらに基づき決断すべきこと
7 未来の結果

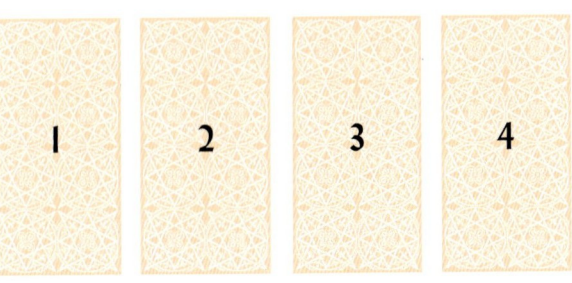

| 1 | 2 | 3 | 4 | 5 | 6 | 7 |

リーディング例

1 **カップの6** わたしの内面的課題は、拒絶されるのを恐れて善人ぶったり、"良い子"になるのを止めるということです。または、人生の単純な喜びを感じ取れる人間になることです。（すべてのカードには影の意味があることを思い出してください。）

2 **ソードの8** わたしの恋愛関係の課題は、抑圧されているといった感覚や被害者意識の目隠しを捨て去り、視界を良好にして方向を見出すことです。

3 **カップの10** わたしの前進を阻んでいるものは、おそらく、自分個人の価値観よりも家庭的価値観の方を大事にするわたしの考え方、あるいは家庭的環境の中にいる方が幸せになれるという感覚なのでしょう。わたしはいつもわたしの家庭に対して罪悪感を抱いています。

4 **ワンドのペイジ** わたしを本当に突き動かしているものは、冒険心や危険を恐れない心です。わたしは少しばかり自由を欲しています。

5 **ワンドのエース** 助けが得られる場所はどこでしょうか？ わたしを支えてくれる心と自信を持った、独創的で、熱情的な人物です。（ワンドのエースは、直接ある人物を表していないかもしれませんが、ワンドのエースのテーマには独創性ということが含まれています。それゆえ、タロット・リーディングも独創的に行いましょう。）

6 **死** これらを踏まえ、決断すべきことは何でしょうか？ いま決断すべきことは、あるドアを閉め、新しいドアを開く時期です。つまり、自分以外の誰かのふりをするのを止め、人生の大きな変化を生みだす時期を決断することです。内面の自由がわたしの課題です。家庭に対していつも罪悪感を抱き、"良い子"の役割を演じてきたことによって、わたしはいままで、自分自身の真実に向き合うことができませんでした。

7 **女教皇** ついに私の隠れた才能を表に出し、わたし自身の個性を発揮する時機がやってきたということ、これが未来の結果です。

わたしが学ぶ必要のあること

わたしたちの誰もが、人生の旅のなかで学ばなければならないことを持っています。学習曲線が急な時も、またほとんど隆起していず、平坦に見えるときもあります。このスプレッドは、3つの主要なテーマ——恋愛、人生、仕事——に焦点を合わせ、人生の次のステップへ進むのを助けてくれるものです。各テーマの3枚のカードは、別々にリーディングしても、組み合わせてもかまいませんが、組み合わせた方が、全体的な答えを見つけ出す良い練習になります。それぞれのカードが持っている"肯定的"な側面と"否定的"な側面の両方を解釈するようにします。肯定的性質がいまのあなたに欠如しているかもしれませんし、否定的な性質を肯定的な性質に変える必要があるかもしれません。

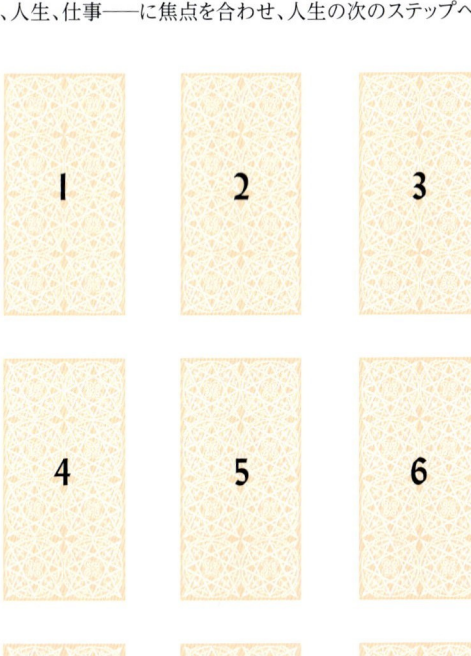

学習のスプレッド

1, 2, 3　恋愛関係について
　学ぶ必要のあること
4, 5, 6　4 人生について
　学ぶ必要のあること
7, 8, 9　仕事について
　学ぶ必要のあること

リーディング例

1, 2, 3　**ソードのクイーン、ワンドの10、正義**　恋愛については、わたしは自分の感情に正面から向き合い、正直になることを学ぶ必要があります。自分の義務は誰かを幸せにすることだと考えること、あるいは失敗をすべて自分のせいにして自分を責めることを止めます。わたしは自分の選択に対して責任を負うことを学ぶ必要があります。

4, 5, 6　**カップの2、月、隠者**　人生全般については、忘れ、許すこと、そして他の人を対等に受け入れることを学ぶ必要があります。わたしはまた、わたし自身に対して持っている幻想と、わたしが実際にしていること、達成しているものとの間のギャップを学ばなければなりません。わたしは人生の意味と自己認識を求めて、自分自身の内面をもっと深く見つめる必要があります。

7, 8, 9　**悪魔、カップの8、運命の車輪**　仕事面では、物質的な利益ばかりに目を向けないようにすること、そして自分自身と自分の才能に疑いを持つことを止めることが必要です。いまこそ、動き始め、視野を広げ、やってくる機会をつかみ取る時期です。

啓示のスプレッド

過去を振り切る

　このスプレッドは、これまでのスプレッドとは少し違います。というのは、最初にあなたは、振り切ってしまいたい過去の出来事、考え、人物、悩み、動力学、感情その他を表すカードを1枚選び出さなければならないからです。こうすることによって、無作為にカードを引き、"捨て去るべき"物を見つけだすよりも、問題そのものに焦点を合わせ、自分自身の内面を少し厳しく見つめることができます。

　22枚の大アルカナ・カードを1枚1枚じっくり眺め、どのカードが現在のあなたの問題を表しているかを決めます。たとえば、別れた後も脳裏から離れない前恋人を忘れたいという問題を抱えているとき、あなたは"恋人"（未練が経ちきれないとき）を選び出すかもしれません。あるいは、"皇帝"（優位に立ち、あなたを支配していた恋人）や"悪魔"（あなたの恋人はわがままで、真実の愛よりもお金や権力に関心があった）を選び出すかもしれません。

過去を振り切るためのスプレッド

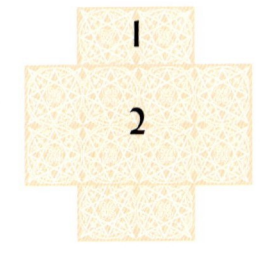

1 わたしが振り切りたいもの
2 わたしを押し留めるもの
3 どうすれば前にすすめるか
4 避けるべき将来の影響
5 受け止めるべき将来の影響

リーディング例

1 優位に立ち、わたしを支配していた前恋人について考えるのを止めたいのです。だから"皇帝"を選びました。

2 カップの7　彼または彼女が戻ってくるかもしれない、そしてすべてが全く違うように進むかもしれないという甘い幻想で、わたしは自分をごまかしていました。わたしの前進を阻んでいるものは、『あの時あんな風にしていなかったら』といった過去の追憶に浸るのを楽しんでいる自分自身の、"もしあの時ああしていたら"症候群です。

3 吊るされた男　心の痛みや苦しみをしばらく感じるままにしておきましょう。そうすれば、自然と前へ動き出すことができます。無理に前恋人を忘れようとしないで、いまこの瞬間を精一杯生きてください。いつの間にか彼または彼女のことなど忘れているでしょう。

4 カップの4　虚無感や精神的不活発、『誰も信じられない』といった他人からの愛情の拒絶などの否定的感情を持たないように心がける必要があります。

5 ソードの5　自分の欲求を第一に置き、その中から最も重要なものを選び出すべきです。新しい人々との精神的交流を見つけ、それを楽しみましょう。ありのままの自分でいられる楽しい物事に集中し、『あの恋愛関係は、わたしが本当の自分を取り戻すために終わりにする必要があった』と考えるようにしましょう。

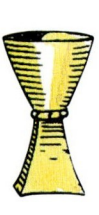

疑念や恐怖心を捨て去る

　このスプレッドは、何を捨て去るべきかはわからないけれど、何かしらうまくいっていないと感じるときに役に立つスプレッドです。このスプレッドによって、あなたは自分自身を分析し、あなたの心の地下室でうごめく不安や恐怖心と闘うすべを見出すことができます。

疑念を捨て去るスプレッド

1 いまのわたし
2 わたしが否定しようとしているもの
3 わたしが抑え込んでいるもの
4 わたしが投影しているもの
5 わたしが見せかけているもの
6 疑念を捨て去るのを
　助けてくれるもの
7 恐怖心を克服するのを
　助けてくれるもの

リーディング例

1. **カップのエース** わたしは恋に落ちています。そしてそれが恐いのです。
2. **ワンドの6** このカードは明らかに、わたしがわたし自身を良く思っていないことを示しています。『そんな自分を誰が愛してくれるでしょうか？』『愛される可能性なんてまったくない。』『なんて低い自尊心だ、ですって、とんでもない、わたしは偉大です。』（本当はわたしは納得していません。自尊心が低いなんて、わたしは認めたくありません。）
3. **ソードのナイト** 『真っ逆さまにこの恋愛関係に飛び込んでいきたい』、そんな自分の気持ちを抑えています。自分でもわかっていますが、もう１人の自分が、そんな深い淵みたいなところに飛び込んでいくのは危険だと言っています。だからわたしは自分を抑えています。
4. **皇帝** わたしが投影しているのは、自分を管理する必要があるという思いです。いまわたしが恋に落ちているあの人は、付き合うようになったら、わたしをしっかり管理し導いてくれると確信しています。
5. **カップの3** わたしは冷たいふうを装って、わたしの熱情を隠しています。
6. **戦車** 恐れているものではなく、欲しているものに焦点を合わせることによって、わたしは疑念を捨て去ることができるでしょう。
7. **ソードのエース** それらの恐怖心を捨て去るのを助けてくれるのは、状況を分析し、幻想を断ち切るわたし自身の力です。そのためにいまこのスプレッドを開いています。わたしは疑念や恐怖心を捨て去ることができ、恋に落ちていくのを楽しむことができます。

| 1 | 2 | 3 | 4 | 5 | 6 | 7 |

どうやって愛を見つける?

わたしたちは時おり、ひどく孤独を感じ、これから先、誰も自分を愛してくれないのではないかと思うことがあります。わたしたちは、愛されるためには自分はこうあるべきだ、このようにふるまうべきだ、という幻想で自分自身を覆っています。そんな時、わたしたちは、自分以外の何かになりたいと欲しているのです。このスプレッドは、いまあなたはどのような愛を必要としているか、そしてそれをどうやって見つけるのかを告げてくれます。

愛を見つけるためのスプレッド

1 いまのあなた
2 あなたが必要としている愛
3 あなたが表現しなければならないもの
4 あなたが与えなければならないもの
5 あなたが受け取らなければならないもの
6 どうやって愛を見つけるか

リーディング例

1. **ワンドの 8**　いまのあなたはすべてが宙ぶらりんです。しかしあなたは誰かと恋愛関係に入ることを熱望しています。
2. **カップのキング**　あなたがいま必要としている恋人は、思いやりのある、傍にいると癒される人です。
3. **女帝**　あなたが表現すべきことは、美と自然に対するあなたの審美眼です。天から授かったあなたの官能性を解き放ちましょう。
4. **ペンタクルの 2**　あなたが与えるべきものは、人生を楽しむ精神です。
5. **ペンタクルの 10**　あなたが受け取るべきものは、長く続く幸せの契機です。
6. **教皇**　人々の大きな集まり、日常的な宗教儀式、文化的な催し、カルチャー・センターなどを通じて、新しい恋を見つけることができるでしょう。

決断を下す

　わたしたちは常に決断を下す必要に迫られています。しかし、さまざまな選択肢の間で揺れ動き、決断を先延ばしにしていることがよくあります。このスプレッドは、関係する様々な要因に対して目を開き、決断へと導く道を指し示します。しかし決断を下すのは、あなた自身です。

決断を下すスプレッド

1 いまのあなた
2 あなたの焦点
3 困った影響
4 理にかなっていること
5 予期せぬ洞察
6 結果

リーディング例

1. **ワンドのエース** あなたはいまこそ決断を下すべき時だと燃えており、少しの時間も無駄にしたくないと思っています。
2. **女教皇** 直観に焦点を絞りましょう。それがおそらくいまのあなたにピッタリくるでしょう。
3. **ペンタクルの3** あなたの決断に他の人を関与させるのは避けましょう。この場合、チームワークに頼るべきではありません。
4. **ペンタクルの9** 自分自身を信じ、自分の個人的信念を守ることが良い結果を生みます。
5. **カップのペイジ** 年の若い友人、魅力的な同僚、直観的反応から、予期せぬ洞察がもたらされるでしょう。
6. **剛毅** あなたが決断を成功に導く内面的強さを持っている、ということが明らかになるでしょう。

啓示のスプレッド

神秘の7枚

ケルティック・クロスの変形であるこの神秘の7枚のカードは、過去、現在、未来に対する洞察を与えてくれます。このスプレッドは、ずばり、あなたの人生で現在起こっていること、そしてあなたの意思や行動の結果を分析したい時に役立ちます。

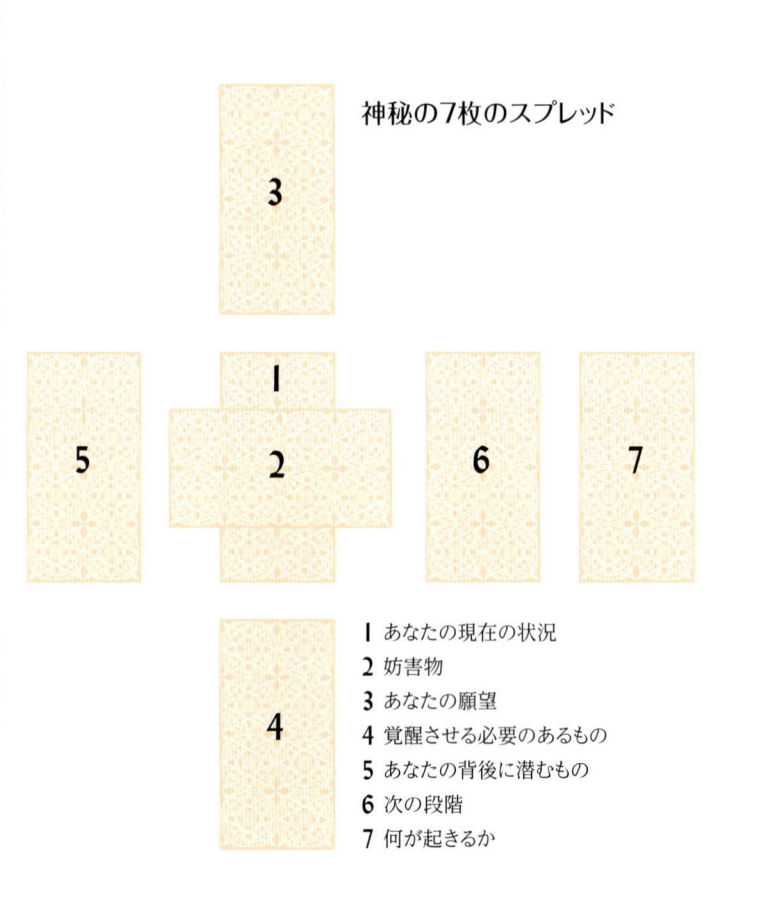

神秘の7枚のスプレッド

1 あなたの現在の状況
2 妨害物
3 あなたの願望
4 覚醒させる必要のあるもの
5 あなたの背後に潜むもの
6 次の段階
7 何が起きるか

リーディング例

1. **カップの5** あなたは現在、なんらかの喪失感を感じています。お金、財産、仕事、思想、夢、信仰、恋愛関係についてでしょうか。あなたはその喪失感に立ち向かう必要がありますが、何かがそれを邪魔しています。
2. **ソードのキング** あなたの進路を塞いでいるものは、あなた自身の硬直した考え、あるいは非常に高邁な原理を振りかざす特別な友人、パートナー、同僚、上司でしょう。
3. **ペンタクルのペイジ** あなたの現在の願望は、経済的に豊かになり、実利的な成果を得たいということです。あなたは自分自身を、世事にたけているとみなしています。
4. **節制** あなたの中で覚醒させるべきものは、単なる物質的な成果だけではなく、人生の調和と均衡を達成することができるあなた自身の能力です。
5. **正義** あなたの背後に潜むものは、自分は正しいことをした、という信念です。
6. **カップの3** 次の段階は、枝を広げ、あなたの考えを人々に共有してもらい、絆を強め、一緒に働くことのできる新しい友人とともに進むことです。
7. **愚者** あなたは自分自身の内面的探索を始めることができ、喪失感から解放されるでしょう。

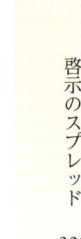

自分自身を占う

　これはもう1つの、自分自身を理解し、自分を突き動かしている内面的動機を探索するための、1人で行うスプレッドです。

自分自身を占うスプレッド

1 いまのわたし
2 わたしをむしばんでいるもの
3 自分自身の好きな点
4 自分自身の嫌いな点
5 わたしの才能
6 わたしの誘惑
7 わたしの内面的願望
8 現在のわたしの
　守護天使

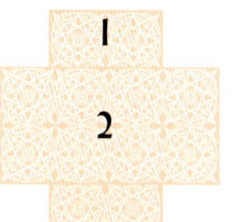

リーディング例
1 **奇術師**　いまわたしは行動を起こしています。わたしは自分のしていることをはっきりと理解し、それを得意としています。
2 **月**　恐れと幻想がわたしをむしばんでいます。
3 **ソードの2**　自分自身の好きな点は、まわりのみんなが動揺している時に冷静でいられることです。わたしは自己充足的です。
4 **カップの6**　自分自身の嫌いな点は、感傷的なところです。
5 **恋人**　わたしの現在の才能は、自分自身の信念に対して確信を持っているということです。
6 **ワンドのキング**　わたしの誘惑は、自慢したいという気持ちです。
7 **ソードの4**　いまのわたしの内面的願望は、心の安らぎを得、人生をくつろぎたいということです。
8 **ソードのペイジ**　現在のわたしの守護天使は、真実です。わたしはそれと向き合わなければなりません。

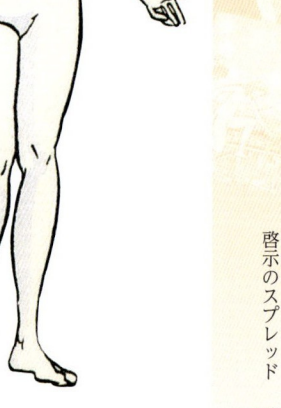

啓示のスプレッド

願望と目標

　これは、動機や自信を必要とし、目標を達成できるという確信を得たいときに役に立つスプレッドです。またどの方向へ進めば良いかわからなくなったときや、自分が選んだ道が正しかったのかどうか不安になったときに役に立つスプレッドです。

願望と目標のスプレッド

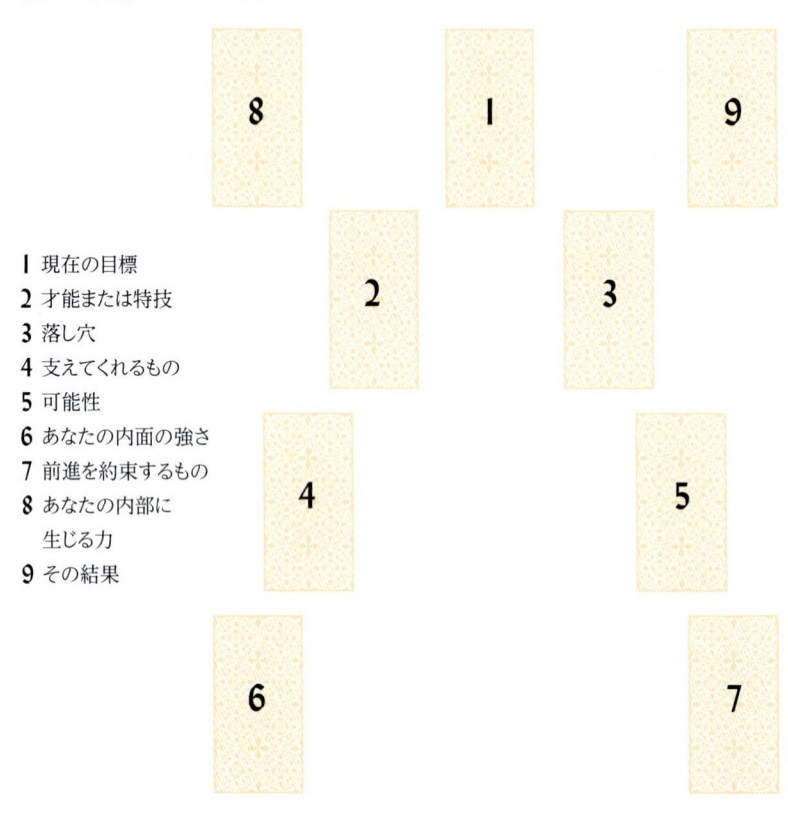

1 現在の目標
2 才能または特技
3 落し穴
4 支えてくれるもの
5 可能性
6 あなたの内面の強さ
7 前進を約束するもの
8 あなたの内部に生じる力
9 その結果

リーディング例

1. **カップのナイト**　わたしのいまの願望は、誰かを誘惑したいということです。
2. **ワンドの5**　わたしの才能、特技は、相手をその気にさせるセクシーな仕草です。
3. **塔**　落とし穴は、わたしがあまり強く押しすぎると、かえってすべてをダメにすることです。
4. **ペンタクルのエース**　わたしを支えてくれるものは、わたしが自分の限界を現実的に受け止めることができるということです。
5. **ペンタクルの6**　可能性は目の前にあり、それをつかむだけです。
6. **戦車**　わたしの内面的強さは、何ものにも心を乱されないということです。
7. **女教皇**　少し謎めいたところを見せることが有効です。
8. **ワンドの10**　自分の行動に対して責任を取らなければなりません。
9. **カップのクイーン**　わたしが自分自身を信じれば、精神的な成功と性的な満足感は目の前にあります。

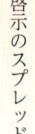

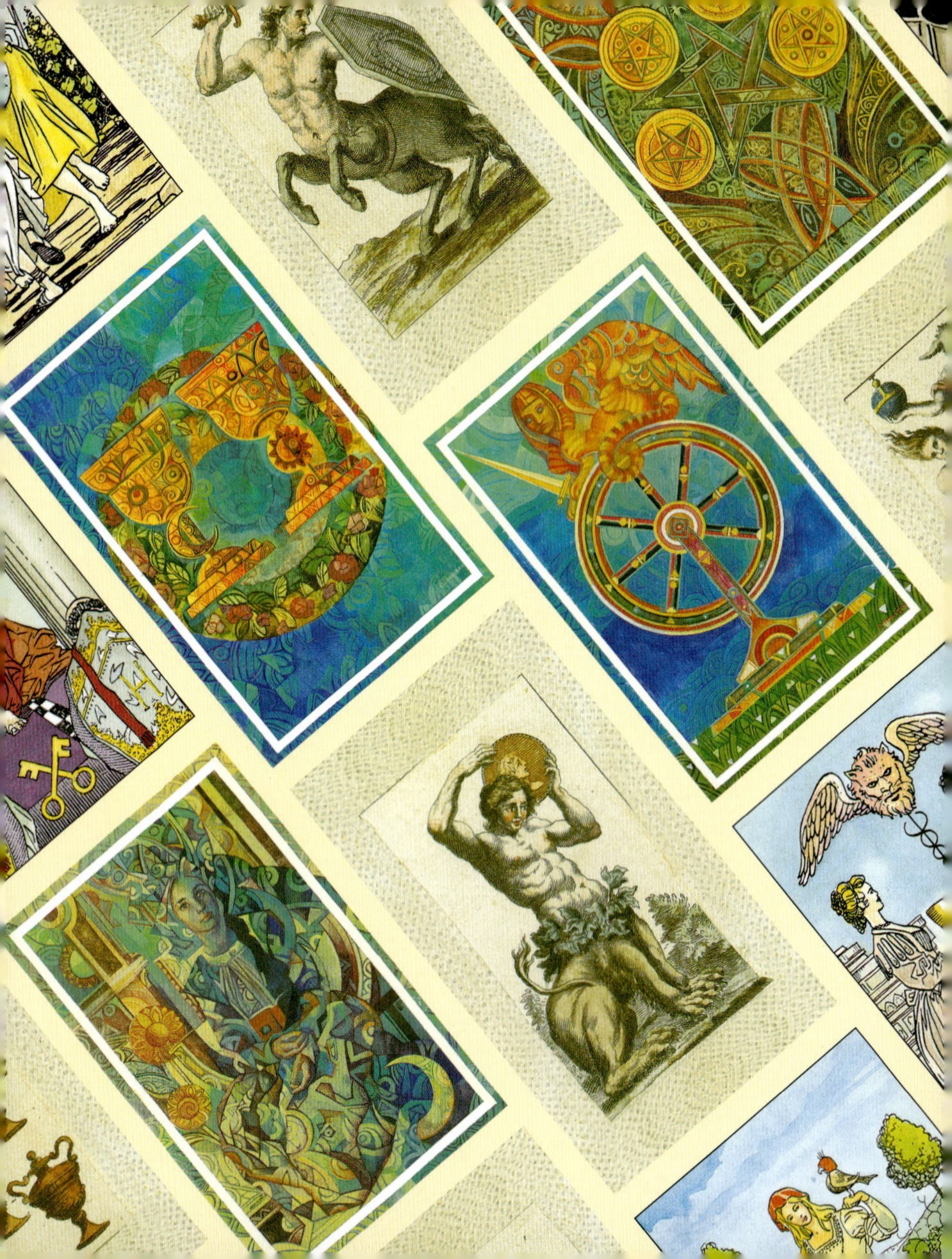

運命の
スプレッド

運命のスプレッドの使い方

　運命のスプレッドの多くが、古くから伝わる運勢占いのスプレッドをもとにしています。これから紹介するスプレッドを使うことによって、さまざまな問題やテーマを、過去、現在、未来の時系列を通して、さらに深く掘り下げていくことができます。

　すでにシャッフルの仕方や、無作為にカードを選び出す方法には習熟したことと思います（もう一度確かめたいときは、p.44~79の『さあ、始めよう！』の章を参照のこと）。本書の他のスプレッドと同じく、図のとおりに順番に、裏返しにカードを並べていってください。リーディングの途中で逆位置のカードがあった場合は、逆位置の意味を使いたいとき以外は（p.74~75参照）、正位置に戻してください。

　どのスプレッドにも、手引きとしてリーディング例を示しています。ここでもまた、すべてのスプレッドに、"いまのあなた"、"妨害物"、"未来の結果"のポジションがあるわけではありま

あなたの運命は
あなたの手に
握られている。

せん。そのような特別なポジションを持たないスプレッドを解釈する場合は、そのカードの中心的な意味で解釈するか、そのカードが持つ全般的なテーマを、スプレッドの物語の展開に合わせて組み込んでいってください。これから紹介する大きなスプレッドによって示される教えや知識を、どのように現在の状況やこれからの人生に適用するかは、あなた自身の考えにかかっています。

　伝統的なケルティック・クロス・スプレッドは、現在のタロット占いの中で最も人気の高いレイアウトの1つで、どのような質問や問題にも使うことができます。

　占星術をもとにしたスプレッドは、あなたの考え、欲求、信念を未来に投影させ、どこへ向かって変化や選択を行い、それをどのように実現するかを知るためのものです。わたしたちの誰もが、自分の未来はどうなるのかを"知りたい"と思っています。なぜならそのことによって、自分の人生を支配できるかのような安心感が得られるからです。しかし未来についてのそのような知見は、実は逆説的に、あなた自身の心の内なる願望や決定から生じるものなのです。これから紹介するスプレッドは、ただあなたの心の内にあるもの、あなたが自分の未来に向かって欲しいるものが何かを顕在化させ、運命はあなたの選択次第であることを示すものです。カール・ユングは言っています。『人の一生は、その人自身の個性化の過程である。』

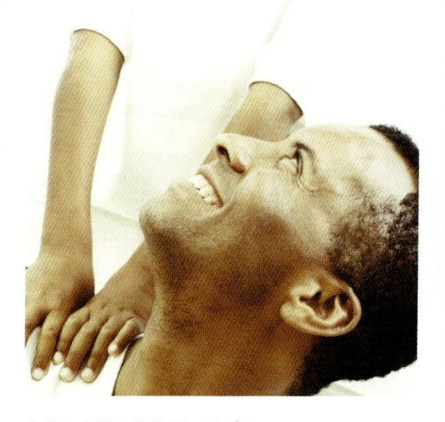

自分の本当の価値観に基づくライフスタイルを確立しよう。

運命のスプレッド

331

伝統的ケルティック・クロス

　このレイアウトは、あなたがいま、何らかの解決すべき問題、テーマ、質問を持っているときに使うようにしてください。あるいは、自分がいまどこにいるかがわからなくなったときに使ってください。人生の旅の途中で、ただ何らかの方向性や客観的な展望を知りたいだけのときでも、必ず、それぞれのカードをいまのあなたの状況と関連付けて解釈するようにしてください。

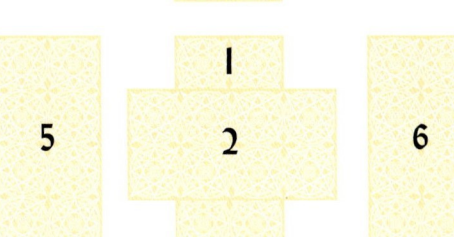

ケルティック・クロス・スプレッド

1 いまのあなた／問題の核心
2 課題／妨害物
3 意識の目標
4 未知なる影響
5 過去の影響
6 近づきつつある影響
7 内的資源あるいは才能
8 他の人はあなたをどう見ているか
9 望みおよび／または恐れ
10 結果

リーディング例

問題：仕事の面で、物事がすべて悪い方向に向かっているような気がします。誰もわたしの能力を評価していないように思えます。どうすれば良いのでしょう。

1 **ペンタクルの5**　わたしはいま拒絶されているように感じ、不安でたまりません。わたしの人生には何かが欠落しているように感じます。わたしはそれを受け入れなければなりませんが、それはおそらく一時的なものでしょう。

2 **カップのナイト**　わたしは、あまりにも多くの非現実的で、理想主義的な期待を持ちすぎており、それがわたしの前進を阻んでいます。

3 **女帝**　わたしの意識の目標は、創造的になり、自分の努力が報われている感覚を得ることです。

4 **戦車**　わたしがまだ知らなかった肯定的な影響は、1つのことに集中することができるわたし自身の能力です。わたしには能力と才能があります。

5 **ワンドの7**　過去の影響は、わたしがどのようにして自分の信念や考えを守ってきたかを覚えているということです。そして成功するためには、どうしてもそれが不可欠です。

6 **ペンタクルの3**　近づきつつある影響は、わたしがすぐに自分の才能を他の人の才能と結合することができるようになるということです。

7 **ソードの4**　わたしの内面の資源、才能は、状況を一歩引いて客観的に眺めることができるということです。

8 **ワンドの5**　他の人はわたしを、負けず嫌いで、どんな困難にも立ち向かっていくと見ています。

9 **星**　わたしは心からまわりの人を勇気づけ、自分ももう一度求められていると感じたいのです。

10 **カップの3**　自信と現実的な期待を持ちさえすれば、わたしは自分の成功を祝えるでしょう。

運命のスプレッド

黄道十二宮

このスプレッドは、占星術で用いる黄道十二宮と12星座をもとにしたもので、どんな時でも、状況のすべての側面について洞察を与えるものです。各ポジションは、占星術と同様に、その宮と星座に固有の特別な性質を表します。たとえば1枚目のカードは、第一宮で、星座では牡羊座にあたり、あなたの世界観を表します。第二宮は牡牛座で、価値観を、第三宮は双子座で、伝達を表します。その他、タロットと占星術の関係について、詳しくはp.356〜363を参照してください。

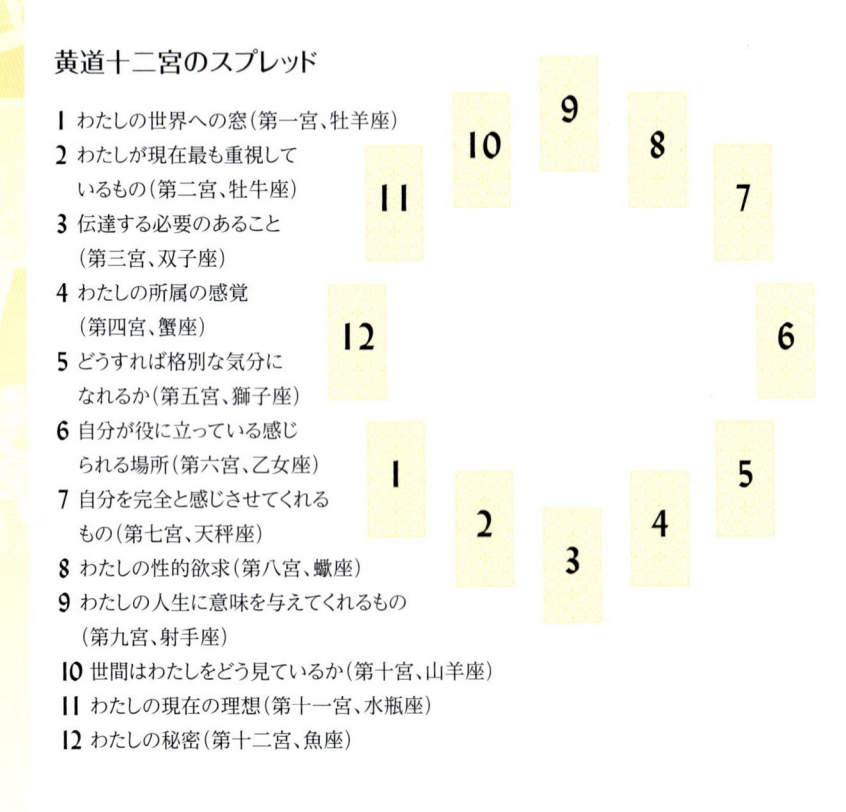

黄道十二宮のスプレッド

1 わたしの世界への窓(第一宮、牡羊座)
2 わたしが現在最も重視しているもの(第二宮、牡牛座)
3 伝達する必要のあること(第三宮、双子座)
4 わたしの所属の感覚(第四宮、蟹座)
5 どうすれば格別な気分になれるか(第五宮、獅子座)
6 自分が役に立っている感じられる場所(第六宮、乙女座)
7 自分を完全と感じさせてくれるもの(第七宮、天秤座)
8 わたしの性的欲求(第八宮、蠍座)
9 わたしの人生に意味を与えてくれるもの(第九宮、射手座)
10 世間はわたしをどう見ているか(第十宮、山羊座)
11 わたしの現在の理想(第十一宮、水瓶座)
12 わたしの秘密(第十二宮、魚座)

リーディング例

1. **ワンドのクイーン** わたしは世界を快活な目で見ています。わたしは楽観主義者で、わたしの心は新しいことすべてに対する熱狂で満たされています。
2. **教皇** わたしは他の何ものにもまして、教育と知識を重視しています。
3. **悪魔** わたしはお金と権力について話す必要があります。
4. **ペンタクルの6** わたしは慈悲深い人に所属している感覚があります。
5. **ワンドの8** わたしが格別な気分になるのは、意義深い会話をするとき、計画を実行に移す時です。
6. **隠者** 自分が役に立っていると感じられるのは、他人を助けている時です。
7. **カップの2** 自分を完全と感じさせてくれるものは、誰かとの濃密なつながりです。
8. **カップの9** わたしの現在の性的欲求は、官能の渦に溺れることです。
9. **ソードのクイーン** 人間の本性を理解するときに人生の意味を感じます。
10. **カップのエース** わたしは精神的に落ち着いている人間と見られています。
11. **太陽** わたしの現在の理想は、内面的充足と大いなる洞察です。
12. **ワンドの10** わたしの現在の秘密は、責任の重さに耐えかね、心の負担を軽くしたいと感じているということです。

占星術的シーソー

このスプレッドでは、わたしたちの誰もが直面する物事の二面性、矛盾を見るために、カードをペアでリーディングしていきます。あなたは、あなたの内面の世界と見せかけの外見をどのように調和させていますか？ あなたの精神的価値観と経済的必要性は何らかの形で一致していますか？ あなたの精神的欲求は、広大な外部世界の仕事や役職と同調していますか？ あなたの個人的目標は、周囲からの集合的期待によって歪められてはいませんか？ あなたは日常生活の規則や作業と、あなた自身の精神的願望、夢、密やかな欲望の間に、どのようにしてバランスを取っていますか？

占星術的シーソーのスプレッド

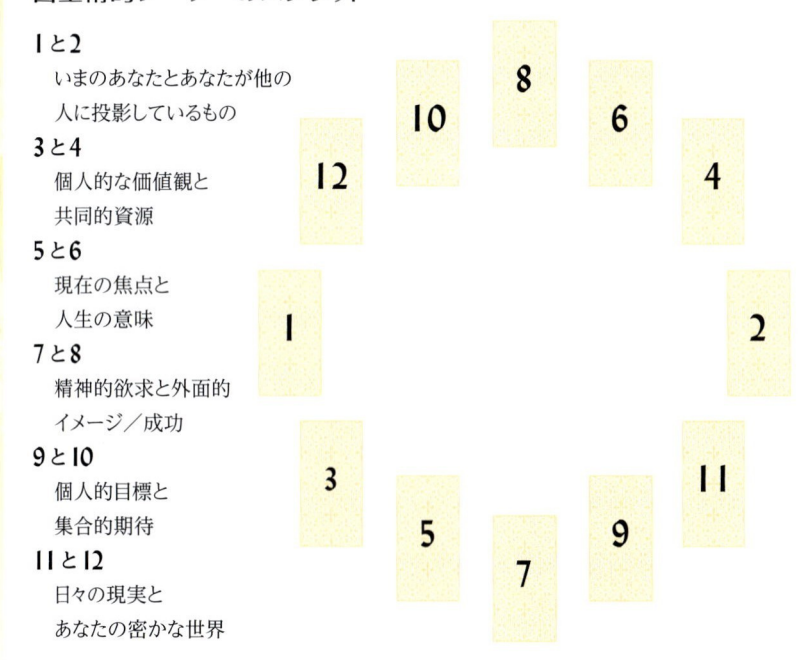

1と2
　いまのあなたとあなたが他の
　人に投影しているもの

3と4
　個人的な価値観と
　共同的資源

5と6
　現在の焦点と
　人生の意味

7と8
　精神的欲求と外面的
　イメージ／成功

9と10
　個人的目標と
　集合的期待

11と12
　日々の現実と
　あなたの密かな世界

リーディング例

1と2　ソードの6、ワンドのナイト　わたしはいまマンネリ化したみじめな生活に別れを告げ、もっと前向きに感じられる世界に旅立とうとしています。しかしそれは困難な道でしょう。まわりの人々はみな、短気で、厚かましく、自分にしか興味がなく、わたしのことなど気にかけていません。わたしが他の人に投影しているもの？　それは熱情的な人生に対するわたしの願望です。わたしはその投影を"自分のもの"にし、その願望の実現に向かって生きていきます。

3と4　教皇、ワンドのクイーン　わたしの個人的価値観はとてもありふれたものです。わたしはいま、お金に関することではルールを守っています。それは共同的資源と調和しています。わたしのパートナー／同僚とわたしは、経済状態を良くしようと全力で取り組んでいます。

5と6　ソードの7、世界　わたしはいま少しばかり精神的に孤独な狼になっています。わたしは物事をすべて自分自身の内に隠しています。"世界"のカードはわたしに、狭い心を捨て、地平線を広げるようにと告げています。

7と8　月、ワンドの2　わたしはいま精神的に少し喪失感を感じ、深く落ち込んでいく感覚に襲われています。わたしはそんな弱さを外に見せまいと、大胆で毅然とした風を装っています。内面的強さを誇示するために自分の欲求を無視するといった態度を止めなければなりません。

9と10　カップのエース、恋人　わたしはもっと自己充足的になりたいのですが、まわりの人はわたしをカップルの片方としてしか見てくれません。

11と12　カップの10、ペンタクルの4　表面的にはわたしは平凡な生活を送っています。しかし心の中では、物質的な利益から自由になりたいと願っています。

運命のスプレッド

ジプシー

　このスプレッドは、あなたの過去、現在、未来をさまざまに彩ってきた、そしてこれからも彩るであろう色鮮やかなパレットを見せてくれます。古くからジプシーの運勢占いによく使われてきましたが、このスプレッドは最も緻密なレイアウトで、あなたの人生のすべての側面にわたって、豊かな啓示を与えてくれます。

注意：このレイアウトは、過去、現在、未来の順に、横1列をすべて表にし、左から右に向かってリーディングしていくこともできますし、テーマごとに左から縦3枚をすべて開いて、仕事面での過去、現在、未来、次に家庭の面での過去、現在、未来とリーディングしていくこともできます。

	I	II	III	IV	V	VI	VII
C	15	16	17	18	19	20	21
B	8	9	10	11	12	13	14
A	1	2	3	4	5	6	7

ジプシーのスプレッド

A 過去
B 現在
C 未来

I 仕事／見通し
II 家庭／欲求
III 運／願望
IV 友人／支援
V 愛／セックス
VI 計画／目標
VII 内面的探究

リーディング例

仕事(I)
1 **愚者** 過去にチャンスをつかみ、いまの自分の地位を手に入れました。
8 **ペンタクルの7** 現在わたしは時間を作り、これまでの実績を評価し、今後どこに進むべきかを再検討すべき時期に来ています。
15 **カップの6** 将来創造的な時間がやってきて、わたしは本当に自分の努力の成果を享受することができるようになります。

家庭／欲求(II)
2 **ソードのナイト** 過去、わたしは自分以外の人の欲求には無頓着で、自分のことだけを考えていました。
9 **ペンタクルの4** わたしはいま既存のものに執着しています。なぜなら、その方が安心できるからです。わたしはいま動きたくありません。
16 **ソードの10** すぐにわたしは、行きつくところまで来たということを悟るでしょう。物事はまもなく好転し始めます。

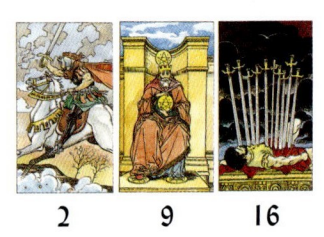

運／願望(III)
3 **カップの10** 過去わたしは本当に幸せでした。良い家庭に恵まれ、欲しいものはすべて手に入れることができました。
10 **ワンドの5** わたしはいま、すべてがうまくいかないと感じています。わたしの願望に反することばかりが起こっています。
17 **塔** すぐにわたしは真実に目を向け、覚醒するときが来たことを悟り、マンネリから脱するつもりです。

これからの1年

　このスプレッドは、太陽暦ではなく、占星術暦を基礎にしています。占星術暦は黄経0度の白羊宮、牡羊座から始まりますが、白羊宮は大部分太陽暦の4月と重なっていますので、1枚目のカードは4月を表し、以降2枚目は5月、3枚目は6月と続いていきます。

　カードはこの順番で並べていきますが、リーディングは、いまこれを行っている月のカードから始めます。たとえばいまこのスプレッドを開いた時が、6月初旬だとすると、3枚目のカードからリーディングを始めてください。以下同様です。

これからの1年のスプレッド

各月のチャンス
および／または使命
1 4月
2 5月
3 6月
4 7月
5 8月
6 9月
7 10月
8 11月
9 12月
10 1月
11 2月
12 3月

3	4	5	6	7	8	9

リーディング例

3 6月　**女帝**　母性的な事柄―妊娠、創造、自然との融合の感覚。使命は、何かを生み出すことです。

4 7月　**ワンドの6**　何らかの成功を達成する時期。しかし傲慢にならないように。

5 8月　**恋人**　恋愛関係が重要。あなたは情熱を求める十字軍に加わるでしょう。

6 9月　**審判**　新たに何かを始めるチャンス、または天職を見出す可能性。

7 10月　**ペンタクルの4**　経済的なチャンス、しかし支配的になったり、所有欲にかられたりしないように注意。

8 11月　**ソードのキング**　高い規準を持つ人、あるいは話し合いの上手な人と知り合いになるように。あなたにとって有益な交際になるでしょう。

9 12月　**ペンタクルの10**　未来に向けたあなたの計画が離陸します。運勢は好転し始めています。計画を途中で放棄しないように。

運命のスプレッド

チャクラ

　古代インドより伝えられてきたヨーガでは、人体を流れるエネルギーの体系は、チャクラと呼ばれる7つの主要なエネルギー中枢によって支配されているとされています。わたしたちは時おり直観的に、体のエネルギーの流れが不均衡で、何かおかしくなっているなと感じるときがあります。そんな時は、どうしても仕事が前へ進まなくなったり、このまま永遠にパートナーが見つからないのではないかと不安に襲われたりします。タロットを使うことによって、現在どのチャクラが塞がっており、何が体の不調の原因になっているのかを探りだすことができます。

　このスプレッドはまた、何らかの未知の精神的妨害物がどこに潜んでいるのか、それゆえ、何を顕在化させ、何を変えたらよいのかを知ることができます。

チャクラのスプレッド

1　ベースまたはルーツ・チャクラ
2　セイクラル・チャクラ
3と4　ソーラー・プラクセス・チャクラ
5　ハート・チャクラ
6と7　スロート・チャクラ
8と9　サード・アイ・チャクラ
10　クラウン・チャクラ

リーディング例

　以下のリーディング例では、解釈は最初の4つのチャクラについてしか行っていませんが、それ以降のチャクラについても、何と関係するのかを示しています。

わたしはいまあらゆることについて、とても悲観的に考えるようになっています。

1 ルーツ・チャクラは、あなたの心の安定、そして基本的な生存本能と関係しています。**ソードのクイーン**　現在わたしの意識は鋭敏で、精神的に落ち着いています。一体どんな問題があるのでしょう？

2 セイクラル・チャクラは、性と感情に関係があります。**悪魔**　わたしはいま自分の幻想の虜になっています。このチャクラを浄化する必要があるでしょうか？　たぶんわたしは、自分の性的あるいは精神的欲求を誰かに伝えきれていないようです。

3と4　ソーラー・プラクセス・チャクラは、あなたの自我の状態と関係しています。
カップの10、ペンタクルの9　わたしの外面的自我はかなり強そうに見えますが、実はわたしの内面世界は混乱しており、それを整理する決心をしなければなりません。

5 ハート・チャクラは、思いやりと自制心に関係しています。**カップの9**　わたしはかなり自立していますが、他人の感情にはあまり関心がありません。たぶん、わたしはもっと人を愛するようにならなければならないでしょう。そうすれば、わたし自身の悲観的な考え方を治すことができるでしょう。これがわたしの問題の真の根源です。

6と7 スロート・チャクラは、伝達方法と関係しています。

8と9 サード・アイ・チャクラは、洞察と知的過程に関係しています。

10 クラウン・チャクラは、あなたが神とつながっている場所です。あなたの高次の魂そのものと関係しています。

投影

　このスプレッドは、あなたが無意識的にまたは意識的に、まわりの世界に投影している性質や問題を顕在化させるものです。たとえばあなたが、自分には歌の才能がないと感じているとき、あなたは、あなたの代わりにあなた自身の歌う才能を顕在化させているロック歌手に恋に落ちたりします。あるいは投影は、否定的な影の形で生じることもあります。たとえばあなたが、いつも冗談ばかり言っている人を嫌っているとします。それはおそらく、あなたの心の内にある道化師を顕在化させる必要があることを示しているのでしょう。

注意：より深い解釈を行うために、このスプレッドでは、大アルカナとコート・カードだけを使います。

投影のスプレッド

1 わたしはいま自分自身をどう見ているか
2 わたしが自分自身について見ていないこと
3と4 試練と限界
5と6 人々および恋愛関係
7と8 目標と理想
9と10 願望と夢
11と12 受け止めるべきものと捨て去るべきもの
13 結果

1　　　2　　　3　　　4　　　5　　　6　　　7

　　8　　　9　　　10　　　11　　　12　　　13

リーディング例

1 **ワンドのペイジ**　わたしは自分自身を自由な精神の持ち主で、熱狂的で、たぶんどんなことでも出来るだろうと考えています。

2 **ペンタクルのクイーン**　わたしが自分自身について見ていないことは、わたしが自分ではなく、自分以外の人を幸せにするために努力しているということです。

3と4 **運命の車輪、隠者**　わたしは危険を冒し、選択を行い、動き出すべきです。

5と6 **皇帝、カップのナイト**　わたしはいま力のある人を自分の人生に引き込もうとしています。わたしはその人に自分の力を示すことができるでしょうか？ わたしは永遠のパートナーを信じられるでしょうか？ それはわたしの完全性または不完全性について何を語っているのでしょう？

7と8 **戦車、ワンドのクイーン**　わたしの目標を実現するためには、自分の代わりに他人を動かすように仕向けるのではなく、この2枚のカードのように、自立した精神を表現する必要があります。

9と10 **塔、ソードのペイジ**　わたしの願望を、他の人の上に起る変化に投影させるのではなく、わたし自身が前向きなことをしなければなりません。

11と12 **恋人、吊るされた男**　受け止めるべきことは、自分の選択に対して責任を取ることです。捨て去るべきことは、自分の幸せのために他人に頼ることです。

13 **剛毅**　わたしは自分の目標を達成するために必要な強さと勇気を手に入れることができるでしょう。

運命のスプレッド

夢の一覧

　このスプレッドは、どうすればあなたの将来の夢を実現することができるかを発見するためのものです。これまでのスプレッドと大きく異なっている点は、最初に、無作為にではなく、自分の意思で7枚のカードを選びだすという点です。パックを眺めながら、7つの項目にそって、あなたの夢や願望にピッタリ合うように思えるカードを1枚ずつ選び出します。あなたは1年後のあなたをどう見ていますか？

　カードを選び出す前に、これらの7つの質問項目についてじっくり考えてみてください。あなたの夢や願望を表現しているのであれば、どのカードを選ぼうと問題ありません。あなたが自分自身を信じていさえすれば、すべてのことが実現可能であり、夢を現実にすることができます。あなたの理想は何ですか——独身のまま、でも多くの友人に囲まれている状態、あるいは結婚して家庭を築き始める？　いまの仕事を極めて頂点に立つ、それとも別の生活様式を選ぶ？

　次に、デッキをシャッフルした後、今度は無作為に7枚のカードを選び出します。裏返したまま、それぞれ最初の7枚のカードの隣に置いていきます。そのカードは、自分が選びだしたカードによって示されている夢を実現させるための洞察や方向性を与えてくれます。

夢の一覧のスプレッド

1 わたしの理想とする未来
2 来年の今頃どこにいたいか
3 来年の今頃どんな人になっていたいか
4 結婚それとも独身？
5 達成したいと思っているもの
6 学びたいと思っていること
7 捨て去りたいと思っていること
8, 9, 10, 11, 12, 13, 14　これらの願望を実現させるための洞察

リーディング例

1 "わたしの理想とする未来"の項目で、"恋人"を選んだとします。あなたは誰かと恋に落ち、完全なる恋愛関係に入りたいと願っています。それはどうすれば実現できるでしょうか？ その隣に裏返しに置いた8枚目のカードが、その夢を実現させるための洞察を与えてくれます。たとえば、ペンタクルの10が出たとします。

そのカードは、あなたがあなたの理想とする未来を、伝統的な集会や、実利的または経済的な団体や組織、実務的な会合などを通して実現し、そこで完全なる恋愛関係を見出すことができると告げています。

運命のスプレッド

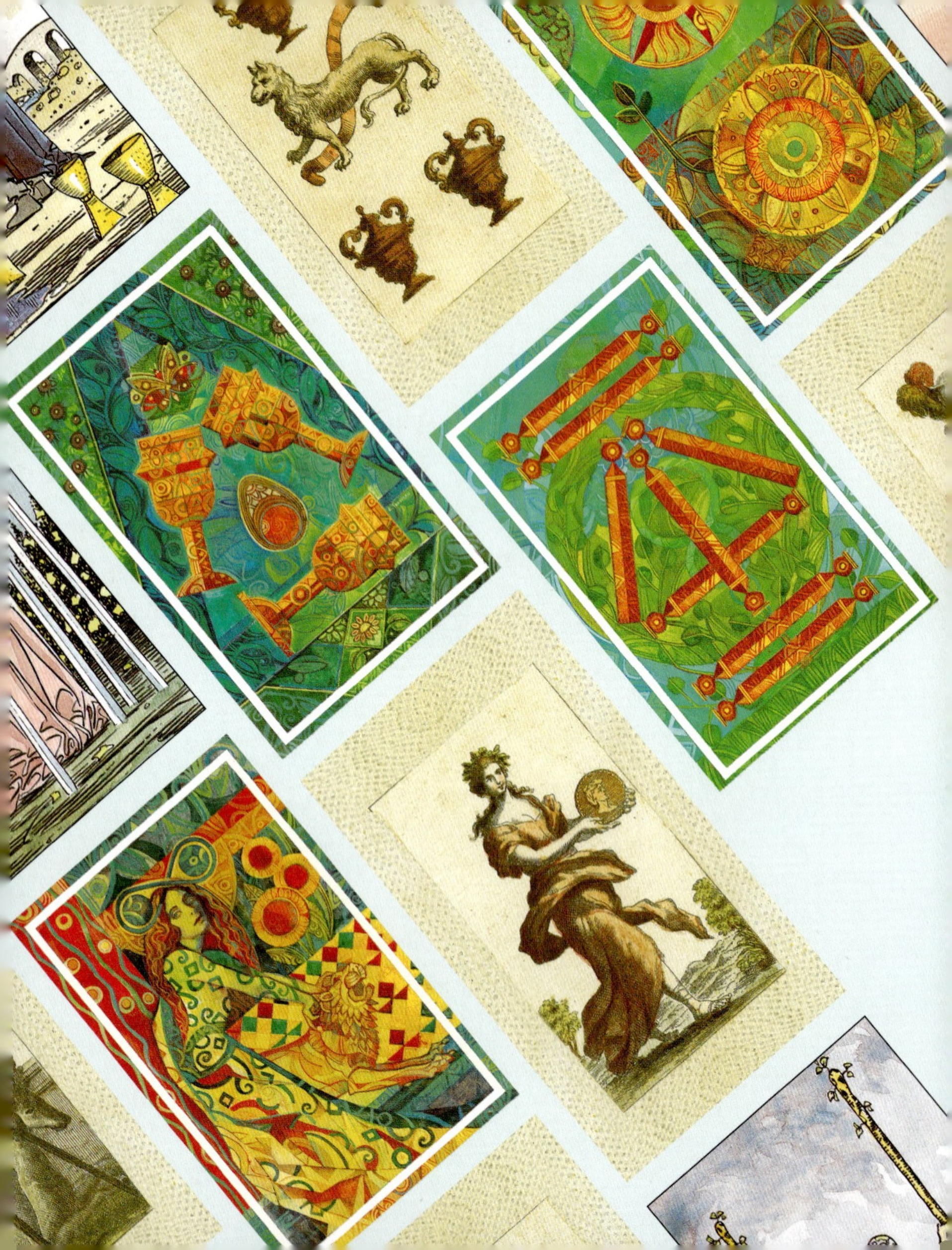

さらに深く、
さらに広く

さらに深く

タロット・カードに慣れてきたら、知識の幅を広げ、他の占いの方法と結合させることによって、リーディングに新しい要素を取り入れることができるようになります。タロットは、その起源からして、占星術、カバラ教、数秘術と密接な関係にあります。これらの古代から伝わる秘術は、人々の生活に深く浸透している豊かなシンボル体系と元型的エネルギーによって織りあげられた、同じタペストリーの一部なのです。

どんな時でも、これらの独特の秘術をタロット・リーディングに組み入れることができます。自分の内面を探るためのリーディングには適さないと思う秘術もあれば、タロットの真髄である明快さを損ない、ただ邪魔するだけだと思う秘術もあるかもしれません。しかしそれらの秘術がタロットとどのように相互作用しているかを知ることはとても有益です。瞑想も、タロットを別の角度から学ぶとても有益な方法です。瞑想によって、タロットの世界そのものの中に入り込むことができるようになり、外側に立って自分自身のものではない人生を眺め観察しているような客観的な態度とはまた一味違う感覚を体現することができます。

あなた自身のスプレッドを開発することも、タロット・リーダーとしての技能を高める重要な方法です。それによって、シンボル解釈の最も重要な要素である、数と幾何学について多くを学ぶことができ、テキスト・ブックから得た知識からではなく、自分の心から発した質問と解釈から、独自のリーディング技法を創造することができるようになります。

最後に、数人の仲間と短い時間タロットを楽しむことも有益です。それによって、自分の考えをどうすれば仲間と共有することができるかを学ぶことができ、1人でする時とは違って、集合的意識の中でタロットの元型的世界がどのように作用するかを理解することができるようになります。

タロット魔術

下の表の呪文の項から、あなたの願望を最も的確に表しているものを選び、その呪文に対応するカードを抜き出してください。ロウソクに明かりを灯し、その横に表を上にしてそのカードを置きます。そのカードに数分間意識を集中させ、その名前を3回繰り返したのち、呪文を唱えます。

呪文とそれに対応するカード、ローソクの色

カード	ローソクの色	呪文
愚者	白	新しい始まり、子供を授かる、創造力を高めるための呪文
奇術師	黄	伝達、策略から身を守るための呪文
女教皇	ラベンダー	秘密、女性、霊性のための呪文
女帝	ピンク	結婚、多産、忠誠、信頼のための呪文
皇帝	濃紺	成功、力を授かる、仕事関係のための呪文
教皇	紫	叡智、失せ物発見のための呪文
恋人	緑	愛、セックス、恋愛のための呪文
戦車	明るい赤	旅行、引越し、自信のための呪文
剛毅	暗い赤	忍耐、限界を乗り越えるための呪文
隠者	シルバー	人格の統合のための呪文
運命の車輪	オレンジ	金銭的問題、幸運のための呪文
正義	グレー	決断、交渉のための呪文
吊るされた男	暗緑色	自己受容、依存症からの脱却のための呪文
死	暗褐色	精神的重荷の除去、新たな出発のための呪文
節制	ライラック	安らかな気分、新しい視点、熱狂を覚ますための呪文
悪魔	黄褐色	恐怖と自己懐疑を取り除くための呪文
塔	バニラ	財産、セックス、防備のための呪文
星	薄黄色	名声、認知のための呪文
月	ジャスミン	美、平和、魅力のための呪文
太陽	ゴールド	幸福、エネルギー、創造性のための呪文
審判	インディゴ	許し、打破のための呪文
世界	多色	自信、新しい考え、旅行のための呪文

さらに深く、さらに広く

数秘術

　古代文明の多くが、数字には特別な意味と力が宿っていると信じていました。特にギリシャ人とヘブライ人によって発展させられた思想は、今日の数秘術の基礎を作り上げました。

　古代ギリシャの数学者であり哲学者であったピタゴラスは、BC6世紀に、「万物の根源は数である」と宣言しました。彼は、あらゆる事象は一桁の数字によってシンボル化され、還元されると説きました。こうして、数字は単なる数学的意味を超え、宇宙で生成する万物の中心に位置するものとなったのです。1から9までの一桁の数字は、それぞれ異なった振動数で振動しており、その振動の共鳴が宇宙全体に響き渡っているとされました。その"天球の音楽"は、それぞれが固有の数値と調和的な振動数を持つ天体によって奏でられていると考えられました。各文明が、数字をシンボル化するために、さまざまなシンボル体系を築きましたが、9つの一桁の数字を基礎にしたピタゴラス学派の体系が最も普遍的です。

数秘術とタロット

　タロットは、数字の意味と価値で豊かに彩られています。大アルカナは22枚という不思議な数のカードによって構成されていますが、なぜ22枚なのでしょうか？　実は22という数字は、最高に釣り合いのとれた数字と言われています。22は、魂の進化、世俗的成功、理性、知性、先見、感情、技術の一体となったものを体現し、これらの要素のすべてを調和的に結合させた数字と言われています。

　各スートのコート・カードには、次の数字が割り当てられていることをもう1度確認しておきましょう。ペイジ＝4、ナイト＝3、クイーン＝2、キング＝1。

ペイジ（4）　ナイト（3）　クイーン（2）　キング（1）

タロット・リーディングのために数字を使う

　すべてのタロット・カードが固有の数字を持っており、それを 2 通りの方法で使うことによって、タロット・リーディングに新しい次元を加えることができます。スプレッドで選び出したカードの数値をすべて合計し、それを一桁の数字（数字根といいます）に還元すると、リーディングの全般的な"長期的"方向性についての情報を得ることができます。その"数字根"は、そのスプレッドのリーディングの、全般的な手引きとなり、目標を指し示します。

　たとえば、あるスプレッドで、ワンドの 6、ソードのキング、奇術師、女帝を選んだとします。するとその数値は、

6+1+1+3=11
1+1=2

となり、こうしてこのスプレッドの数字根は 2 となります。

特別な日

　またタロットと数秘術を組み合わせることによって、特別な日付をチェックし、イベントを開催する、新しい恋人と初めてデートする、あるいは転職のために履歴書を送るなどのための最も縁起の良い日を探し出すこともできます。

　どんな運勢の日か調べたい重要な日が出てきたら、その数字を書き出し、合計します。ジェーンは、結婚式を 2007 年 7 月 17 日に挙げたいと思っています。しかし彼女の母親は、7 月 3 日が良いと言い、彼の方の母親は 8 月 9 日が良いと言っています。そこでジェーンはその 3 つの日付を以下のように数式に書き表し、それぞれの数字根を求めました。

1+7+7+2+7=24
2+4=6

3+7+2+7=19
1+9=10=1

9+8+2+7=26
2+6=8

ジェーンは結婚式に最適な日を求めるために、パックを裏返しにしてシャッフルし、上から6番目のカードを抜き出しました。次に1番目のカード、そしてさらに8番目のカードを抜き出しました。彼女は各カードの解釈を読み、どちらの日が結婚式に最適かを決定しました。何日にしたら良いか迷ったとき、この方法を使ってみてはどうでしょうか？

その日何が起きるか？

ある特別な日に関する質問があるとき、たとえば、『新しい仕事を2007年2月23日に始めたいのだが、その日はどんな日になるのだろう？ その長期的な方向性はどんなだろう？』といった質問を持っているとします。最初の質問に対する答えとして、パックの中から無作為に選び出したカードを使うことができます。次に、数字根を出し、それを2番目の質問に対する答えとすることができます。質問の日付は、2007年2月23日でしたから、

2+3+2+7=14=5

この数字に、あなたの誕生日の数字を加えます。たとえば1970年3月9日とすると、

9+3+1+9+7=29=11=2
5+2=7

　デッキをシャッフルした後、上から7番目のカードを抜き出します。そのカードによって、あなたはその日起こることを予測することができます。次に、次ページに掲載した表の数字の解釈の7のところを読み、長期的な傾向をとらえます。

数字根の持つ意味

数字	意味
1	行動を表す数字です。一本気な、独立した数字である1は、計画を成功させるためには、独創的で、やる気に満ちていなければならないと告げています。
2	交渉の数字です。協力と安らぎを表す数字である2は、あなたの夢を実現させるためには、状況に適応することが大切だと告げています。
3	意思伝達の数字です。あなた自身を、何らかの創造的な物事で表現しましょう。快活な恋愛関係が、あなたの人生の旅を豊かにしてくれるでしょう。
4	現実的な思考の数字です。自信を持ち、実践的に物事を進めれば、どんなことでも自分が設定した目標を達成する強い動機が生まれ、どんな状況でも自分に有利に転換することができます。
5	創造的な冒険の数字です。より外向的に、探究的になり、他の人の動機を尋ねる時期です。あなたの天性の表現力の豊かさが、あなたに適した変化を生みだすでしょう
6	自己防衛の数字です。あなたの養育的側面を何らかの方法で人のために役立てる時期です。しかし6はまた、あなたの未来を誰か別の人に決定させることがないようにと警告しています。
7	神秘の数字です。あなたの人生の旅の途上で、癒しに関係した多くの人と出会うでしょう。あなたには世界を理解する飛び抜けた才能があります。現在のジレンマに対する答えは、あなた自身の直観に耳を傾けることによって得られます。
8	大志を表す数字です。いまあなたは、成功と力強さへと向かう秘密の内的原動力を持っています。そして物質的成果が得られなかったら、だまされたと感じるでしょう。前もって計画を立て、資金的準備を怠らないなら、結果はあなたの目標と一致するでしょう。
9	展望を表す数字です。あなたは未来に向かってある特別な展望を持っています。しかしそれを実現するのは大変なことです。達成できそうにない約束をするのは避けましょう。そうすれば、最高の栄誉を勝ち取ることができるでしょう。

占星術とタロット

　タロットは、占星術との関係を示す豊かな資源に満ちあふれています。両者を結合させることによって、あなた自身をより深く理解し、当面の問題についてのリーディングにさらに深い内容を付け加えることができるようになります。

　大アルカナ・カードはすべて、黄道十二宮星座か運星と特別なつながりを有しています。その関係を知っていると、リーディングに新たな情報を加えることができ、さらに深く掘り下げることができます。たとえば、"いまのあなた"のカードが"悪魔"だとします。そのカードは山羊座と関係していますから、山羊座についての解釈を"悪魔"の解釈に加えることによって、"悪魔"のカードの意味に、さらに深い洞察を加えることができます。あなたが山羊座生まれであろうとなかろうと、そのカードは、『山羊座のどのような性質がいまのあなたの人生に欠けていますか、あるいは強調されすぎていますか』と、あなたに問いかけてきます。

　大アルカナ・カードと黄道十二宮星座、運星の関係を理解することができれば、あなたの現在の問題について、より深い洞察を与えることができます。興味のある読者は、占星術の解説書を開き、黄道十二宮星座や運星についてより深い知識を得ることによって、こうした考え方をさらに発展させていくことができます。

黄道十二宮星座と
大アルカナ・カードの結び付き

星座	大アルカナ・カード
♈ 牡羊座	皇帝
♉ 牡牛座	教皇
♊ 双子座	恋人
♋ 蟹座	戦車
♌ 獅子座	剛毅
♍ 乙女座	隠者
♎ 天秤座	正義
♏ 蠍座	死
♐ 射手座	節制
♑ 山羊座	悪魔
♒ 水瓶座	星
♓ 魚座	月

運星と
大アルカナ・カードの結び付き

星座	大アルカナ・カード
☉ 太陽	太陽
☽ 月	女教皇
☿ 水星	奇術師
♀ 金星	女帝
♂ 火星	塔
♃ 木星	運命の車輪
♄ 土星	世界
♅ 天王星	愚者
♆ 海王星	吊るされた男
♇ 冥王星	審判

さらに深く、さらに広く

黄道十二宮星座カードの解釈

　大アルカナ・カードと星座の関係を知ることによって、タロット・リーディングに新たな次元を加えることができます。

牡羊座と皇帝

　牡羊座は自己主張、自分自身の人生の支配に関係しており、誰が支配者であるかを示します。初志を貫徹することによってあなたは前へ進むことができますが、あなたがすでにこのエネルギーとつながり、それを自分自身の内に見出しているとき、あるいは自分がそれを表現していることがわかっているときは、そのエネルギーで他人を遠くへ押しやることがないように気をつけましょう。

牡牛座と教皇

　牡牛座は安心感を必要としています。このカードを引いたとき、あなたの心が何かに飢え、所有欲にかられていないか、あるいは物質的な成功ばかりに目が向いていないかを自省してみましょう。あなたがすでにこのエネルギーを表現しているときは、自分自身の目標に狂信的にならないように気をつけましょう。またこのエネルギーが不足していると感じたなら、あなたはもっと事実を信頼し、内面的安心感を充足させる必要があります。

双子座と恋人

　双子座は機転と頭脳に頼っています。あなたは決定を下すときに頭脳を使っていますか、それとも気分に頼っていますか？　いまあなたがこのエネルギーを表現していないと感じるときは、もっと論理的思考を活用する必要があります。逆に、いつも頭脳を働かせていると感じるときは、もっと自分自身の心と触れ合う必要がありそうです。

蟹座と戦車

　蟹座は何かに属したがっています。あなたが"戦車"を引いたとき、あなたは何か、あるいは誰か──一族、家族、恋人、友人、仲間、団体など──に属しているように感じていませんか？ あなたは1人でいるのが恐くて、なんとかして誰かまたは何かに属したいと思っていませんか？ あなたの本当の感情を隠してはいけません。このエネルギーが不足していると思えるなら、誰かを受け入れ、自分がより大きな広い世界に属していることを感じる時期にあります。自由になりたいと感じているなら、そうすべきです。

獅子座と剛毅

　獅子座は特別な存在になることを欲しています。"剛毅"を引いたとき、あなたはスポットライトを浴びていますか、注目の的になっていると感じていますか？ あるいは反対に、寒さの中に置き去りにされていると感じていますか、それとも賞賛されることに何も感じなくなっていますか？ いまのあなたの人生でこのエネルギーが不足していると感じるなら、あなた自身の天賦の才能が、あなたを注目に値する人間にするでしょう。このエネルギーが流れすぎていると感じるとき、自分だけにスポットライトが当たっていると勘違いしないようにしましょう。

乙女座と隠者

　乙女座は識別的ですが批判的です。"隠者"のカードを引いたとき、あなたは自己批判的になっていませんか、あるいは自分自身や他人に過大な要求を突き付けていませんか？ このエネルギーが不足していると感じるとき、あなたは自分自身の人生を大局的にとらえるために、もっと多くの時間が必要かもしれません。

天秤座と正義

　天秤座は釣り合いと外交術を求めています。このエネルギーが、いまのあなたに強く流れていると感じるなら、妥協しすぎることは、あなたが他人の幸福のために自分の信念や意見を放棄していることを意味します。このエネルギーが不足していると感じるなら、ジレンマを解決するために外交的にふるまう術を学び、人生に対してもっと洗練された態度で臨むようにしましょう。

蠍座と死

　蠍座は情熱と力に関係しています。"死"のカードを引いたとき、そのカードの占星術的解釈は、人生を変容させる力です。言い換えると、もはやあなたのために作用していない1つのサイクルの終わりと新しいサイクルの始まりを意味します。しかしあなたがあまりにもたやすくこのカードと同調できるなら、そのために強引に力を行使しすぎてはいないかどうかを自省してみる必要があります。

射手座と節制

　射手座は楽観主義者で冒険好きです。"節制"のカードを引いたとき、あなたは思いのままに働き、目標に向かう道を突き進む時期にあります。あまりにも容易にこのエネルギーと一体化していると感じるなら、その時は、あなたの計画をもう少し穏健にし、何か新しいことに急いで首を突っ込む前に、再考し再計画する必要があります。

山羊座と悪魔

　山羊座は自立と慣習を表します。あなたはいま、どのように行動し、振舞うべきかについての伝統的なしきたりにこだわりすぎてはいませんか？ また、硬直したやり方を好むあまり、自分の本当の感情を否定してはいませんか？　暗い考えがあなたの心に入り込まないように注意してください。また、自分自身の権利のために起ち上がるときでもあります。

水瓶座と星

　水瓶座は理想主義的な独立心の強い星座です。"星"のカードを引き、自分の人生にこのエネルギーが不足していると感じたなら、自分自身を信じ、あなたのやり方で物事を実行することに自信を持つべき時期にあります。またこの独立したエネルギーとあまりにも容易に一体化できるなら、他人の個人的な欲求を無視したり、その人に影響を与えすぎたりすることがないように気をつけましょう。

魚座と月

　魚座は感じやすい星座です。このエネルギーと一体化していると感じるとき、あなたはいま、あなた以外の人の意見、行為、信念によって誤った方向に導かれてはいませんか、あるいは空約束の先を見ることができますか？　あなたがいま自分にこのエネルギーが不足していると感じるなら、いまはあなた自身の直観と感覚にもっと触れ合う必要があります。

運 星

太陽（支配星座：獅子座）

タロット・カード：太陽

　"太陽"は、占星術的には、積極的に、自分の能力に絶対的な自信を持って行動しなさいと告げています。しかし傲慢に、わがままになることがないように気をつけましょう。

月（支配星座：蟹座）

タロット・カード：女教皇

　"女教皇"は、占星術的には、あなた自身の直観に耳を傾け、行動に最適な時期を待つように、そして他人の意見に惑わされることがないようにと告げています。

水星（支配星座：双子座と乙女座）
タロット・カード：奇術師

　"奇術師"は、占星術的には、他人の不誠実な行為や策略に気をつけるようにと告げています。十分賢明な態度で前方を見つめ、それに従って計画を練るように。

金星（支配星座：牡牛座と天秤座）
タロット・カード：女帝

　"女帝"は、占星術的には、あなたにとっての真実の価値を考えるようにと告げています。あなたはいま虚偽の生活を送っていませんか、あなたを幸せにするのは、人々といっしょになって行動し、その一部になることですか？

火星（支配星座：牡羊座）
タロット・カード：塔

　"塔"は、占星術的には、現状維持を打破せよと告げています。外に出て、自分の考えに従って行動しましょう。そして他人が押し付けた限界を窓から放り投げましょう。

木星（支配星座：射手座）
タロット・カード：運命の車輪

　"運命の車輪"は、占星術的には、新しい、予期せぬ機会を最大限に利用するようにと告げています。視野を広げ、可能なときには動き続けましょう。

土星（支配星座：山羊座）

タロット・カード：世界

　"世界"は、占星術的には、現実を直視し、地に足をつけ、何が可能で何が不可能かを受け止めるようにと告げています。あなたは多くのことを成し遂げることができるかもしれませんが、そのためにあなたは大変な努力をしなければなりません。相反することを同時に実現することはできません。

天王星（支配星座：水瓶座）

タロット・カード：愚者

　"愚者"は、占星術的には、少し危険に思えても、前へ進み、新しい方向に挑戦してみなさいと告げています。あなたが本当にしたいことに向けて一歩踏み出す良い機会です。

海王星（支配星座：魚座）

タロット・カード：吊るされた男

　"吊るされた男"は、占星術的には、あなたにとっては何の目標にもなり得ない物や人に対する執着を捨て去るようにと告げています。あなたにはあなたの人生があるのですから、それを生きましょう。

冥王星（支配星座：蠍座）

タロット・カード：審判

　"審判"は、占星術的には、過去を振り切り、小さな恨みを忘れ、未来を抱きしめるようにと告げています。いま可能なあいだに変化を起こし、解放された感覚を味わいましょう。

カバラ教

　ユダヤ教の伝統に基づいた古代から伝わる秘義であり魔術経路であるカバラ教は、奥深い叡智と霊的洞察を与えてくれます。カバラ（kabbalah）という語は、ヘブライ語で「受け入れる」を意味します。カバラ教の中心をなすものは、宇宙の概念図である"生命の樹（セフィロト）"で、それは相互につながり合う人生の諸側面を顕在化させようとしています。

　19世紀の半ば、カトリックの司祭であり、後に教師兼著述家となったエリファス・レヴィ（本名アルフォンス・ルイ・コンスタン）が、最初にカバラ教とタロットの関係を解き明かしました。彼は大アルカナの22枚のカードは、ヘブライ語のアルファベットの22文字と対応し、生命の樹の22本のパス（小径）ともつながりがあると説きました。後にこれらのアルファベットとパスは、悟りへと至る特殊な方法によって大アルカナ・カードと結び付けられました。レヴィはまた、タロット・パックの残りのカードもすべて、生命の樹の他のさまざまな側面と結び付けました。

　生命の樹それ自体は単純な形をしていますが、タロットと結び付くことによって、人生を占うための強力な概念図となります。カバラ教とタロットを結び付ける方法はあまりにも深遠すぎて、本書ではその全体像を示すことはできませんが、これから紹介する両者の関連と、タロットで使う生命の樹のレイアウトは、あなたのリーディングをさらに奥深いものにするはずです。

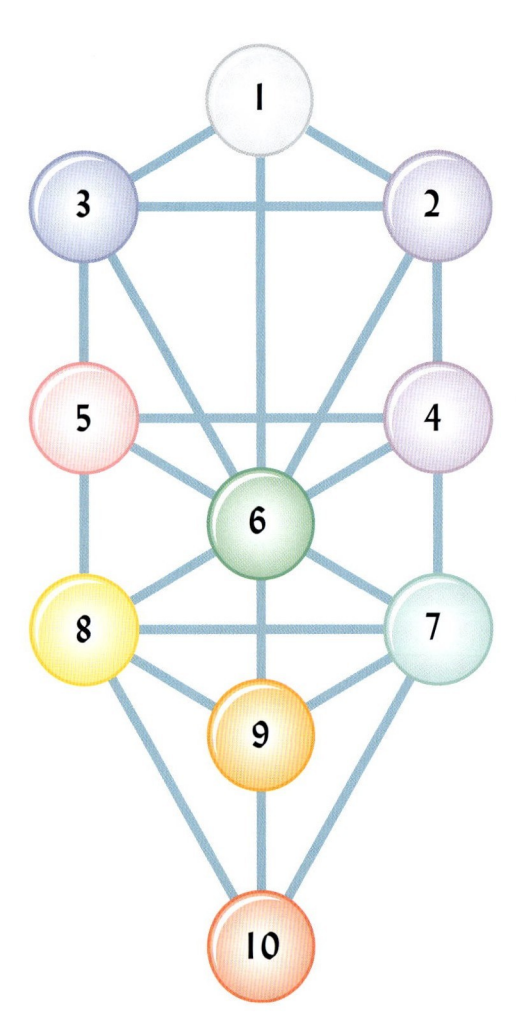

生命の樹

1 ケテル(統一)
2 コクマー(智恵)
3 ビナー(理解)
4 ケセド(慈悲)
5 ゲブラー(課題)
6 ティファレト(問題の核心)
7 ネツァク(願望/感情)
8 ホド(知性)
9 イェソド(無意識)
10 マルクト(状況/結果)

さらに深く、さらに広く

小アルカナ

　生命の樹の 10 個の円(セフィラ、複数はセフィロト)は、それぞれピップ・カードとつながりがあります。つまり、第 1 のセフィラは、すべてのスートのエース、第 2 のセフィラは同じく 2 のカード、第 3 のセフィラは同じく 3 のカードといった具合です。コート・カードはそれぞれの階位で表されます。すなわち、キングとクイーンは第 2 と第 3 のセフィラで、ナイトは第 6、ペイジまたはプリンセスは第 10 セフィラです。

大アルカナ

　10 個のセフィラは 22 本のパス(小径)によって結ばれています。それぞれのパスには、ヘブライ語のアルファベットが 1 文字ずつ割り当てられ、また 22 枚の大アルカナ・カードとも対応しています。生命の樹のパスの使い方についてもっと詳しく知りたい読者は、タロットとカバラ教の関係について著した本がたくさんありますから、そちらを参照してください。

ダアト

　実は、生命の木にはもう 1 つ、隠されたセフィラが存在します。それはケテルとティファレトの中間にあり、ダアトと呼ばれます。このセフィラをレイアウトの 1 配置として使うこともできますが、それは"隠された知識"、"深淵"を表すため、使用するときは細心の注意が必要です。それは無限を有限から分かち、神の領域を人間の領域から分かちます。

　レイアウトにこの配置を使うとき、そのセフィラはあなたの心の深奥にある動機、あなたの無意識の内側で進行しているもの、現実と幻想の狭間にある領域を表します。この知見は、世俗的な物質的利益のために使うことはできません。もっと深遠な自己認識のために使うことができるだけです。

生命の樹のリーディング

このスプレッドは、人生の方向に迷ったとき、自己啓発を行いたいときに使います。一番下のカードからレイアウトの順番にそって上へと昇っていきます。カードの持つ強さと弱さに焦点を合わせ、各配置の表す意味と関連付けてリーディングしていきます。

頂点から下に降りていくリーディングの方法もあります。これは"稲妻の閃光"リーディングと呼ばれ、1枚1枚のカードを分析し解釈していくのではなく、カードとカードの関係、全体のつながりを凝視します。すると突然、いまのあなたにとってこのスプレッドが意味するものが、稲妻の閃光のように一瞬あなたの脳裏にひらめきます。最初はなかなかうまくいかないかもしれませんが、けっして無理をしないように。いまあなたが抱えている問題の現象の奥に潜む、真実の核心へとあなたを導くものは、生命の樹が持つ秘密の力なのですから。

生命の樹のスプレッド

1 ケテル（統一）
2 コクマー（智恵）
3 ビナー（理解）
4 ケセド（慈悲）
5 ゲブラー（課題）
6 ティファレト（問題の核心）
7 ネツァク（願望／感情）
8 ホド（知性）
9 イェソド（無意識）
10 マルクト（状況／結果）

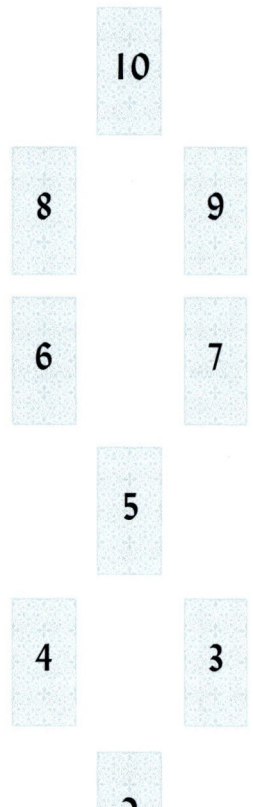

さらに深く、さらに広く

クリスタル

BC4000年もの昔、メソポタミアのカルデア人は、地球上で発見されるクリスタルは、さまざまな天体と交信しており、宇宙の波動を伝えると信じていました。最古の時代から、クリスタルには神聖な力が宿っていると考えられていたのです。

各種のクリスタルは、その交信機能によって、それぞれ特別なタロット・カード、なかでも大アルカナ・カードと特殊な関係を結んでいます。クリスタルは宇宙の波動エネルギーを伝えると考えられていたことから、人類の歴史を通して、運勢占いに使われてきました。そのとき1～3個のクリスタルを、タロット・カードのレイアウトと同じように単純な形のスプレッドに並べて使うこともありました。

大アルカナ・カードとクリスタルの結び付きは、次ページの表に示してあります。しかし、必ずしもこれらの特別なクリスタルを使わなければならないということではありません。次のような方法で、あなた独自のクリスタルとタロットの結び付きを作り出すことができます。

あなたが本当に好きなクリスタルの中から22個を選び出し、それをクリスタル袋に入れ、優しく揺すってください。次にタロット・パックから22枚の大アルカナ・カードを抜き出し、それをシャッフルして、無作為に1枚ずつ選び出し、裏返しのまま机の上に並べていきます。袋からクリスタルを、こちらも無作為に1個ずつ取り出し、それをカードの上に置いていきます。すべてのカードの上にクリスタルが1個ずつ置かれている状態にします。

カードを1枚ずつ表にし、もう一度クリスタルをその上に置きます。それから大アルカナ・カードとクリスタルの対応関係を確認しますが、最初は忘れやすいので、タロット日記に書き留めておきます。毎日時間を取って、あなたのクリスタルの背後にある意味が、それと結び付くタロット・カードの意味と融合したとき、どのような意味を持つようになるのかを少しずつ理解していきましょう。

クリスタルと大アルカナ・カードの結び付き

カード	クリスタル	キーワード
愚者	オレンジ・カーネリアン	造反
奇術師	トパーズ	理解
女教皇	オパール	感受性
女帝	トルマリン	慈悲
皇帝	レッド・カーネリアン	行動
教皇	ローズ・クォーツ	価値
恋人	シトリン	コミュニケーション
戦車	ムーンストーン	コントロール
剛毅	タイガーアイ	霊感
隠者	ペリドット	識別
運命の車輪	ラピスラズリ	叡智
正義	ジェイド	調和
吊るされた男	ブルーレースアゲート	犠牲
死	マラカイト	変容
節制	ターコイズ	流れに乗る
悪魔	オブシディアン（黒曜石）	束縛から逃れる
塔	レッドアゲート	進歩
星	アンバー	合理化
月	アクアマリン	空想
太陽	クリアクォーツ	楽観主義
審判	アメジスト	覚醒
世界	オニキス	構造

さらに深く、さらに広く

クリスタル・パワーの強化

　どのようなクリスタルでも、タロット元型の特殊な精髄によってその力を強化し、クリスタルに、一時的あるいは長期的に特別なエネルギーを付与することが可能です。クリスタルを手に握りしめ、そのエネルギーを体内に取り込むときのように、あるいは自分のエネルギーをクリスタルに注入するときのように、タロットの元型的エネルギーをクリスタルに注入し、それを身につけたり持ち運んだりするとき、タロット・カードの霊的エネルギーを持ち運んでいるのと同じ効果を得ることができます。

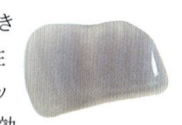

ステップ・バイ・ステップ・ガイド

1. あなたの目的にあったカードを選び出します（次ページ参照）。どんな願い事であれ、それにふさわしいカードがあります。たとえば新しい恋を探しているときは、おそらく"恋人"のカードを選ぶでしょう。

2. 自分が選んだクリスタルをそのカードの上に置き、カードの名前を3回繰り返します（『恋人、恋人、恋人』）。そしてその時の特別な願いのために、カードの精髄がクリスタルに乗り移りますようにと祈願します。

3. もっと長期的なエネルギーを注入したいとき、たとえば自分のために作用する特別な霊的経路を見つけ、将来アファーメーションをしたいときなどは、満月の夜に、カードとクリスタルを部屋の窓際に一晩置いておきます。これは曇りの日でもかまいません。

クリスタル・パワー強化のためのタロット元型

以下に、タロット・カードに表された元型を見つけるための簡単な手引きを示します。しかし自分が強化したいと思うエネルギーについてもっと深く考察したいときは、各カードの解釈をもう一度じっくり読み返してください。

カード	解 釈
愚者	新しい旅、冒険、自由な精神、宇宙を信じる
奇術師	集中、奇術、コミュニケーション、知性
女教皇	直観力、内的導き、霊エネルギー、深い叡智
女帝	養育、地に足をつける、創造性、新生活
皇帝	権威、自己主張、新しい計画
教皇	中心に立つ、教育、考えの伝達
恋人	恋愛関係、選択をする、エネルギーのバランス
戦車	家庭の幸福、どこに行こうとしているかを知る
剛毅	勇気、自信、夢を実現する
隠者	霊的悟りまたは方向性、心の平和、忍耐
運命の車輪	機会をつかむ、勇気づけられる、幸運、変化
正義	明晰さ、法律または経済的問題、合意、妥協をする
吊るされた男	神秘的な力、真実を見る、悪癖を断つ
死	新たな始まり、変容、心の重荷を降ろす
節制	バランスの取れた関係、誓約しているが自由、自分を信じる
悪魔	性的旺盛さ、性的魅力
塔	悪癖に打ち勝つ、心を清める、精神的に吹っ切れる
星	瞑想、霊的導き、自由、理知的な智慧
月	恋愛関係の魔術、夢の作用、より深い理解、秘密を守る
太陽	真実を発見する、創造性、成功、子供の誕生
審判	移行、新しい知覚、変容
世界	旅、統合、完成、完遂

さらに深く、さらに広く

心理学と元型

　元型は、あらゆるシンボル的占い体系の中核をなすものであり、タロットではとりわけ重要な意味を持っています。"元型"という言葉は、20世紀初めの偉大な心理学者カール・ユングが造語したものですが、"元型"とは人間の心理の深奥で作用する普遍的な本能的力、行動様式と定義されます。

　それらの元型は、身体的本能が肉体で作用するのと同じように、わたしたちの精神の中で作用します。わたしたちの身体や精神が何らかの脅威にさらされているとき、血中のアドレナリン濃度はいっきに上昇し、"闘争または逃走"反応機構が働き始め、その状況に反応します。それはわたしたちが意識的に起こした反応ではありません。そのような本能を目で確認することはできませんが、それと同じように心の中の元型も目で確認することはできません。そして生活の中で繰り返し現れるそのような影の行動パターンは、わたしたちが、わたしたちの心理の地下室から起き出すそのような力をより意識的に認識しない限り、十分にコントロールすることはできません。

それらの元型は、文化や、その時代の社会的気候（そしてわたしたちの人格的相違）に応じて、表象される形は変化してきましたが、基本的に普遍的性質を持っています。太母、父なるもの、英雄、ヒロイン、恋人、放浪者、賢者、鬼婆、救世主、犠牲者などがその代表的なものです。22枚の大アルカナは、さまざまな形でこれらの元型像のすべてを喚起させます。

心理学的次元

　現代のタロット・リーディングも、単純な"運勢占い"から、占いの心理学的側面に重点を置く形で発展してきました。しかし実は、たとえば、「ある背の高い暗い見知らぬ人が、あなたの道の前を横切ろうとしています」といった、運勢占い者のあの使い古された文句も、同様に心理学的な妥当性があるのです。その"背の高い暗い見知らぬ人"は、わたしたちの西洋社会における英雄の元型的人格以外の何ものでもありません。その"背の高い暗い見知らぬ人"は、愛や神秘、危険、恋愛などの象徴である元型に対する、わたしたちの心の深奥部の反応に点火しているのです。誰もが心の奥底に有している、魔法使い、魔女、奇術師、千里眼のような元型的エネルギーを顕在化させることなしに、誰が運勢占い者になることができるでしょうか？

　タロットに投影されているもの、それはまさしくわたしたち自身なのです。ユングが指摘しているように、元型的エネルギーを直視し、その強迫的要素から自由になるとき、わたしたちは自分の選択に責任を持てるようになり、真実のわたしたち自身になれるのです。

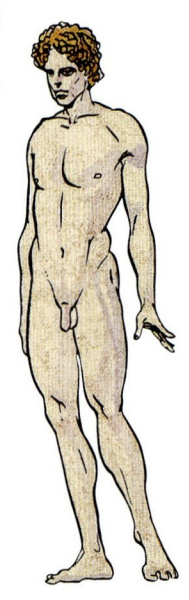

さらに深く、さらに広く

瞑　想

　豊かな元型的図像とシンボリズムに彩られたタロットは、瞑想のための重要な道具となることができます。タロット・カードはあなたの直観と共鳴しています。あなたがその気になりさえすれば、常にあなたのためにそこに横たわっている直観にあなた自身を開くことができます。1枚のカードに集中し、その図像があなたの心の中を自由に流れるままにしておきます。すると、本に頼らなくてもあなたの心の中にある強力な解釈能力が活性化し始めます。

　瞑想状態に入ると、元型とシンボリズムがあなたに語りかけてくるのを妨害していた、あの意識的な思考や恐怖心、不安、心配が封鎖され、それらが自由に流れ始めます。わたしたちすべての心の深奥部で常に無意識の動力学が作用していますが、日常の利己的な小さな世界の中でそれと向き合うことは簡単ではありません。しかし瞑想によって、わたしたちは扉の鍵を開け、深奥部に横たわる宇宙の叡智と交信することができるようになります。

　ここで強調したいことは、瞑想はけっして何もしないことではないということです。反対に、あなたは自分の感覚がより研ぎ澄まされていくのを感じるはずです。聴覚はさらに鋭くなり、色はより鮮明になります。そしてカードに触れるのと同じくらい、カードのにおいが感じられるようになります。そして最後に、あなたは、隠されていたあなた自身と触れ合い共鳴することができるようになります。

瞑想はあなた自身を
あなたの無意識に対して開く大いなる方法。

さらに深く、さらに広く

瞑想ステップ・バイ・ステップ

瞑想に厳密な規則などありません。心を平穏な状態にすることが最も大切なことです。

1 誰からも邪魔される心配のない部屋に、楽な姿勢で座ります。最も一般的な姿勢は、床の上で胡坐を組み、手を膝の上に、手のひらを上にして置いておきます。

2 デッキから無作為に1枚抜き出すか、自分の好きなカード、またはもっとよく知りたいカードを選びます。そのカードを表にして、床の前方に、または壁に立てかけるようにして、目を緊張させないでも集中して見える位置に置きます。

3 カードを見つめ、自分の呼吸を意識するようにします。

目を閉じ、心と体と魂を
ゆっくりとタロットの図像に開いていく。

4 深く息を吸いながら、呼吸に対する意識以外の、心に浮かぶさまざまな想念を追い出すようにします。息を吐き出すとき、数を数えます。意識を分散させないために、10まで数えたら、1に戻ります。いくつまで数えたかわからなくなったときも、1から始めます。

5 数分したら、心と体と魂を、ゆっくりとタロットの図像に開いていきます。カードの色、その中の人物、数字、その他特別心を惹かれるものに目の焦点を合わせます。深い呼吸をするにつれて自分がカードの中に入り込み、その世界の一員になっていく様子を少しずつ思い描きます。あなたはいま元型の領域に入り込んでいます。そのため、そこで、あなたの知っている"登場人物"——友人、敵、家族、恋人などその特別なカードの性質を人格化したもの——に出会うかもしれません。

6 望むなら、カードから目を離し、呼吸に意識を集中させ、しばらくまぶたを閉じてもかまいません。目を開けたら、今度はカードから目を離し、自分がタロットと調和していることを確認して、カードをデッキに戻します。

7 瞑想の間に吸収した図像や考え、感覚を、心のうちに留めておくようにします。するとそれから数日の間、そのカードとあなたの実生活の間に、意味深いつながりのあったことに気づくはずです。

自分独自のカードとスプレッドを作る

　タロット・カードが手になじみ、リーディングも比較的容易になり、シンボルや元型に慣れ親しんできたら、自分独自のタロット・カードを作りたくなるかもしれません。また、本書で紹介したさまざまな標準的スプレッドに慣れてきたら、今度は自分独自のレイアウトと質問セットを作りたいと思うかもしれません。

自分独自のデッキをデザインする

　あるテーマに感性を刺激されて、あるいはある形而上学的な概念または信仰に基づいて、カードを作りたいと思うかもしれません。自分独自のタロット・デッキを作るのに、特別な絵のセンスが必要ということはありません。また78枚のカードすべてをデザインする必要もありません。大アルカナ・カード22枚だけを作っても、黄道十二宮をもとに、1年の各月を表す12枚のカードだけを作っても良いでしょう。

　タロットの図像を作るとき、コラージュの技法を用いることも可能です。日頃から何か心惹かれる図像を集めておいて、それらをデザインして組み合わせるだけで素晴らしいカードが出来上がります。少し絵心があると思う読者は、まず1枚の紙に、タロットの図像のラフスケッチを思いつくままにいろいろ描いてみます。そのとき、さまざまな元型が自分にとってどんな意味があるのだろう、と思いを巡らせるようにします。今まで見たいろいろなデッキの中から、どんな図像があなたの心に起ちあがって来ますか？

自分独自のスプレッドを作る

　さまざまなスプレッドを使うことに自信が持てるようになったら、今度は自分独自のレイアウトを創造する番です。

本書にも多くのレイアウトが掲載されていますが、いろいろなアイデア、レイアウト、テーマを組み合わせると、自分独自の豊かな改良版を創造することができます。レイアウトを創造するのに特に規則はありませんが、おそらく何らかの形而上学的な形──生命の樹や黄道十二宮、チャクラのような──を思い浮かべることでしょう。

　タロット・カードそのものからテーマを得ることも可能です。"隠者"のスプレッドや、"世界"のスプレッドなどを創造することができます。また数秘術からテーマを選ぶことも可能です。たとえば、22枚のカードを使った複雑なレイアウトを作りたいと思うかもしれません。22という数字は、統一を表す数字です。22枚を使って1つのレイアウトを作ることもできますし、11枚ずつの対称的なスプレッドを1組で使うこともできます。その場合、それぞれのカードは、心、体、魂、そして霊の統一、"全体性"を感じるために表現される必要のある人生の諸側面を表すことになるでしょう。

タロット・マンダラ

　また、タロット・カードを使って、マンダラを作ることも可能です。それは、自分の好きな枚数のカードを使って作る単純な形で、それをリーディングに用いても、美しい幾何学的な形にして瞑想の道具として使うこともできます。また望むなら、さらにカードを加えても、何枚か削ってもかまいません。形をいろいろ変え、デッキも変えてみて、その時の考えや気分に最も適したマンダラを創造してみましょう。次ページに、タロット・マンダラの作り方を示した例を紹介します。

いつものようにカードをシャッフルし、特別なカードを選び出すのではなく、パックの一番上のカードを手に取り、それを中心に置き、そこからその時の自分に働きかけてくるように思われる形に展開していきます。円、十字、数、三角形、四角形、螺旋、あるいはミステリー・サークルのような形、どんな形でもかまいませんが、大事なことは、その時出来上がる形が、自分の心の深奥部にある何かと共鳴するマンダラに思えるようになるまで続けるということです。ここに示したマンダラは、無意識を流れるエネルギーの形を象徴した形です。それぞれのカードが、あなたの現在の感情、気分、願望を表現します。

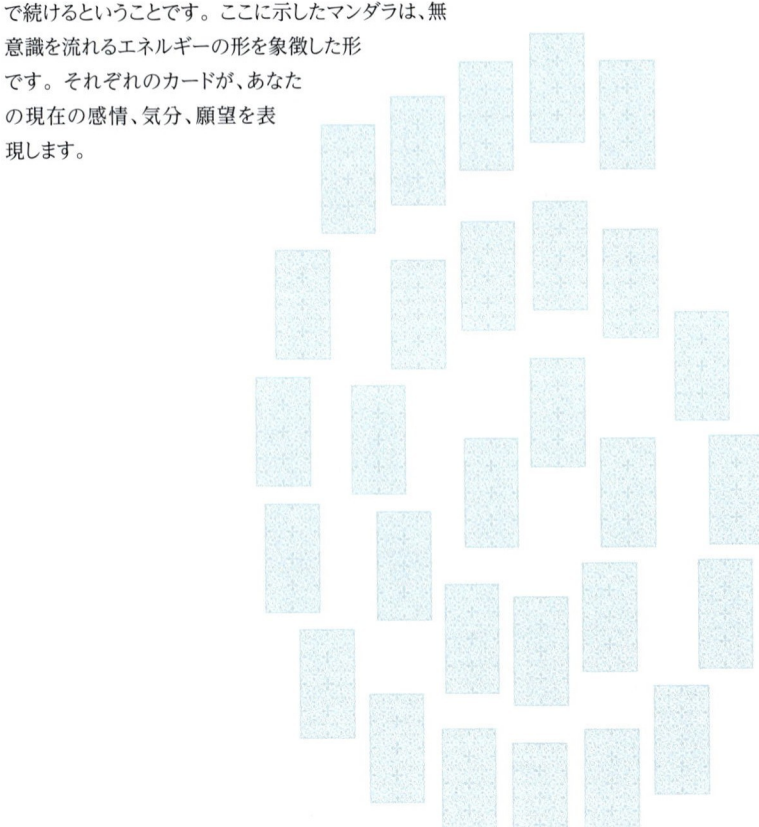

3枚のスプレッドの応用

　特別な問題や質問を抱えているとき、本書で紹介した3枚のスプレッドを応用して、単純な質問-解答レイアウトを作ることができます。3枚のカードだけで、さまざまな状況を表すことができます。たとえば、過去-現在-未来、愛-仕事-お金、秘密-願望-必要、明日-明後日-来週といった具合です。

　大事なことは、最初からあまり難しいレイアウトを作ろうとしないことです。解釈が難しくなってしまいます。最後に、大事なことは、その時の自分のデザインを必ず書き留めておくということです。そして自分に向かないと判断したレイアウトは、今後使わないようにすることが大切です。最上のタロット・スプレッドとは、自分に最も適したスプレッドだということを忘れないように。

　最初に何気なくカードを使って幾何学的な形を作りたくなり、その形に合わせて、それが何に関するものかを決めるという形で、レイアウトが出来上がることもあります。たとえば、怒りのスプレッド、愛のスプレッド、エネルギーのスプレッド、変容のスプレッド、目標と情熱のスプレッドなどが出来上がるでしょう。あなたのその時の問題が自然とあなたを導き、ある形を作らせるのです。なぜならタロットの鏡が映し出すものは、すべてあなた自身なのですから。ある状況を詳細に分析したいときは、過去、現在、未来のポジションを含むレイアウトが効果的です。それによって、過去のどのような影響、体験が現在の状況を作り出し、それにどのように対処すれば良いかを見ることができます。

さらに深く、さらに広く

2人またはグループで楽しむ

　タロットは自己啓発のための素晴らしい道具ですが、いつも1人でしなければならないというわけではありません。タロットの目的によっては、誰かといっしょに行った方が、主観があまり入らず、より多くの啓示を得られる場合があります。

　すでにパートナーや友人と恋愛関係スプレッドを試したことがある人なら、誰かといっしょにタロットを行うと、ダイレクトに心理的ボタンを押される場合があることを知っていることでしょう。しかしそれは結局は、多くの成果をもたらします。

　友人と2人でタロットを使う方法の1つとして、交代で、クライアントのためにするようにリーディングするという方法があります。自分以外の人のためにリーディングをしてみたいと思っている人にとっては、これは良い練習になります。なぜなら、それによってクライアントがどのように感じるかを体験することができるからです。無作為に3枚のカードを抜き出し、表を上にしてテーブルの上に並べます。1枚のカードを並べるたびに、友人に、そのカードがあなたにとってどのような意味を持つかをリーディングしてもらいます。その時あなたは言葉をはさんではいけません。すべてが終わった後に、それぞれのカードとあなたの関係についての友人の解釈について、あなたの心がどのように反応をしたかについて話し合います。あなたは不快な感じを覚えましたか、あるいは友人の言ったことに、ひそかな喜びを感じましたか、あるいはまた、自分の解釈が唯一の解釈だと信じているため、途中で友人の解釈をさえぎり、自分の解釈を大きな声で言いたい衝動にかられましたか？　今度は立場を変えてやってみて、同じように感想を話し合いましょう。

グループで楽しむ

　グループで人間関係を探索するのも、とても刺激的です。とはいえ、料理人が多いとスープがまずくなるのたとえ通り、3人から7人くらいまでの人数がちょうど良いでしょう。

カードをシャッフルするときは、必ず全員がカードに触れるようにします。次に、ふつうは誰かがリーダーとなり、カードを選びやすくするために、裏返しのまま、重ねながら1直線に、あるいは扇形に広げます。

　次に、各人が無作為に1枚ずつカードを抜き出し、裏返しのままテーブルまたは床の上に置きます。全員が選び終えたら、最初の人がカードを表にします。そしてそのカードは、たとえば、自分の左隣の人のことを表すカードとします。カードを引いた人が、そのカードと隣の人との関係についての解釈を、みんなの前で声に出して発表します。これはとても双方向的な、そして極めて刺激の強い方法ですが、とても楽しいものです。これによって、あなた自身について、そしてあなたのまわりの人々について、いままで知らなかった多くのことを発見することができるでしょう。

多くの人とタロットをすることは、
とても大きな喜びとなり、大きな成果を得ることができる。

タロットの用語

アルカナ／アルカヌム
1組のタロット・デッキは、大アルカナと小アルカナの2種類のカードによって構成されている。アルカヌム(*Arcanum*)というのは、ラテン語で"秘密"を意味する。その複数がアルカナ(*Arcana*)。それゆえ、大アルカナは"大きな秘密"、小アルカナは"小さな秘密"を表す。

いまのあなたのカード
スプレッドの最初に置かれるカードは、普通"いまのあなた"のカードと呼ばれ、質問者自身やその人のまわりの現在の状況を表す。

占い(Divination)
"先を見ること、前もって言うこと、予見すること"を表すDivinationという単語は、ラテン語で"神によって啓示を受けること"を表す"*divinus*"に由来する。世界中の多くの文明で、棒や金貨を投げ上げたり、茶葉の開き具合を見たり、雨後の水たまりの形を見たりして未来を予言する方法が伝承されている。将来"何が起こるか"を知りたいというのは、人間の本性に根ざした衝動である。

エレメント
4大"エレメント"は、占星術やユング派心理学で用いられる。占星術では、火のエレメントは、牡羊座、獅子座、射手座と、風は、双子座、天秤座、水瓶座、水は、蟹座、蠍座、魚座、地は、牡牛座、乙女座、山羊座と関係があるとされる。ユングは4大エレメントを、世界を体験する4つの基本的方法とした。火は直観、風は思考、水は感情、地は感覚である。それらの要素はまた、人間の性格、特徴も表す。

黄金の夜明け団
医師でありフリーメーソンの会員であったウィリアム・ウィン・ウェストコットと、ヴィクトリア王朝期イギリスの華麗な経歴の人物であったサミュエル・メイザーズによって1888年に創設さ

れた大きな影響力を持った秘教集団。メイザーズは世界中のさまざまな秘術信仰を取り入れ、古代エジプトの魔術体系と中世の魔術秘伝書、東洋の宗教的秘術を組み合わせ、壮大な魔術体系を構築した。カバラ教も取り入れられている。

オカルト
ラテン語で"隠された、神秘の"という意味の occultus に由来する語で、15世紀以降"隠す"を表わす動詞として使われていた。19世紀以降は、超自然的で魔術的な信仰と実践を表す語として好んで使われるようになった。

牡羊座
黄道十二宮の最初の星座。支配惑星は火星で、能力、意志、勇気、衝動に関係する。

カバラ教
ユダヤ教の伝統に基づく古くから伝わる秘術で、深遠な智慧と霊的洞察をもたらす。"カバラ"という語は、ヘブライ語で"受け取る"を意味する。カバラ教の中心をなすものは宇宙の概念図である生命の樹で、それは人生の絡み合う諸相の中に自己を顕在化させる。

記憶術
古代ギリシャ人が生み出した術で、シンボル的な連想によって心にイメージを焼き付ける方法。ルネサンス後期の記憶術は、その後、魔術や秘術と結び付いた。

共時性（Synchronicity）
宇宙のすべての事象は関連づけられているという思想で、出来事、黄道十二宮の配置、ティーカップ、個々人の生活、地球上のあらゆる地点など、すべてのものが見えない力で結ばれているとされる。そして占術の無作為性もそれ自体この共時性の一過程と考えられる。

　心理学者のカール・ユングは、このような意味のある偶然の一致を表す語として共時性という語を造った。彼は、われわれが無作為に選び出したように見えるタロット・カードは、その時点で表現される必要のあった何か、外部世界に顕現されなければならなかった何かによって押し出されたと考えた。

ケルティック・クロス
タロット・スプレッドの中で最も古いものの1つで、1910年にA・E・ウェイトがその形を確定。しかしその起源については、あまりよく知られていなかった。スプレッドの形は、アイルランド全土で発見された神秘の石の十字架の形をしている。カードを十字の形に並べ、その横に人間の魂の探究を表す垂直の柱が立つ。

元　型
人間の心理の深奥部で自律的に作用する直観的な普遍的力、または行動様式。

シンボル
古代ギリシャ語で、"いっしょに投げられたもの"を意味する語に由来し、認識の印、兆候を表す。

数字根（Quintessential Number）
ラテン語の"5番目の精髄"を意味する語に由来する言葉である $Quintessential$ は、最も完全なるもの、最高の質を表す。その性質を持つ数字が数字根で、シンボル的に完全な数を表す。数秘術的にリーディングした数を足し合わせて出される。数字根は、その時々のリーディングの全般的な方向性、目標を示す。

数秘術
数字は万物の本質をなし、宇宙とつながっているという考えに基づいた占術。1～9までの一桁の数字はそれぞれ固有の振動数を有しており、それによって宇宙全体の振動と共鳴する。各天体は固有の数値と調和的な振動数を有しており、それが共鳴し合って、常に"天球の音楽"を奏でているとされた。

占星術
古代から伝わる占術の1つで、黄道十二宮の帯の上を行くように見える太陽系の天体の位置や関係をもとにして占うもの。

占星術暦
占星術で使う暦は、太陽の見かけの通り道（黄道）にそって、1周360度を十二宮で分割したもので、0度の牡羊座から始まり、最後が魚座で終わる。

ゾロアスター教
BC6世紀にゾロアスターによって開かれた古代ペルシャの一神教的宗教で、19世後半のオカルト信仰者の間で、善と悪の二元論的宇宙をあらわす教義となった。

タロット
タロットの語源として、古代エジプトの魔術と言語の神であるトート神の名前に由来するというものもあれば、ヘブライ語またはアラブ語で律法を表すトーラが変化したものというものもある。またラテン語で車輪を意味するrotaの回文であると主張するものもある。

チャクラ
古代インドから伝わるヨーガの中心をなすもので、人体にはエネルギーの流れがあり、その流れは7つ（それよりも多い宗派もある）のエネルギー中枢、チャクラによって結ばれているとされる。

テンプル騎士団
1118年に、聖地への巡礼者を守るための敬虔な戦士の団体として、"キリストとソロモン神殿の貧しき戦友たち"という名前で誕生した。その後団員が増加し、財政的基盤も安定し、強い影響力を持つようになったが、1312年に弾圧された。しかしその後も秘密裡に活動は継続した。

投　影
自分以外の人間や事物、経験、出来事の中に、能力や欠点、憎しみ、愛を見出す無意識的な過程で、実はそれらの性質は自分自身に内在しているものである。われわれは自分のまわりに、さまざまな人格、神話、英雄、悪党などが活躍する幻影の世界を創造するが、それらはすべて、われわれ自身の深奥部に隠された映像の一部である。

トートの書
18世紀の言語学者ジェブランによると、タロットは実は古代エジプトの書物である『トートの書』であり、地下に埋もれていた寺院の焼け跡から発見されたものである。トートは、ギリシャのヘルメスにあたる神で、ヒエログリフや魔法文字、シンボルを発明したとされる。オカルト学者はそれらをタロットの中に見出している。

パ　ピ
ラテン語で、教皇、父親、司祭を意味するpapaの複数形で、ミンキアーテ・デッキの最初の35枚を表す。神秘的な意味というよりは、キリスト教的なつながりに対する親しみを表した語と考えられるが、ラテン語の間投詞で、"素晴らしい"、"なんて不思議な"を表す"papae"が変化した形ともいわれている。

ピップ
タロット・パックや普通の遊戯用トランプのスートを象徴する小さな形、シンボルで、そのスートの性質を示す。たとえばソードの5には、5本の剣と数字の5が描かれるが、現代的なタロット・パックには、すべてのナンバー・カードにも、独特の絵柄が描かれている。

プシュケ
ギリシャ神話の中で、魂の人格化された存在として現れる。現代では、心理学の分野で、人間精神を表す語としても用いられる。ギリシャ語の、"空気、息、魂"を表す語に由来する。

フリーメーソン
オカルト的な儀式と実践を行っているとみなされ、その秘密主義で批判されることも多い国際的友愛団体のメンバーのこと。団体名は、フリーメーソンリーという。14世紀に石工職人の組合として誕生し、秘密のシンボルを用いて連絡を取り合った。

ペンタクル
通常は円盤型の魔術用道具または護符で、地のエレメントを表すシンボルとして用いられる。タロットの4つのスートの1つで、コイン、ディスクと呼ばれることもある。神秘の星型五角形である五芒星を表す中世のラテン語"pentaculum(ペンタクラム)"に由来する

語。

妨害物カード
スプレッドにおいて、別のカードの上に交差する形で置かれたカード。

マ　ギ
古代ペルシャのゾロアスター教の司祭"magush"に由来するラテン語 *Magus* の複数形。

未来の結果カード
当面する問題についての未来の結果を表すポジションに置かれたカード。人生の旅の次の段階を示す。

索引

あ
愛　14, 26-8, 71, 264-5, 280, 282, 318-19
IJJデッキ　39
悪魔　30-1, 36, 71, 82, 114-5, 264, 295, 313-4, 335, 343, 357, 360, 369, 371
アトランティス・デッキ　48
アリエ　35
アルカヌム　83, 384
アレイスター・クロウリー　21, 37-8
アントニオ・クール・ド・ジェブラン　16, 385
『原始世界、分析と現代世界との比較』　17
イエス・オア・ノー・アンサー　70-1
イェソド(無意識)　365, 367
1、数字根の意味するもの　355
1年を占うスプレッド　9
射手座　134, 334, 362, 385
　"節制"との黄道十二宮親和性　112, 357, 360
"稲妻の閃光"リーディング　367
いまのあなたのポジション　42, 83, 384
隠者　30, 73, 102-3, 265, 275, 283, 313, 335, 345, 357, 359, 369, 371, 379
インド　16
ヴィスコンティ―スフォルツァ・デッキ　18, 34
ウィリアム・ウィン・ウェストコット　19, 37, 387
ウィリアム・ウッドマン　37
ウィリアム・バトラー・イェイツ　37

魚座　334, 363, 384, 385
　"月"との黄道十二宮親和性　120, 357, 361
占い　12, 19, 22, 24, 372-3, 384
運勢占い　12, 19, 21-2, 368, 373
運命の車輪　30, 104-5, 262, 293, 313, 345, 357, 362, 369, 371
運命のスプレッド　9, 328-47
　ウイッシュ・リスト　346-7
　黄道十二宮　334-5
　これからの1年　340-1
　ジプシー　338-9
　占星術的シーソー　336-7
　チャクラ　342-3
　使い方　330-1
　伝統的ケルティック・クロス　332-3
　投影　344-5
エース
　カップの　166-7, 287, 317, 335, 337
　キーワード　133
　ソードの　196-7, 263, 293, 317
　ペンタクルの　226-7, 327
　ワンドの　136-7, 275, 289, 311, 321
易経　24
エドヴァルド・ムンク　37
エネルギー　14, 23, 49, 59, 72, 77, 342, 380, 385
　元型的　74, 268, 373
　否定的　49, 52-3
　霊的　370
エネルギーを与えるカード　135
エノキアン・アルファベット　19
エリザベッタ・トレビサン　39
エリファス・レヴィ(本名アルフォンス・ルイ・コンスタン)　19, 364

エレメント 30, 92-3, 261, 289, 314-5, 317, 345, 357-8, 369, 384
黄金の夜明け団 19-21, 36-8, 384
王子 38
牡牛座 334, 362, 385
　"教皇"との黄道十二宮親和性 94, 357-8
王女 31, 38
オーギュスト・ストリントベルク 37
オカルト 5, 19, 21, 385
　オカルト的実践 17, 21, 384
お気に入りのカード 9
お香 52-3, 258
乙女座 334, 362, 385
　"隠者"との黄道十二宮親和性 102, 357, 359
牡羊座 134, 334, 340, 362, 385
　"皇帝"との黄道十二宮親和性 92, 357-8
音楽 52, 258
女教皇 30, 88-9, 271, 281, 299, 311, 335, 337, 357-8, 361, 369, 371

か
カードを引く 57-8
カードをよく知るために 50-1
カール・グスタフ・ユング 24-5, 331, 372-3, 385, 388
海王星、"吊るされた男"との黄道十二宮親和性 108, 357, 363
解釈 9, 42, 50-1, 53, 64-5, 374
　解釈能力を高める 66-9
鏡としてのタロット 12, 15, 23, 28-9, 47, 59, 278
過去、現在、未来 67, 270-1, 338, 381
火星 384
　"正義"との黄道十二宮親和性 116, 357, 362
カップ(聖杯) 31, 33, 36, 130, 164-93, 258
　のエース 166-7, 287, 317, 335, 337

　の2 168-9, 271, 295, 311, 337, 339, 343
　の3 170-1, 293, 299, 317, 323, 333
　の4 172-3, 295, 315
　の5 174-5, 307, 323
　の6 176-7, 264, 287, 311, 325, 339
　の7 178-9, 260, 287, 315
　の8 180-81, 297, 313
　の9 182-3, 264, 299, 309, 335, 343
　の10 184-5, 283, 293, 295, 311, 337, 339, 343
　のペイジ 186-7, 275, 285, 321
　のナイト 188-9, 309, 327, 333, 345
　のクイーン 190-91, 273, 327
　のキング 37, 192-3, 307, 319
蟹座 334, 361, 385
　"戦車"との黄道十二宮親和性 98, 357, 359
カバラ教 9, 12, 20, 26, 350, 364-7, 385
カルデア人 368
環境を整える 52-3
感情 266, 380
記憶術 17-8, 385
儀式 49, 52-3, 258
奇術師 30, 51, 83, 86-7, 267, 283, 309, 325, 353, 357, 362, 369, 371
気分 14, 50, 52, 266, 380
　今日の気分のスプレッド 261
希望 34
逆位置のカード 9, 71, 74-5
9
　カップの 182-3, 264, 299, 309, 335, 343
　キーワード 133
　数字根的意味 355
　ソードの 212-3, 293, 305
　ペンタクルの 242-3, 271, 321, 343
　ワンドの 152-3

索引

391

教会　6, 15, 39
教皇　30, 68-9, 83, 94-5, 285, 319, 335, 337, 357, 358, 369, 371
共時性　24-5, 385
今日のカード　23, 57, 72-3
　スプレッド　260
今日のスプレッド　9, 254-75
　いまのわたし、そしてどこに行こうとしているのか　274-5
　過去の問題、現在の妨害物、将来の展望　270-1
　スプレッドを始める前に　258-9
　すべてを変える　272-3
　使い方　256
　毎日の練習　260-1
　最も好きなカードと最も嫌いなカード　268-9
　わたしの現在の優先事項　264-5
　わたしの最大の強みと最大の弱点　262-3
　わたしの秘密　266-7
極東　16
ギリシャ人　17, 352, 384
キリスト教神秘主義　12
キリストとソロモン神殿の貧しき戦友たち　386
キング　31, 38, 130-2
　カップの　37, 192-3, 307, 319
　数値　352
　ソードの　222-3, 261, 271, 275, 289, 295, 323, 341, 353
　ペンタクルの　252-3
　ワンドの　162-3, 291, 305, 325
金星、"女帝"との黄道十二宮親和性　90, 357, 363
クイーン　31, 38, 130-2
　カップの　190-1, 273, 327
　数値　352
　ソードの　220-1, 264, 297, 299, 313, 335, 343

　ペンタクルの　250-1, 269, 289, 345
　ワンドの　160-1, 285, 335, 337, 345
空気のエレメント　31-2
　ソードとのつながり　194
愚者　16, 30, 32, 62, 83, 84-5, 279, 287, 295, 323, 339, 357, 363, 369, 371
グスタフ・クリムト　39
クラウド・バーデル　36
クラウン・チャクラ　342-3
クラブ　ワンドの項参照
クリスタル　9, 53, 368-71
　クリスタルの力を増大する　370-1
　と大アルカナ　369
クリスタル・デッキ　39
グループで楽しむ　382-3
クロウリー・デッキ
　トート・デッキの項を参照
黒魔術　6, 16
経済　68-9
啓示のスプレッド　9, 300-27
　過去を振り切る　314-5
　願望と目標　326-7
　疑念や恐怖心を捨て去る　316-7
　決断を下す　320-1
　現在の課題、未来の結果　310-1
　自分自身を占う　324-5
　神秘の7枚　322-3
　使い方　302-3
　どうやって愛を見つける　318-9
　見せかけの態度、内面の真実　308-9
　問題、助言、そして答え　306-7
　わたしが学ぶ必要のあること　312-3
　わたしはいま自分の人生をどうしようとしているのか　304-5
ケセド(慈悲)　365, 367
ゲブラー(課題)　365, 367
ケルティック・クロス　322, 331, 386
　スプレッド　9, 57, 332-3

元型　12-3, 23, 28, 39, 66, 82, 372-3, 374, 378, 386
5
　カップの　174-5, 307, 323
　キーワード　133
　数字根的意味　355
　ソードの　204-5, 273, 291, 297, 307, 315
　ペンタクルの　234-5, 305, 333
　ワンドの　144-5, 327, 333, 339
呼吸　52, 376-7
コクマー(智慧)　365, 367
恋人　30, 82, 96-7, 273, 281, 291, 293, 299, 314, 325, 337, 341, 345, 347, 357-8, 369-71
コイン　ペンタクルの項参照
黄道十二宮　379
　カード　378
　スプレッド　9, 334-5
　宮　35, 50
コート・カード　17, 31, 35, 51, 130, 344, 352, 366
　練習　132
古代インド哲学　342
五芒星　387

さ

サード・アイ・チャクラ　342-3
最後の審判(または名声)　35
最初のリーディング　64-5
蠍座　334, 363, 385
　"死"との黄道十二宮親和性　110, 357, 360
サミュエル・メイザーズ　19-20, 37, 387
さらに深く、さらに広く　348-83
　カバラ教　364-7
　クリスタル　368-71
　さらに深く　350

自分独自のカードとスプレッドを作る　378-81
心理学と元型　372-3
数秘術　352-5
生命の樹のリーディング　367
占星術とタロット　356-63
タロット魔術　351
2人またはグループで楽しむ　382-3
瞑想　374, 376-7
3
　カップの　170-1, 293, 299, 317, 323, 333
　キーワード　133
　数字根的意味　355
　ソードの　200-1, 262, 295, 309
　ペンタクルの　230-1, 275, 321, 333
　ワンドの　140-1, 265, 309
3枚のカードのスプレッド　9, 67
　応用　381
死　30-1, 58-9, 82, 110-1, 299, 311, 357, 360, 369, 371
自己意識　8, 13-4, 23, 46, 366
自己改善　23
自己啓発成長　6, 9, 13, 302
　人格的発展成長、精神的成長の項も参照
自己充足　65
仕事上の問題　23, 264
自己認識自己理解　7, 13, 82
自己発見　6, 9, 14-5, 21
自己発展　12, 76, 264
自己分析　22
獅子座　134, 334, 361, 385
　"剛毅"との黄道十二宮親和性　100, 357, 359
慈善　34
質問　60-1, 258
ジプシー、移動民族　16
ジプシー・スプレッド　9

自分自身のためのリーディング　76-7
自分独自のスプレッドを作る　378-9
邪悪　6, 14-5
自由　68-9
10
　カップの　184-5, 283, 293, 295, 311, 337, 339, 343
　キーワード　133
　ソードの　214-5, 291, 339
　ペンタクルの　244-5, 265, 319, 341, 347
　ワンドの　154-5, 313, 327, 335
自由連想　50, 72
ジュノー　39
ジュピター　39
　"運命の車輪"との黄道十二宮親和性　104, 357, 362
呪文　351
小アルカナ　12, 16, 17, 20, 30-4, 36, 38, 43, 50-1, 64, 128-253, 384
　カップ(聖杯)　31, 33
　小アルカナとは何か　130-3
　ソード　31, 32
　とカバラ教　366
　ペンタクル(ディスク、コイン)　31, 33
　ワンド　31-2
浄化の儀式　49
女帝　30, 90-1, 297, 319, 333, 341, 353, 357, 362, 369, 371
ジョン・ディー　17-8
人格的成長　6, 302
信仰　34
審判　30-1, 83, 124-5, 275, 285, 341, 357, 363, 369, 371
シンボル、シンボリズム　12-3, 21, 23, 34, 38, 48, 50, 374, 386
シンボル的言語　26-7
心理学　12, 372-3, 385
神話デッキ　48

水星、"奇術師"との黄道十二宮親和性
数字根　353, 354, 386
　数字の意味するもの　355
　数秘術　9, 12, 26, 133, 350, 352-5, 386, 386
　今日はどんな日　354
　タロット・リーディングに数字を使う　353
　特別な日　353-4
　とタロット　352
　一桁の数字の意味するもの　355
スタッフ　ワンドの項を参照
スロート・チャクラ　342-3
正位置のカード　71
正義　30, 106-7, 291, 295, 313, 323, 357, 360, 371
セイクラル・チャクラ　342-3
性質　66, 76, 82
精神　15, 23, 372, 388
精神的成長　8
　人格的発展、自己開発の項も参照
聖なる場所　52-3
聖杯　カップの項参照
生命の樹　364-6, 379, 386
　リーディング　367
世界　30-1, 35, 65, 71, 126-7, 281, 305, 337, 356-7, 363, 369, 371, 379
節制　30-1, 82-3, 112-3, 281, 287, 299, 323, 357, 360, 369, 371
セプター　ワンドの項参照
戦車　30, 98-9, 266, 281, 291, 297, 317, 327, 333, 345, 357, 359, 369, 371
占星術　9, 12, 26, 133, 350, 356-63, 386
　スプレッド　9, 331
　太陽宮解釈　358-61
　太陽宮と関連する大アルカナ・カード　357

天体　361-3
　天体と関連する大アルカナ・カード　357
占星術暦　387
選択　7-8, 13-4, 22-4
　カードの選択　57
　人生の選択　302
　デッキの選択　48
ソード　31-2, 36, 130, 194-223, 258
　のエース　196-7, 263, 293, 317
　の2　198-9, 325
　の3　200-1, 262, 295, 309
　の4　202-3, 295, 325, 333
　の5　204-5, 273, 291, 297, 307, 315
　の6　206-7, 285, 337
　の7　208-9, 283, 309, 337
　の8　210-1, 311
　の9　212-3, 293, 305
　の10　214-5, 291, 339
　のペイジ　216-7, 325, 345
　のナイト　218-9, 289, 293, 317, 339
　のクイーン　220-1, 264, 297, 299, 313, 335, 343
　のキング　222-3, 261, 271, 275, 289, 295, 323, 341, 353
　の練習　195
ソーラー・プラクセス・チャクラ　342-3
ゾロアスター　389
ゾロアスター教　16, 387

た
ダアト　366
大アルカナ　9, 12, 16-8, 30-1, 35-6, 38, 43, 50, 62, 64, 72, 80-127, 279, 344, 352, 378, 384
　悪魔　114-5
　隠者　102-3
　運命の車輪　104-5
　女教皇　88-9
　奇術師　86-7
　教皇　94-5
　愚者　84-5
　恋人　96-7
　剛毅　100-1
　皇帝　92-3
　死　110-1
　女帝　90-1
　審判　124-5
　正義　106-7
　世界　126-7
　節制　112-3
　戦車　98-9
　太陽　122-3
　月　120-1
　吊るされた男　108-9
　塔　116-7
　とカバラ教　364, 366
　と元型図像　373
　とクリスタル　368, 369
　と黄道十二宮　356, 357
　とチェック・リスト　82-3
　と天体　356-7
　星　118-9
大英博物館、ロンドン　19
太陽　30-1, 35, 83, 122-3, 273, 281, 335, 357, 369, 371
太陽宮と大アルカナ　356-7
太陽、"太陽"との黄道十二宮親和性　122, 357, 361
他人のためのリーディング　78-9
タロッチ、タロッチーノ　18
タロット
　名前の起源　18, 387
　日記　51, 53, 61, 258
　魔術　351
　マンダラ　379-80
　歴史　16-21
タロット使用の落し穴　46
タロットの効用　47

タロットの用語　384-9
タロットの歴史　16-21
　ウェイト、クロウリー、そして"黄金の夜明け団"　19-21
　19世紀リバイバル　19
　ルネサンス期の展開　18-9
　タロットはどのように作用するか　24-5
タロットを使う理由　278-9
近い過去のポジション　83
地のエレメント　31, 33
地の宮　385
チャクラ　342-3, 379, 387
　クラウン・チャクラ　342-3
　サード・アイ・チャクラ　342-3
　スロート・チャクラ　342-3
　セイクラル・チャクラ　342-3
　ソーラー・プレクサス・チャクラ　342-3
　ハート・チャクラ　342-3
　ベース(ルーツ)・チャクラ　342-3
直観　9, 14, 23, 47, 62-4
月　30-1, 34-5, 74-5, 83, 120-1, 269, 291, 313, 325, 337, 357, 369, 371
　"女教皇"との黄道十二宮親和性　357, 361
蕾　26
吊るされた男　30-1, 108-9, 262, 283, 315, 345, 357, 363, 369, 371
ティファレト(問題の核心)　365, 367
デッキ　18-9, 34-9
　IJJ　39
　アトランティス　48
　ヴィスコンティ＝スフォルツァ　18, 34
　自分独自のものを制作する　378
　神話　48
　デッキの選び方　48
　トート(クロウリー)　21, 37-8, 37-8
　パックの手入れ　49, 52-3
　マルセイユ　36, 133
　ミンキアーテ・エトルリア　35, 38, 133
　ユニヴァーサル　20, 34, 37, 48, 133, 134
　ライダー・ウェイト　19, 34, 36-8, 48
天王星、"愚者"との黄道十二宮親和性　84, 357, 363
天球の音楽　386
天体、と大アルカナ　356-7
天秤座　334, 362, 385
　"正義"との黄道十二宮親和性　106, 357, 360
テンプル騎士団　16, 387
塔　30-1, 116-7, 267, 293, 305, 327, 339, 345, 357, 362, 369, 371
投影　9, 24-5, 28, 79, 344-5, 387
　投影を追い払う　58-9
洞察　14, 53
東洋哲学　12
トート　16, 18, 389
トート・デッキ　21, 37-8
『トートの書』　16, 388
トーラ　18, 389
ドクター・アーサー・エドワード・ウェイト　19-20, 36-7, 385
特別な日　353-4
土星、"世界"との黄道十二宮親和性　126, 357, 363
トランプ　18

な
ナイト　31, 34, 38, 130-2
　カップの　188-9, 309, 327, 333, 345
　数値　352
　ソードの　218-9, 289, 293, 317, 339
　ペンタクルの　248-9
　ワンドの　158-9, 289, 295, 297, 337
内面の知恵　14

索引

396

7
　　カップの　176-7, 264, 287, 311, 325, 339
　　キーワード　133
　　数字根的意味　355
　　ソードの　206-7, 285, 337
　　ペンタクルの　236-7, 305, 327, 335
　　ワンドの　146-7, 267, 297, 299, 317, 341, 353
何を尋ねるか　60-1
ナンバー・カード　31, 35, 51, 130, 133
　　キーワード　133
2
　　カップの　168-9, 271, 295, 313, 335
　　キーワード　133
　　数字根的意味　355
　　ソードの　198-9, 325
　　ペンタクルの　228-9, 264, 271, 319
　　ワンドの　138-9, 337
2枚のカードのスプレッド　9, 67
ネイヴ　ペイジを参照
ネツァク(願望感情)　365, 367

は
ハート・チャクラ　342-3
パートナー、スプレッドを一緒に
　　リーディングする　279
8
　　カップの　180-1, 297, 313
　　キーワード　133
　　数字根的意味　355
　　ソードの　210-1, 311
　　ペンタクルの　240-1, 260, 266, 275, 295
　　ワンドの　150-1, 266, 299, 319, 335
パックの手入れ　49, 52-3
バトン　ワンドの項参照
パピ　35, 388
パメラ・コールマン・スミス　19, 36-7

バラ　26-7
秘術的神秘主義　19
ピタゴラス　352
ピップ・カード　17, 20, 34, 35, 37, 39, 133, 366, 388
一桁の数字　386
ビナー(理解)　365, 367
火のエレメント　31-2
　　ワンドとの関係　134
火の宮　385
プシュケ(魂の人格化)　388
双子座　334, 362, 385
　　"恋人"との黄道十二宮親和性　96, 357-8
2人でするスプレッド　382
普遍的言語　12-3
フランソワ・フィッバ　18
フリーメーソン　388
振り子　53
ペイジ　31, 34, 130-2
　　カップの　186-7, 275, 285, 321
　　数値　352
　　ソードの　216-7, 325, 345
　　ペンタクルの　246-7, 262, 323
　　ワンドの　156-7, 283, 297, 311, 345
ベース(ルーツ)・チャクラ　342-3
ヘブライ・アルファベット　364, 366
ヘブライ人　352
ペンタクル(ディスク、コイン)　31, 33, 36, 130, 224-53, 258, 388
のエース　226-7, 327
の2　228-9, 264, 271, 319
の3　230-1, 275, 321, 333
の4　232-3, 285, 337, 339, 341
の5　234-5, 305, 333
の6　236-7, 305, 327, 335
の7　238-9, 339
の8　240-1, 260, 266, 275, 295
の9　242-3, 271, 321, 343
の10　244-5, 265, 319, 341, 347

索引

397

のペイジ 246-7, 262, 323
のナイト 131-2, 248-9
のクイーン 250-1, 269, 289, 345
のキング 252-3
の練習 225
"妨害物"のポジション 42, 83, 389
星 30, 39, 83, 100-1, 260, 269, 287, 309, 321, 345, 357, 359, 369, 371
ホド(知性) 365, 367
本能 23

ま
魔術師 17-8
魔術的護符 17, 384, 387
魔法 19, 21, 351
魔法円 53
マルクト(状況結果) 365, 367
マルセイユ・デッキ 19, 36, 48, 133
マンダラ、タロット 379-80
マンキアーテ・デッキ 19
水瓶座 334, 363, 385
　　"星"との黄道十二宮親和性 118, 357, 361
水のエレメント 31, 33
水の宮 385
"未来の結果"のポジション 42, 83, 389
ミラノ公 18
ミンキアーテ・エトルリア・デッキ 35, 133
無意識 374, 380
冥王星、"審判"との黄道十二宮親和性 124, 357, 363
瞑想 23, 350, 374, 376-7, 379

や
矢 26
山羊座 334, 356, 363, 385
　　"悪魔"との黄道十二宮親和性 114, 357, 360

ユニヴァーサル・デッキ 20, 34, 37, 48, 133, 134
欲望 266, 380
予言 13-4, 19
4
　カップの 29, 172-3, 295, 315
　キーワード 133
　数字根的意味 355
　ソードの 202-3, 295, 325, 333
　ペンタクルの 232-3, 285, 337, 339, 341
　ワンドの 142-3, 261, 283
4枚の美徳カード 35

ら
ライダー・ウェイト・デッキ 19, 34, 36-8, 48
ライダー・ハガード 37
霊感 68-9
レディー・フリーダ・ハリス 21, 37
恋愛カード 278-9
恋愛関係 13-4, 23, 60
恋愛関係スプレッド 9, 71, 276-99
　愛のテスト 282-3
　あなたとわたし 290-1
　お互いをどう見ているか 284-5
　傷ついた感情 292-3
　鏡像 296-7
　現在の恋愛関係 280-1
　セックス相性診断 288-9
　どう使うか 278-9
　秘密 298-9
　2人の真実のスプレッド 294-5
　わたしたちはここからどこへ向かっているのか 286-7
錬金術 12
連想 62-3
ロウソク 52-3, 258, 351

ロ・スカラベオ社 39
ロタ(車輪) 18, 389
ロッド ワンドの項を参照

わ
ワンド 31-2, 36, 130, 134-63, 258
のエース 136-7, 275, 289, 311, 321
の2 138-9, 337
の3 140-1, 265, 309
の4 68-9, 142-3, 261, 283
の5 144-5, 327, 333, 339
の6 146-7, 267, 297, 299, 317, 341, 353
の7 148-9, 263, 293, 333
の8 150-51, 266, 299, 311, 321
の9 152-3
の10 154-5, 313, 327, 335
のペイジ 156-7, 283, 297, 311, 345
のナイト 158-9, 289, 295, 297, 337
のクイーン 160-1, 285, 335, 337, 345
のキング 38, 162-3, 291, 305, 325
の練習 135

Acknowledgements

Tarot images ©Lo Scarabeo.

Other images: AKG, London34. **Corbis UK Limited** 22, 61, 79, 303; /Bettmann 21, 25; /E. O. Hoppe 20; /Michael Nicholson 17; /The Cover Story 56–57. **Creatas**13. **Getty Images**/Altrendo Images 383.**ImageSource** 78, 302, 375. **Octopus Publishing Group Limited** 18, 60, 256–257, 278, 331, 370 top centre; /Walter Gardiner 76; /Mike Hemsley at Walter Gardiner Photographers 330, 376; /Andy Komorowski 370 top left, 370 top right; /Ian Parsons 7, 8, 24, 46, 49, 53, 65; /Mike Prior 47, 368 top; /William Reavell 15; /Guy Ryecart 27; /Russell Sadur 58 left, 368 bottom; /Gareth Sambidge 23; /Ian Wallace 52; /Mark Winwood 29, 258. **Photolibrary Group** 54–55. **The Picture Desk Limited/Art Archive**/Eileen Tweedy 38. **TopFoto** 37.

Cover photography: © Lo Scarabeo (Front), © Octopus Publishing Group Limited (back)

Executive Editor Sandra Rigby
Managing Editor Clare Churly
Executive Art Editor Sally Bond
Designer Julie Francis
Picture Librarian Sophie Delpech
Production Manager Louise Hall

索引

著 者：**サラ・バートレット** (Sarah Bartlett)
有名な占星術師で著作家。『コスモポリタン』、『スピリット』、『デスティニ』誌で占星術コーナーを担当。BBCラジオの『アフタヌーン・ショー』にもレギュラー出演している。『あなたのオーラを活かす』(ガイアブックス)のほか、タロット、占星術、風水に関する多数の著書がある。

翻訳者：**乙須 敏紀** (おとす としのり)
九州大学文学部哲学科卒業。訳書に『現代建築家による木造建築』『屋根のデザイン』『世界木材図鑑』『ヒプノセラピー(NHシリーズ)』(いずれもガイアブックス)など。

The Tarot Bible
タロットバイブル

発　　　行　2011年2月10日
第　3　版　2018年10月1日
発　行　者　吉田　初音
発　行　元　**ガイアブックス**
〒107-0052 東京都港区赤坂1丁目1番地 細川ビル
TEL.03(3585)2214　FAX.03(3585)1090
http://www.gaiajapan.co.jp

Copyright GAIABOOKS INC. JAPAN2018
ISBN978-4-88282-781-8 C0011

落丁本・乱丁本はお取り替えいたします。
本書を許可なく複製することは、かたくお断わりします。
Printed in China